철학은 뿔이다

철학은 뿔이다

초판 1쇄 발행 2016년 3월 20일

지은이 전대호
펴낸이 안병률
펴낸곳 북인더갭
등록 제396-2010-000040호
주소 경기도 고양시 일산동구 고봉로 20-32, B동 617호
전화 031-901-8268
팩스 031-901-8280
홈페이지 www.bookinthegap.com
이메일 mokdong70@hanmail.net

ⓒ 전대호 2016
ISBN 979-11-85359-13-7 03100

이 도서의 국립중앙도서관 출판예정도서목록(CIP)은
서지정보유통지원시스템 홈페이지(http://seoji.nl.go.kr)와
국가자료공동목록시스템(http://www.nl.go.kr/kolisnet)에서 이용하실 수 있습니다.
(CIP제어번호: CIP2016006346)

철학은 뿔이다

어느 헤겔주의자의
우리 철학
뒤집어 읽기

전대호 지음

북인더갭
BOOKintheGAP

차례

들어가는 말

1

태초에 말이 있었다는 문장이 기독교의 한 복음서에 나온다던데, 이 책이 태동한 과정이야말로 정말 그러했다. 물론 그 복음서의 저자—사도 요한이라던가?—가 상상했을 법한 말은 결코 아니었다. 의미의 깊이에서도 그렇지만 일단 품위에서, 이 책을 낳은 태초의 말은 향 연기 그윽한 법당 안에서 은은히 울려 퍼지는 조사 (祖師)의 법문 따위와는 달라도 너무 달랐다.

"쯥쯥, 그런데요, 한 30년만 지나면, 지금 이 땅의 철학자들 중에 기억될 사람이 있을까요?"

싸구려 양푼비빔밥을 입 안 가득 털어넣고 내가 물었다. 그러니까 우리의 태초 문장은 강력한 저작운동을 표현하는 의성어 "쩝쩝"을 왕관처럼 머리에 쓰고 있었던 것이다. 원한다면 "와작와작"으로 바꿔도 무방하겠다. 무엇이든 씹어 부술 것 같은 학문적 용기의 꿈틀거림이라고나 할까?

뭐, 그렇다면 장하다고 할 법도 한데, 나나 내 앞에서 고개를 쳐들던 강형의 나이를 생각할 때, 그런 유형의 비분강개는 이미 우리와 결별한 지 오래여야 마땅했다. 나는 왜 그 싸구려 분식집에서 강형과 만났을까? 강형은 왜 비빔밥의 마지막 한톨까지 깨끗이 먹어치우고 일어나 역시 싸구려 밥집에 어울리는 스테인리스 컵에 담긴 물로 입안을 헹구고 서둘러 인근의 대학으로 향하면서,

"글쎄요, 아마 김상봉밖에 없지 않을까?"

라는 결정적 화두를 던졌을까? 우리는 이미 마흔보다 쉰이 가까운 나이였다. 강형은 홍길동도 아니면서 동에 번쩍 서에 번쩍 뛰어다니는 강사고, 나는 삯바느질 같은 번역일로 시들어가다가 눈이나 쉴 겸 점심 산책에 나선 길에서 우연히 그와 마주친 차였다.

때는 늦은 가을이었고 오후 두시까지 강의실에 들어가야 하는

강형에겐 시간이 많지 않았지만, 그래도 옛정을 생각해서 커피 한잔 사라는 후배의 청을 뿌리치지 못했다. 교통비, 식비, 이것저 것 제하면 남는 게 없어서 다음 학기에는 여기에 못 올 거라는 강형의 말에, 테이크아웃 커피의 온기가 문득 싸늘해지는 것을 느끼며, 감히 한마디 했다.

"형, 내가 김상봉을 씹으면 어떨까?"

배후에 숨어 있던 말 몇마디를 보충할 필요가 있다. 첫째, 나는 학계에서 밥벌어먹는 처지가 아니므로 이를테면 김상봉학파와 같은 막강한 세력이(내가 알기로 있지도 않지만) 있더라도 나로서는 잃을 것이 없다. 풀이 태풍에 꺾이더냐. 둘째, 김상봉의 정갈한 인격은 정평이 나 있다. 개뿔도 모르는 애송이가 대든다고 발끈할 사람이 전혀 아니다.

그리고 마지막이지만 가장 중요한 셋째 이유. 이 땅에는 철학적인 수준에서 벌어지는 논쟁이 너무나 드물다. 좋은 논쟁은 구경꾼들에게 양편의 논지를 명쾌히 이해할 기회를 제공할뿐더러 논쟁하는 당사자에게는 어디에서도 얻기 힘든 성장의 거름이 되어준다. 즉 메다꽂혀봐야 낙법을 터득하기 마련이다. 누구보다도 먼저 내가 그런 논쟁을 갈망했다. 야트막한 언덕을 서둘러 걸어오르며 강형이 말했다.

"좋아요, 좋아. 씹어봐. 확 밟아버려. 그래야 커요."

노년이 가까운 나이에 언덕을 오르다보니 꽤나 숨찬 목소리였다. 누가 큰다는 말이냐고 물을 겨를도 없었다. 어차피 금세 잊어버릴 말 같았지만, 산책에서 돌아오는데 그 소리가 계속 맴돌며 나를 채근했다. 더 늦기 전에 시작할 때가 왔다는 생각이 절실히 들었다. 그즈음이 2013년 가을, 1894년에 왔던 갑오년이 두번째로 다시 오던 때였는데, 감히 밝히자면 그런 시대인식도 내가 용기를 짜낸 이유의 하나였다.

2

우리가 맨 먼저 나눈 말이 식당의 구정물과 함께 씻겨 내려간 직후, 인근에서 김상봉의 『서로주체성의 이념』을 구했다. 그리고 고백하건대 그 어느 책보다 더 빨리 독파했다. 가장 큰 이유는 우리가 연구해온 분야가 많이 겹치기 때문일 테다. 하지만 김상봉의 문체가 지닌 미덕도 빼놓을 수 없다. 이를테면 그는 구질이 깨끗한 속구를 던지는 투수요, 어떤 펀치든 정확하게 꽂아넣는 권투선수다 그의 특징을 이해하려면 비교가 유용할 텐데, 이 책에서 다룬 김상환, 특히 이진경이 그와 현격한 대조를 이룬다. 김상봉이 컴퓨터 초기화면의 맑은 하늘이라면, 이진경은 스모그가 심한 베이징의 하늘이다. 물론 김상봉의 문체가 무조건 좋고 이진경의 문체가 무조건 나쁘다고 보지는 않는다. 후자를 더 좋아할 사람도 틀림없이 있을 것이다. 그러나 내가 경험한바, 이진경을 읽는 데는 김상봉을 읽는 것에 두 배 이상의 시간이 필요했다.

김상봉을 읽으면서 나는 여러번 행간이 훤히 열리는 느낌을 받았다. 저자가 말하고자 하지만 말하지 못하는 것이 선명하게 보인다는 느낌마저 들 때가 있었다. 공부를 꽤 오래해도 겪기 어려운 경험이다. 그러니 나만의 착각이었을 가능성도 배제할 수 없다.

"갑오년 설"에 맞추어 일반에 공개하려 했던 이 책의 1장 「항상 이미 서로이며 홀로인」은 대충 그때쯤 한 온라인 매체에 실렸다. 200자 원고지로 무려 180매에 달하는 그 글을 채택해준 편집자에게 진심으로 감사한다. 이 책의 맨 처음에 강형과 나의 쩝쩝거림이 있었다면, 한 중간에는 그 편집자의 넉넉한 귀가 있었다. 그가 내 글에 깃든 목소리를 귀담아들어주지 않았더라면, 나의 공부와 글쓰기는 아마도 상당히 치제되었을 것이다.

애송이 저자인 나에게는 대단한 성취였다. 그날이 금요일이었는데, 아뿔싸 더 놀라운 일은 그 이튿날에 일어났다. 오후에 집전화 벨이 울렸다. 오! 세상에 이럴 수가! 김상봉이었다. 가벼운 안부 인사를 건네고 내 글을 읽었다는 말을 전하면서—사적인 대화를 그대로 옮기지 못함을, 혹은 비틀어서 전하는 저자의 자유를 양해해주기를—적어도 내가 듣기에 극찬을 아끼지 않았다. 그는 공부를 돕겠다는 뜻으로 내 주소를 물어 저서 몇권을 보내주었고 이메일을 통해서도 격려를 아끼지 않았다. 이 책의 1장을 읽어보지 않은 독자는 이 행동이 얼마나 대단한 것인지 실감하지 못할 것이다. 나는 김상봉을 난도질했는데, 그는 멀쩡히 다가와서 손을 내밀고 내 등을 다독였다. 유령이 아니라면 신선이라는 뜻인데, 나는 후자라는 느낌이 강하게 들었다.

깐에 "갑오년"을 염두에 두었기에 누가 말을 걸어오면 "갑오주체논쟁"이라는 용어를 제안해볼 욕심까지 품고 쓴 이 책의 1장은 그렇게 나에게는 더할 나위 없는 대성공이었다. 그 성공의 기쁨이 나를 여기까지 데려왔다.

3

김상봉과의 대결/대화가 독일고전철학을 공통의 바탕으로 삼은 두 사람 간의 티격태격이었다면, 주로 프랑스 현대철학에 심취한 이진경이나 김상환을 상대하는 것은 사뭇 다른 과제였다. 글을 쓴다는 것이 얼마나 어려운지, 특히 짜증까지 느껴가며 글을 쓴다는 것은 사람으로서 할 짓이 못 된다는 것을 살짝 느꼈다.

김상봉과 나는 '주체'라는 개념에 어마어마한 의미, 역량, 직접성, 현실성 등을 부여한다. 조금 과장하면, 온 세상이 '주체'다. 반면에 이진경이나 김상환은 '주체' 대신에 '존재'에 그 모든 것을 부여하는 편이다. 보라, 모든 것이 존재가 아닌가! 참된 존재를 고스란히 눈에 담는 것, 심지어 참된 존재 속으로 녹아들어가는 것이 그들의 목표인 듯하다.

'주체'를 내세우든, '존재'를 내세우든 대화의 가능성은 열려 있기 마련이고 양자의 우열을 섣불리 가리는 것은 무모한 짓이다. 그러나 묘한 것은 지금 이 땅의 상황이다. 얄궂게도 지금 여기에서는 이진경과 김상환의 입장—'존재파'라고 부르자—이 득세하기가 딱 좋다. 그 이유에 대해서 약간의 설명이 필요하다. 서양/동양 편가르기는 이 책 내내 내가 공격하는 나쁜 구도지만, 그 구도는 주체파/존재파 편가르기와도 맥이 닿는다. 어쩌면 서양/동양 편가르기가 내 안에서 주체파/존재파 편가르기로 변주되고 있는 것인지도 모르지만, 나는 주체파/존재파 편가르기를 받아들이고 주체파로 자처하는 경향이 강하다. 생각해보라. 정치적 싸움이 필요할 경우, 어느 쪽에서 더 강한 힘이 나올까? 존재파가 즐겨 떠받드는 어머니 대지에서 나올까, 아니면 주체파가 외치는 조직된 시민에서 나올까?

나는 양쪽 모두에 진리가 있다는 입장을 늘 견지하려 애쓰는 헤겔주의자다. 그러나 다만, 존재파의 입장이 기괴한 종교로 변질하여 과학적 토론장을 붕괴시킬 위험성에 대해서만큼은 예리한 경계의 눈길을 던지지 않을 수 없다. 사실 존재파-종교는 우리 문화에서 그리 낯설지 않다. 그 종교의 다른 이름이 전근대성이다. 우리는 늘 팔자대로 굴러가는 인생과 순리대로 돌아가는 자연과 그 누구도 범접할 수 없는 지도자를 모셔오지 않았는가! "존재=그냥 있는 대로 그러한 세계." 이 얼마나 쉬운 개념인가. 만세영영, 누가 보든 말든 그냥 있는 돌덩이. 그것이 존재다. 이 개념을 이해하는 것은 추측하건대 '하나'를 이해하는 것만큼이나 기초적이다

반면에 '주체'란 무엇일까? 안타깝게도 역사의 질곡 때문인지 많은 이들은 주체를 제멋대로 행동하고 책임지지 않는 놈으로 보는 경향이 짙다. 그런 놈은 행동할 수도 있고 안 할 수도 있다. 책임질 수도 있고 안 질 수도 있다. 그러나 이것은 참된 주체의 정반대에 가깝다. 주체는 반드시 행동해야 하고 반드시 책임져야 하는 놈이다. 이것이 존재와 결정적으로 다른 점이다. 주체는 가만히 있을 수 없다. 가만히 있을 수 없음이 주체의 운명이다. 나는 이런 주체의 개념이 우리 문화에서 꺼려짐을 안다. 나 자신도 피곤을 느낄 때가 많다. 피난 따위는 구경한 적도 없는데, 둘러보면 온 세상이 피난터 같다. 역시나 우리의 감성에 확 와닿는 개념은

그 피곤한 '주체'와 '자유'가 아니라 반석처럼 굳건한 '존재', 어머니의 품이 아닌가 싶다.

그러나 인류가 도달한 개념들의 위계를 돌이킬 필요가 있다. 한마디로 존재는 주체보다 등급이 낮다. '존재'를 생각하는 사람이 '주체'를 이해할 길은 없어도, '주체'를 생각하는 사람이 '존재'를 이해할 길은 있다. 인류는 이미 '주체'의 개념에 도달하여 '존재'를 재해석하는 중이다. 그래서 나는 적잖은 감성적 거리낌을 무릅쓰고 주체파이기를 자처한다

공부가 깊어지면, 내가 잠정적으로 편갈라본 존재파/주체파가 동전의 양면으로 밝혀지기를 기원한다. 그런데 그러려면 먼저 풀려야 할 문제가 있다. 존재파는 주로 자연의 광활함 앞에서 철학의 동기를 얻는 사람이다. 반면에 주체파는 시장의 난장판에서 철학의 동기를 얻는 사람이다. 이 두 유형이 느끼는 동기와 감동이 같을 수 있을까? 적어도 이진경과 김상환을 연구하면서 나는 그 가능성을 발견할 수 없었다. 이진경과 김상환이 이 광활한 우주와 합일하는 도인의 경지를 추구한다면, 나는 좁은 동네에서 하루에도 몇번씩 짜증을 내는 속물일 뿐이다.

"태초의 말씀"을 다시 이야기해볼까? 이미 보았듯이 나의 태초의 말씀은 "와작와작, 쩝쩝, 씁어" 뭐 이런 유형이다. 설산 위 구름을 뚫고 하강하는 햇빛이 소리 없이 들려주는 "나는 존재이니라!" 따위하고는 그야말로 대척점에 있다

주체가 자기관계라면, 우리가 우리 자신을 어떻게 보는지는 주체 연구자에게 가장 중요하게 꼽을 만한 연구과제다. 그러니 내가 책의 4장 「아주 오래된 외부인 놀이」를 이어령의 한국인론 비판에 할애한 것은 충분히 적절하다.

참으로 부끄럽게도 나는 그 글을 쓰면서 처음으로 이광수를 꼼꼼히 뜯어 읽었다. 아버지가 소장한 『국가와 혁명과 나』(박정희 지음, 1963)가 집안에 고이 모셔 있다는 것도 알았다.

야나기 무네요시뿐 아니라 후쿠자와 유키치도 꽤 훑어보았다. 그러면서 진보와 퇴보의 의미를 진지하게 회의했다. 우리가 도달한 자리가 얼마나 높은지에 대해서는 아예 기대를 버리다시피 했다. 내가 들어보니 박정희와 이광수는 절후(絶後)의 듀엣이며, 이어령과 야나기는 고수와 명창의 관계다. 심지어 1835년생인 후쿠자와 유키치는 어떨까? 감히 말하거니와 후쿠자와의 "탈아입구론"은 이 땅의 거주자가 거의 다 심장 속에 품은 처절한 "출세주의"로 여전히 힘차게 박동한다.

덕분에 이 글을 쓰는 동안 주위 현실에서 숱하게 터져나온 참담한 사건들을 나는 조금 더 차분하게 성찰할 수 있었다. 내가 핵심 개념으로 지적한 "외부인 놀이"가 얼마나 설득력 있게 다가갈지 모르겠다. 그러나 이 땅의 상층부가 무척 오래 전부터 "외부인 행세"로 권력을 다져왔다는 것을 부정할 사람은 드물 것이다. 어떻게 하면 이 지긋지긋한 외부인 놀이를 막을 수 있을까? 아니, 외부인 놀이의 주인공들에게는 이 놀이가 달콤하기 그지없을 테니, 질문을 바꾸자. 어떻게 하면 대다수 민중에게 지긋지긋한 이 외부인 놀이를 끝장낼 수 있을까?

내가 제안하는 첫걸음은, 어리석은 인어공주의 꿈을 버리고 각자 제자리에서 말하자는 것이다. 우리가 마주보고 말할 때, 우리는 자연스럽게 상대방을 동등한 동료로 대한다. 서로 마주보고 대화하자. 그렇게 우리가 때로는 잠시 외부인의 역할을 맡더라도 본질적으로는 다함께 내부의 동료임을 서로에게 각인시키자.

나는 이 책에서 다룬 선학들 누구에게도 존칭을 사용하지 않았지만, 그것은 그들의 존위를 무시해서가 아니라 다함께 일궈가는 학문의 존위를 드높이기 위함임을 밝혀둔다. 내가 그들과 나누는 대화가 독자 모두에게 열린 춤으로 느껴지기를 간절히 바란다.

1
항상 이미 서로이며 홀로인
김상봉의 『서로주체성의 이념』에 응답함

1

철학에서 주체는 얼마나 중요할까? 다른 견해도 있겠지만, 적어도 칸트에서 헤겔까지 이어지는 독일고전철학을 자기 생각의 바탕에 깐 사람이라면, 주체란 철학 전체가 응축된 블랙홀과 같다는 말에 고개를 끄덕일 것이다. 헤겔은 참된 것을 주체로 파악하고 진술하는 일에 모든 것이 달렸다고 했다. 대체 주체가 무엇이기에 철학의 전부라 할 만큼 중요하다는 것일까? 비유를 들자면, 철학에서 주체는 기독교에서 구원, 불교에서 불성과도 같다.

그런 주체를 새롭게 규명하여 기존 이론을 능가하는 새로운 주체이론을 세우려는 시도라면, 김상봉의 『서로주체성의 이념』이 얼마나 큰 기획인지 능히 짐작이 갈 것이다. 출판된 지 7년이 다 되어가는 이 책을 새삼 거론하는 첫번째 이유가 여기에 있다.

하지만 이것이 전부가 아니다. 김상봉은 서양 대 한국이라는 전통적인 대립구도를 떳떳이 바탕에 깐다. 숱한 이들이 촌스럽다며 외면하고, 또 숱한 이들이 친숙한 옛 가락을 떠올리며 젓가락 장단을 준비할 줄 뻔히 알 텐데, 그는 막중한 사명감으로 이 낡은 멍석을 펼친다. 그는 서양철학을 극복하고 그것과 다른 한국철학을 세우고자 한다. 한국인에게 맞는 주체철학을 세움으로써 심지어 예속과 수동성에 사로잡힌 한국역사를 타개하고 민족의 주체성을 회복시키고야 말겠다는 결의마저 내비친다.

바로 이것이다. 철학을 공부하는 젊은이들이 술자리에서 울컥울컥 쏟아내던(지금도 틀림없이 쏟아내고 있을) 그것. 그럼에도 서양 언어들이 지배하는 철학 강의실에서는 죽은 듯 움츠러들던 그것. 예속된 역사 앞에서 느끼는 참담함, 우리의 사상을 갖고 싶은 욕망, 주체다운 삶을 향한 열정이다. 그러니 『서로주체성의 이념』은 이 땅에서 철학하기를 고민하는 사람이라면 반드시 짚고 넘어가야 할 작품이다. 내가 이 책을 주목하는 두번째 이유다.

이처럼 거대하고 새로운 일을 감행하다보니 김상봉이 짊어진 과제가 한둘이 아니다. 그는 1) 서양과 한국을 구분해야 하고, 2) 서양의 주체성을 비판하고 극복해야 하며, 3) 한국 고유의 서로주체성 이론을 세워야 하고, 4) 한국에서 "참된 자유와 주체성을 실현"(165쪽)해야 한다. 물론 이 모든 과제들을 완전히 해결하는 것은 『서로주체성의 이념』의 몫이 아니다. 이 책은 과제들을 열거하고 해결의 단초로 "서로주체성"이라는 이념을 제시할 뿐이다. 하지만 김상봉은 이를 "밑그림"(311쪽)으로 삼아 완전한 "철학체계"(300쪽)를 구성할 작정이다. 그러고보니 책의 부제 "철학의 혁신을 위한 서론"에 붙은 "서론"이라는 표현이 벌써 본론을 예고한다.

본론의 완성 여부를 떠나서, 이런 기백을 지금 이 땅의 철학계에서 목격할 수 있다는 것 자체가 이미 축복이다. 가만히 있으면 중간은 간다는 원칙 아래 굳건히 웅크린 기득권 철학 교수들 사이에서 김상봉은 단연 발군이다. 그에게 박수를 보내고 싶다. 또 가능하다면, 주체라는 미로에 단기필마로 뛰어든 그를 돕고 싶다. 그래서 나는 비판의 날을 벼린다. 주체로 사는 우리 각자의 삶에서 늘 증명되듯이, 최고의 도움은 비판이기 때문이다. 이 글을 통해 우리가 주체에 대해서 가진 생각이 어떻게 같고 어떻게 다른지가 드러나기를 바란다. 더 나아가 또다른 '나'들이 개입하여 더 많은 균열과 다양성을 추가함으로써 우리 모두가 그리는 주체의 그림을 더 참되고 온전하게 만들어주었으면 하는 바람도 품어본다.

우선 '주체'란 무엇인지에 대해서 김상봉과 나를 비롯한 한국어 사용자 대다수가 동의할 만한 잠정적인 정의를 내놓을 필요가 있다. 특히 인문학자가 아닌 일반인은 '주체'라는 단어를 사용할 기회조차 드물 테니, 그저 암묵적인 이해를 전제하고 '주체'를 언급하는 것은 부적절하다. 나는 "주체성이란 다른 무엇보다 자기의식에 존립한다"(180쪽)는 김상봉의 정의에 전적으로 동의한다. 그러면서 일반인에게 더 잘 와닿도록 '주체란 자기를 〈나〉라고 부르는 모든 각자다'라는 상식적 정의를 나란히 놓겠다. 아주 쉬운 이야기다. 김상봉, 이 글을 쓰는 나, 이 글을 읽는 당신이 저마다 주체다. 동의어를 꼽자면, '주체' '나' '자아'가 기본적으로 같은 뜻이다. 이 단어들은 모두 한 사람이 자신과 맺은 "자기관계"(63쪽 외)를 표현한다. 요컨대 가장 일반적인 의미에서 '주체란 자기관계다.'

위 인용문에서 김상봉은 "자기의식"을 주체의 본질로 내세우지만, 따지고보면 자기의식은 자기관계의 한 유형이므로, 이 일반적인 정의를 받아들이리라 믿는다. 물론 '자기관계'가 구체적으로 어떤 자기관계인지, 이를테면 '나'와 '나'가 서로를 바라보는 자기관계인지, '내가 내 맘대로 안 돼'라는 호소에 담긴 갈등의 자기관계인지, 서로 대화하는 자기관계인지, 서로 부둥켜안고 엉엉 우는 자기관계인지 등은 매우 중요한데, 이 문제는 차차 다루기로 하자. 일단 중요한 것은 '주체란 자기관계다'라는 가장 일반적인 정의이며, 한국어 사용자 대다수는 이 정의에 동의할 것이다. 이제 『서로주체성의 이념』에 담긴 김상봉의 주체이론을 간략하게 살펴보자.

2

김상봉은 서양철학이 이야기해온 '홀로주체'를 비판하면서 그와 대비되는 '서로주체'를 참된 주체로 옹호한다. 홀로주체란 무엇일까? 우선 그것의 상징은 나르시스다. "너 없는 나르시스의 정신세계를 가리켜 우리는 홀로주체성이라 부른다."(135쪽) 오로지 자기만을 바라보고 자기만을 사랑하는 전설 속 나르시스처럼, 홀로주체는 "타자적 주체 없는 세계에 홀로 군림하는 주체"(166쪽)다. 더 깊이 분석해서 홀로주체의 근본 구조와 특징을 밝혀내면 "홀로주체성은… 자기관계와 자기동일성을 통해 정립되는 주체성… 타자적 주체를 배제하는 주체성"(234쪽)이다. 김상봉은 이런 홀로주체가 서양철학의 역사 전반에 스며들어 있다고 본다. 근대를 넘어 니체의 철학에서도 발견되는 서양철학의 변함없는 근본 특징은 "이제나저제나 자기만을 욕구하는 아집… 집요한 홀로주체성"(133쪽)이다. 그의 진단에 따르면 "자아가 홀로주체성 속에서 자기의 자유와 주체성을 추구하는 한 우리에게 희망은 없다."(161쪽)

그렇다면 김상봉의 "서로주체"란 무엇일까? 우선 "서로주체성은… 타자적 주체와의 만남을 통해서만 생성되는 주체성"(234쪽) 혹은 "만남 속에서 생성되는 주체성"(22쪽)이다. 그가 누누이 강조하는 것은 "만남", 정확히 말해서 "인격적 타자와의 만남"(167쪽)

이다. 실은 이 만남이 김상봉의 주체이론의 주춧돌이며 더 나아가 그가 구상하는 철학체계 전체의 주춧돌이다. "우리의 과제는 만남이… 주체성의 가능성을 위한 근거임을 밝히는 것이요, 넓게는 그것이 우리의 경험과 생각 일반의 제일 근거라는 것을 밝히는 것"이다(169쪽) "요컨대 철학의 체계 자체를 철두철미하게 만남의 이념 위에 세우는 것이 우리의 과제이다."(170쪽)

"철학의 혁신을 위한 서론"이라는 책의 부제에서 보듯이, 김상봉의 의도는 기존 주체이론의 보완이 아니라 혁신이다. "서양적 주체성은 지양되고 극복되어야 할 우리 시대의 과제이다."(33쪽) 그는 서양적 주체성, 곧 홀로주체성을 밀쳐내고 "새로운 주체성의 이념"(233쪽)을 확립하고자 한다. 홀로주체성은 아예 틀렸거나 결함이 있는 개념이라는 뜻일까? 그렇다. 최소한 결함이 있다. 그래서 그는 "온전한 의미에서 자기의식"(267쪽)을 이야기하고 "온전히 내가 된다"(248쪽)는 말의 의미를 밝히려 한다.

이처럼 『서로주체성의 이념』은 서양적 홀로주체를 비판하고 한국적 서로주체를 새롭고 온전한 주체로 옹호하는, 일종의 편가르기 구도를 기본으로 삼는다. 그런데 이 편가르기에서 가장 중요한 구실을 하는 개념이 있으니, 그것은 "자기상실"(204쪽 외)이다. 김상봉이 보기에 한국인은 역사에서 진정한 자기상실을 겪어본 반면, 서양인은 그렇지 않다. 그러므로 그가 선구적으로 시도하는 한국인의 주체이론은 오만한 서양인의 그것과 달라야 한다.

한국인의 주체이론은, 자기상실을 겪어본 사람들의 이론답게, 주체성과 자기상실을 뗄 수 없게 연결해야 한다. 서양인의 주체이론에서도 "자기거리"(203쪽 외), "자기분열"(204쪽 외), "자기부정성"(203쪽 외) 등의 부정적 측면이 거론되기는 하지만, 이 서양적 개념들은 진정한 자기상실을 담아내지 못한다.

자기상실은 김상봉이 강조하는 만남의 의미를 알려주는 개념이기도 하다. 그가 "주체성은 그 자체로서 만남"(248쪽)이라고 말할 때 염두에 두는 것은 아래 인용문에서 보듯이 '자기상실을 동반한 만남'이다. "개인이든 집단이든 타자와의 만남 속에서 자기를 상실할 때 비로소 참된 의미에서 자기가 될 수 있는 것이다. 그러므로 우리는 우리가 만남 속에서 자기를 잃어버린 민족이라 하여 슬퍼할 필요는 없다."(289쪽) 이런 의미에서 김상봉의 서로주체성 이론은 "자기상실 속에서의 자기실현"(233쪽)에 관한 이론이다. 그는 '자기상실을 동반한 만남'을 서양철학의 혁신을 위한 열쇠요, 한국 고유의 철학을 위한 주춧돌이요, 이 겨레가 자기를 주체로서 세우기 위한 돌파구로 내놓는 것이다.

형언할 수 없을 정도로 중요하다고 해야 할 만남의 성격을 알려주는 다른 표현들이 많은데 "하나 됨"(248쪽), "일치"(248쪽), "결속"(299쪽), "모심"(295쪽 외), "섬김"(295쪽 외), "배움"(296쪽 외), "매혹"(230쪽 외) 등이 그것이다. 그리고 만남의 결과는 공동체다. 김상봉이 말하는 만남은 "더불어 고통받고 더불어 세계를 형성하는 능동적 주체들의 공동체"(18쪽), "모두가 자기의 모든 것을 걸고 모든 타자의 고통에 응답함으로써 생성되는 공동체"(300쪽)를 낳는다. 이로써 체계의 밑그림이 그려졌고, 저자는 그런 공동체의 실현을 꿈꾸며 책을 마무리한다. 여기까지가 『서로주체성의 이념』에서 내가 주목하는 주요 내용이다.

이제 간단히 내 소감을 밝히겠다. 나는 "주체성은 그 자체로서 만남"(248쪽)이라는 김상봉의 말에 백번 동의한다. 그러나 어떤 '만남'을 마음에 두고 이 말을 하느냐 하는 점에서 김상봉과 나는 퍽 다르다. 김상봉의 "만남"이 "결속"으로 특징지어진다면, 내가 생각하는 '만남'의 성격을 드러내는 더 적합한 표현은 "결속"보다는 차라리 '싸움'이다. 나는 이를테면 노조 대표와 경영자의 만남, 저자와 서평자의 만남을 나름의 주체이론의 핵으로 삼는다. 또한 나는 '주체성 그 자체인 만남'이 "자기상실"을 동반한다는 김상봉의 생각에 동의할 수 있다. 그런데 내가 해석하기에 김상봉은 "자기상실"을 나와는 다른 의미로 이해하는 듯하다. 아마도 이 차이가 이 글 전체의 핵심이 될 것이다.

이제 김상봉의 야심찬 주체이론에 대해서 크게 네 가지 의문을 제기하겠다. 위에 열거한 그의 과제 네 가지와 연계된 나의 질문들은 이러하다. 1) 왜 서양을 굳이 밀쳐내는가? 2) 서양적 홀로주체성에는 없고 한국적 서로주체성에는 있다는 "자기상실"은 정확히 무엇인가? 3) 왜 시종일관 지배/예속의 구도에 집착하는가?

4) 철학자 김상봉은 주체 아닌 자를 주체로 개조할 생각인가?

저자가 설정한 과제 하나하나에 의문을 제기하는 셈이니, 결코 만만한 서평은 아니다. 하지만 나는 한걸음 더 나아가 어처구니없는 우려를 표하고자 한다. 저자가 말하는 서로주체성이 현실적인 공동체에 의존한다면, 그 서로주체성은 각 개인이 주권자인 민주공화국의 이념과 상충할 위험이 있다. 어떤 특수한 공동체와도 상관없이 나라에 속한 개인 각각이 그냥 개인으로서 주권을 가진 곳이 민주공화국이 아닌가. 물론 김상봉의 정치적 발언과 활동을 감안하면, 이 우려는 정말 어처구니없다고 일축해야 마땅하다. 그러나 그의 이론을 오해할 여지가 조금이라도 있다면, 그래서 그 자신도 문득 "너희들[노예적 정신들]에게 한 말이 아니야!"(239쪽)라고 쏘아붙일 필요를 느낀다면, 차근차근 풀어헤쳐 약점이 될 만한 자리들을 드러내고 점검해야 한다. 이것이 어처구니없는 우려를 정말 어처구니없게 만드는 올바른 길이다.

본격적인 해체 작업에 앞서 예비 작업이 필요하다. 다루려는 과제가 워낙 크고 밀도가 높아서 그렇다. 중요한 것은 난해하기 마련인지, 주체도 예외가 아니어서, 주체를 논하는 것은 무한히 복잡한 미로에 들어가는 것과 마찬가지다. 길을 잃기 십상이다. 자기도 모르는 사이에 앞뒤가 다른 말을 하다가 끝내 말을 잃게 되는 불상사도 배제할 수 없다. 실제로 『서로주체성의 이념』을 꼼꼼히 살펴보면, 중요하고 난해한 대목에서 저자 김상봉도 스텝이

꼬이는 것을 볼 수 있다. "자기거리" 혹은 "자기부정성"(203쪽 외)이 나타났다 사라지기를 반복하고, "수동성"(176쪽 외)이 나쁜 것이었다가 좋은 것으로 바뀌고 또 거꾸로 바뀌면서 독자를 헷갈리게 만든다. 사실 주체라는 논제 자체가 그렇게 꼬이고 얽힌 논의를 불가피하게 만드는 측면이 확실히 있다. 오죽하면 헤겔은 주체의 구조를 "모순"이라고까지 불렀겠는가! 그러므로 전설 속의 테세우스가 미로에서 아리아드네의 실에 의지하듯이, 일단 나의 주체이론을 정리해놓고 그것을 기준으로 삼아 이야기를 풀어갈 필요가 있다. 서평자로서 부적절한 짓일 수도 있겠으나, 어쩔 도리가 없다. 주체라는 미로에 들어가면 거의 누구나(심지어 헤겔조차도!) 헤맬뿐더러, 둘이 들어가면 두 배로, 셋이 들어가면 세 배로 헤매기 마련이어서 그렇다.

내가 아리아드네의 실로 삼으려는 것은, 정확히 말하면 나의 주체이론이 아니라 내가 이해한 헤겔의 주체이론이다. 참으로 다행스러운 것이, 김상봉은 보기 드물게도 헤겔의 주체이론에 매우 우호적이다. 그가 아는 한, "서양의 철학자들 가운데서 이런 서로주체성의 통찰에 가장 가까이 다가갔던 이가 바로 헤겔이다."(249쪽) 물론 나는 이 말에 곧이곧대로 동의하기 어렵지만, 중요한 것은 우리 각자가 헤겔을 어떻게 해석하고, 누구의 해석이 맞느냐가 아니다. 김상봉이 자신의 주체이론을 내놓은 것처럼 나도 나의 주체이론을 내놓고 대화하는 것이 옳다. 내가 군이 헤겔을 언급하는 것은 그의 권위에 기대기 위해서가 아니라, 나의 주체이론이 김상봉의 것과 번지수가 전혀 다르지는 않음을 미리 말해두기 위해서다.

　다음 절에서 펼칠 알쏭달쏭한 철학적 논의를 우회하고 싶은 독자를 위해 나의 주체이론을 요약해서 제시하겠다. 나에게 주체의 본질은 '시스템 안의 〈나〉와 시스템 밖의 〈나〉가 나누는 대화'다. 그러므로 주체 안에는 반드시 깊은 '균열'(시스템 안과 시스템 밖을 가르는 균열)이 내재한다. 사람이라면 누구나 내면에서 그 균열을 사이에 두고 갈라져 대화하며 산다. 바꿔 말해, 사람이라면 누구나 주체다. 이 말은 사람이라면 누구나 양심이 있다는 말, 이미 구원받았다는 말, 불성을 품고 있다는 말과 같은 뜻이다. 다음 절은 이 내용을 차근차근 풀어나가는 대목이므로 매우 중요하지만 철학에 익숙하지 않은 독자에게는 많은 집중력을 요할 수 있다.

3

주체 혹은 '나'란 자기를 '나'라고 부르는 모든 각자다. 벌써 이 정의에서 주체의 본질이 자기관계('나'라고 부르는 '나'와 '나'라고 불리는 '나' 사이의 관계)임을 알 수 있다. 그런데 구체적으로 어떤 자기관계일까? 이 정의는 자기관계를 '부름/불림 관계'로 특정한다. 그러나 굳이 따지려들면, 어떤 식으로든 이미 자기관계가 맺어져 있으니까 '자기부름'이 유효하고 정당하지 않겠는가? 충분히 일리 있는 지적이다. 원한다면 '자기의식', 곧 '부름/불림 관계'에 선행하는 '의식함/의식됨 관계'를 더 근본적인 자기관계로 상정할 수 있겠다. 실제로 많은 철학자들이 그렇게 한다. 김상봉도 마찬가지다. "주체성이란 다른 무엇보다 자기의식에 존립한다."(180쪽)

하지만 '나'라는 자기관계를 '자기의식'으로 대표하는 것은, 무릇 새를 참새로 대표하거나 나무를 소나무로 대표하는 것처럼, 특정한 맥락을 전제하지 않는 한, 설득력을 갖기 어렵다. 물론 그 맥락은 철학의 최후 정초(定礎, 모든 철학적 주장을 떠받치는 마지막 기둥을 밝혀내는 일)와 얽혀 있어서 대단히 중요하지만, 김상봉의 이론은 이 맥락을 대체로 언급하지 않고, 나 역시 이 글에서 굳이 철학의 정초 문제를 끌어들여 자기의식에 특별한 의미를 부여할 필요를 느끼지 못한다. 요컨대 자기의식, 곧 '내가 나를 알아챔'은 자기관계의 한 유형이며, 나는 이 유형을 기본으로 삼는 입장을 수용한다. 그러나 내가 강조하려는 것은 '나'라는 자기관계의 유형이 엄청나게 다양하다는 점이다. 세상에 오만가지 자기관계가 있다. 돌이켜보면 누구나 아는 사실이다.

예컨대 작가와 작품 사이의 관계를 생각해보자. 아마 일부 독자는 대번에 '이것은 자기관계가 아니잖아!'라고 반발할 것이다.

그런 독자에게 이렇게 반문하겠다. '작가/작품 관계'가 자기관계가 아니라면, '의식하는 나/의식되는 나 관계'는 자기관계가 맞는가? 이 둘째 관계에도 뚜렷한 균열이, 절대로 건널 수 없는 심연 같은 균열이 내재한다(이 균열을 김상봉은 "자기거리"라는 멋진 표현으로 부른다). 자기관계가 지극히 오묘한 것은 그 균열에도 불구하고, 아니 오히려 그 균열 덕분에 맺어진다는 점이다. 쉽게 말해서, 자기관계를 완벽하게 같은 '나'와 '나' 사이의 관계로 상정한다면, 온 우주에 자기관계는 없다. 알다시피 기독교에서 이야기하는 신의 자기관계도 '아버지(성부)/아들(성자) 관계'다. 불교에서는 아마 "보살/중생 관계"가 이와 유사할 것 같다.

'작가/작품 관계'가 자기관계의 한 유형이라는 것에 여전히 의문이 드는 독자는 주변의 작가에게 물어보기 바란다. 작가에게 작품은 '세상에 내놓은 나'다. '내 목숨처럼 소중한 작품' '내 몸과도 같은 작품'이라는 표현은 어느 정도 과장은 있을지언정 비논리적인 헛소리가 아니다. 오히려 이런 '작가/작품 관계'를 해명하지 못하는 논리가 틀려먹은 것이다. 물론 작품에 작가가 오롯이 담기는 경우는 당연히 없다. 작품을 내놓는 순간, 작가는 작품으로부터 거리를 두고 또다른 작품을 준비한다. 즉, 작가와 작품 사이에 '자기거리'가 발생한다. 그렇다, 무릇 자기관계는 자기거리를 품기 마련이다. 김상봉의 말마따나 "자기의식은 언제나 자기거리의 의식"(203쪽)이다. 그 자기거리에 여러 감정이 끼어드는 것은 자연스러운 일이다. 대개 작가는 자기 작품이 한편 자랑스러우면서도 몹시 부끄럽다. 자랑스러움은 순간이고, 부끄러움은 오래간다. 하지만 길게 보면 자랑스러움도 부끄러움도 덧없다. 남는 것은 세상에 나와 있는 작품과 그 작품으로부터 거리를 두고 물러선 작가가 맺은 자기관계뿐이다.

또다른 예로 '나'와 '나의 행동' 사이의 관계를 생각해보자. 아마 이번에는 많은 독자가 이 관계를 자기관계로 인정하지 싶다. '나'가 누구인지를 '나의 행동'에서 알 수 있다는 이야기는 충분히 수긍할 만하니까 말이다. '나'는 곧 '나의 행동'이다. 그런데 이 자기관계, 곧 '나/나의 행동 관계'에도 자기거리가 내재할까? 지금 거론되는 것이 '나의 자유로운 행동'이라면, 이 자기관계에도 당연히 자기거리가 내재한다. 도덕이 성립하기 위한 필수조건이기 때문에 너무나 중요한 그 자기거리는 '나'와 '나의 행동'을 '다르게 행동할 수 있는 나'와 '이렇게 행동하는 나'로 고쳐 쓰면 더 분명하게 드러난다. 첫째 '나'와 둘째 '나' 사이에 분명히 거리가 있다. 그리고 이 거리가 있을 때만, '나'는 자유로운 주체로서 '나의 행동'에 책임을 져야 하고, '나의 행동'은 도덕적 가치를 부여받는다. 참고로 '나'가 뇌병변 장애인이라면, '나의 얼굴 찡그림행동'은 도덕과 무관한 자연현상일 뿐이다. 이 경우에 '나/나의 행동 관계'는 도덕적 자기관계와 무관한 또다른 유형의 자기관계로 보아야 한다.

'나'와 '나의 행동' 사이에 '자유'라는 이름의 자기거리가 있을 때만 '나'가 '나의 행동'에 책임을 진다는 것은, 말이 어려워서 그렇지 실은 법체계와 일상의 상식이다. 다르게 행동할 수 있으므로 '나'는 '나의 행동'과 다르다. 하지만 바로 그렇기 때문에 '나'는 '나의 행동'을 '나'로 (요컨대 자기관계를) 인정하고 책임져야 한다. 헤겔이 즐기는 축약표현을 흉내 내자면, '나'는 '나의 행동'을 떼어놓음과 동시에 '거둔다'(aufheben).

'책임'과 관련해서 김상봉의 서양적 주체성 비판이 지닌 특징 하나를 지적하고 싶다. 그는 '자유'를 이야기할 때 그 반대인 '예속'은 이야기해도, 마치 동전의 앞뒷면처럼 자유와 붙어다니는 '책임'은 언급하지 않는다. 자유, 지배, 권력, 제국주의를 말할 뿐, 자유로운 주체가 운명처럼 짊어지는 '책임'을 말하지 않는다. 책임지는 '나'가 진정으로 자유로운 '나'라는 것은 서양과 동양을 막론하고 기본 중의 기본인데도 말이다.

마지막으로 '나는 무엇이다'라는 진술 속에서 '나'와 '무엇'이 맺는 자기관계를 생각해보자. 이 글을 쓰는 나는 생업이 번역이니, 구체적으로 '나는 번역가다'라는 참된 진술을 살펴보자. 이 진술 속에서 '주어-나'는 '번역가'라는 '술어-나'와 자기관계를 맺는다. 그리고 이 자기관계는 당연히 자기거리를 품는다. 내가 번역가이기만 하겠는가? 보다시피 나는 이런 철학적인 글을 쓰는 저자이기도 하지 않은가. 하지만 바로 그렇기 때문에 '나는 번역가다'라는 참되고 유의미한 진술이 성립한다. 만약에 내가 번역가이기만 하다면, 위 진술은 '번역가는 번역가다'가 되어 아예 무의미해질 것이다. 요컨대 '나는 번역가다'라는 진술 속에서 '나'는 '번역가'라는 술어 속으로 완전히 쏟아져 들어가 머물지 못하고 되튀어 주어의 자리로 돌아옴과 동시에 '번역가'를 거둔다. 뒤집어 말하면, 이 진술 속에서 '나'는 '번역가'를 거둠과 동시에 떼어놓는다.

이밖에도 얼마든지 다양한 자기관계가 존재한다. 나와 내 자서전 사이의 관계, 나와 내 몸 사이의 관계, 나와 내 자식 사이의 관계, 생물학자인 나와 생물학계 사이의 관계, 말하는 나와 그 말을 무의식적으로 듣는 나 사이의 관계, 지금의 나와 10년 전의 나 사이의 관계, 물리학 책을 읽는 나와 시를 쓰는 나 사이의 관계, 민주공화국의 주권자로서 판단하는 나와 일개 서민의 처지에서 판단하는 나 사이의 관계, 내가 구원받았음을 믿는 나와 내 안에 불성이 있음을 믿는 나 사이의 관계, 나의 왼손과 나의 오른손 사이의 관계. 이것들은 모두 '나'가 좋은 싫든 '나'(또는 '나의 것')로 인정하는 무언가와 '나' 사이의 관계다. 또는 '나'가 '나'로 인정하는 것들 사이의 관계다. 어디에나 연속성 못지않게 뚜렷하게 균열("자기거리")이 있음을 눈여겨보라. 아마 여기까지는 거의 누구나 동의하리라 믿는다.

이제 크게 한걸음 내딛자. 사람과 사람 사이의 관계도, 양자가 서로를 존엄한 인간으로 인정한다면, 똑같은 연속성/균열을 품고 있으며 따라서 자기관계의 한 유형이다. 이 사실은 특히 양쪽 당사자가 보편적 관점을 추구하고 언어가 관계를 매개할 때 잘 드러난다. 예컨대 사형(師兄)과 사제(師弟) 사이의 관계, 상담자와 피상담자 사이의 관계, 저자와 서평자 사이의 관계, 칸트와 헤겔 사이의 관계, 의상과 원효 사이의 관계, 설득하는 정치인과 반발하는 유권자 사이의 관계. 헤겔이라면 이 마지막 예를 '민주공화국의 정신이 자기 자신과 나누는 대화'로 표현할 것이다. 어쨌거나 내가 강조하고자 하는 것은, 어디에나 똑같은 연속성/균열이 다양한 모습으로 있다는 점이다.

깊이 따져 들어가면, 언어를 매개로 삼는다는 것과 보편적 관점을 추구한다는 것은 같은 말일 가능성이 높다. 더 나아가 '나'의 내면에도 있고 사람과 사람 사이에도 있는 연속성/균열, 곧 "자기거리"의 원천이 바로 언어일 가능성이 높다. 나 자신에게도 어렵고 벅찬 논의를 피하기 위해 나는 어디에나 있는 자기관계를 그냥 '대화'로 규정하는 것으로 이 문제를 정리하려 한다. 참고로 내가 말하려는 '대화'는 흔히 '변증법'으로 번역되는 헤겔의 '디알렉틱'(Dialektik)과 맥이 닿는다. 헤겔이 말하는 '디알렉틱'은 항상 이미 어디에나 있는 자기거리가 뚜렷하게 드러나는 과정이다. 흔히 '변증법'은 상반된 둘을 모아 하나의 통일체를 만드는 과정이라고들 하는데, 그런 '변증법'은 내가 아는 '디알렉틱'의 정반대에 가깝다.

아쉽게도 김상봉의 주체이론은 언어를 본격적으로 다루지 않지만, 아주 흥미롭게도 "보는 것과 듣는 것"(253쪽)을 다루는 대목에서 언어(정확하게는 '말')를 적잖이 건드린다. 그는 '보기'를 통해 매개되는 서양적 주체의 자기관계에 맞서서 듣기 혹은 "부름과 응답"(272쪽)을 통해 매개되는 자기관계를 새로운 주체이론의 활로로 삼는다. 나는 김상봉이 어렴풋이 감지하고 "부름과 응답"이라고 표현한 모범적인 자기관계가 다름 아니라 언어적 관계, 곧 대화라고 본다.

'대화'는 지극히 중요한 개념이다. 주체만큼 중요하냐고? 그렇다! 내가 보기에 대화는 주체의 본질적 활동이요, 심지어 다른 이름이다. 김상봉이 "주체성은 그 자체로 만남"이라고 매기면, 나는 "주체성은 그 자체로 대화"라고 받겠다. 하지만 꼭 짚어둘 것이 있다. 이 대목에서 아마 많은 독자가 묻고 싶을 것이다. 주체성 자체로까지 격상된 '대화'는 '나'와 '나' 바깥에 실재하는 '너' 사이의 대화냐, 아니면 '나'와 '나' 사이의 내면적 대화냐? 어쩌면 김상봉도 이 질문을 던지고 싶을지 모르겠다.

물론 개인 안에서 일어나는 자기와 자기 사이의 내적 대화와 개인과 개인 사이에서 일어나는 외적 대화를 구분해볼 수 있겠다. 전자는 안 보이고 후자는 보이니까 말이다. 그러나 잘 생각해보면, 전자는 개인 안에 진정한 의미의 자기거리가 생겨나는 과

정일 테고, 후자는 개인이 자신의 치우친 관점을 인정하고 더 보편적인 관점을 추구하는 과정일 테니, 결국 양쪽 다 '자기거리의 형성(또는 현실화) 과정'이 아닌가! 자꾸 전자는 가짜 대화고 후자는 진짜 대화라는 식으로 반발하면, 나로서는 답답할 따름이지만, 다행히 받아칠 길이 아예 없는 것은 아니다.

일상언어에서는 개인의 내면적 대화를 일컬어 '생각'이라고 한다. 한편, 일상언어에서 '대화'는 개인과 개인 간의 활동이다. 그런데 안타깝게도 이 땅의 문화는 언제부터인지 '생각'을 멸시하는 경향이 있다. 그래서 '생각'이라는 말을 떠올릴 때마다 '제멋대로 생각한다' 또는 '생각만 하고 자빠졌네' 따위의 부정적인 말이 자연스럽게 연상된다. 사정이 이러하니 "나는 생각한다, 고로 존재한다"라는 데카르트의 말을 제대로 이해하기가 어려울 수밖에 없다.

그러나 이런 안타까운 현실에 매몰되어 생각의 진면목을 못 보거나 왜곡하면 곤란하다. 진짜 생각은 보편적인 '나'와 특수한 '나'가 나누는 진짜 대화다. 생각할 때 '나'는 특수한 개인으로서 '제멋대로' 상상하는 것이 절대로 아니다. 진짜로 생각하는 개인은 어떤 기관이나 공동체에도 뒤지지 않는 공적인 무게를 가진다. 아니 오히려 모든 공적인 무게의 유일한 출처는 진짜로 생각하는 개인이다.

민주공화국의 투표를 떠올려보라. 요란한 선동과 홀림과 설득과 대화가 잦아든 뒤, 결국엔 각 개인이 홀로 기표소에 들어가 남몰래 공화국의 미래를 결정한다. 모든 각자의 내면에서 진짜 생각이 작동하고 진짜 대화가 이루어진다는 믿음이 없다면, 결코 있을 수 없는 제도다. 제도야 서양에서 들어오다보니 그런 것이고, 현실에서 우리는 각자 제멋대로 상상해서 투표하거나 머리만 굴리고 자빠졌다가 욱 하는 감정으로 우르르 쏠려 투표하는 것일까? 이 땅에서 개인이 생각의 능력을 자부하거나 자각하거나 타인에게서 확인하거나 타인의 천부적 능력으로 인정하는 일이 드물다는 것만큼은 사실인 듯하다. 그러나 민주공화국은 우리 각자가 그런 내적인 대화 능력을 가졌다고 전제한다. 나는 이 전제에 전적으로 동의한다. 모든 각자는 내면에서 진짜로 생각한다. 즉, 동등한 상대로서의 자기 자신과 대화한다.

다음으로 일상에서의 '대화'를 생각해보자. 진정한 대화 역시 겉보기에는 멸종위기에 처한 동물과 다를 바 없는 듯하다. 특수한 '나'와 특수한 '너'가 진짜로 대화하려면, 특수한 '나'가 이미 내면에서 보편적 '나'와 대화하고 특수한 '너' 역시 이미 내면에서 보편적 '너'와 대화하고 있어야 한다. 이렇게 양쪽 당사자 각각이 외적인 대화와 더불어 내적인 대화를 병행할 때만, 일상에서 '대화'라고 부르는 외적인 대화가 진짜 대화가 된다. 이럴 때만 참된 설득, 합의, 타협, 차이의 인정이 이루어진다. 설득당하는 '나'는 설득에 성공하는 '너'에게 수동적으로 당하는 것일까?

'너'에게 "매혹"(김상봉이 중시하는 개념이다!)되거나 '너'의 권위
에 굴복하는 것일까?

　그런 일방적인 대화가 파생적인 의미에서 간혹 있을지도 모르
겠다. 아무튼 참으로 안타까운 것은, 우리 자신이 우리의 대화를
그런 경우로 깎아내리는 일이 아주 흔하게 눈에 띈다는 점이다.
'선배 잘못 만나 의식화되었다'라는 한때의 시쳇말을 떠올려보
라. 이 말은 선배와 대화하면서 '나'가 내면에서 자유롭게 진행한
'자기대화'를 아예 무시하거나 업신여긴다. 그러나 단언하건대
'나'를 설득한 당사자, '나'의 생각을 바꾼 당사자는 선배가 아니
라 바로 '나'다. 설득은 이럴 때만 진정한 설득이다.

　'너'가 '나'를 설득했다는 말은, '나'가 이미 아는 바를 '너'가
'나'에게 깨우쳐주었다는 뜻이다. 특수한 '너'가 매력이나 위력으
로 '나'의 내면을 점령했다는 뜻이 결코 아니다. 그러므로 '나'는
'너'가 고맙지만, '너'는 자기가 한 일은 사실상 없다고 말하는 게
예절뿐 아니라 사실에도 부합한다. 진정한 대화에서 '나'를 변화
시키거나 유지시키는 것은 '나' 자신이다!

　요컨대 진정한 대화는 각각 자유로운 개인과 개인 사이에서,
반드시 양쪽 당사자의 내적 대화(곧 '생각')와 더불어 일어난다. 그
러므로 내적 대화를 인정하지 않는다면, 외적 대화도 인정하지
않아야 한다. 거꾸로, 외적 대화를 인정한다면, 내적 대화도 인정
해야 한다. 만일 외적 대화가 "서로주체"의 본질이고 내적 대화가

"홀로주체"의 본질이라면, 서로주체를 추어올리면서 홀로주체를 깎아내리는 것은 앞뒤가 안 맞는 처사일 수 있다.

　김상봉의 "서로주체성"을 시작점으로 이야기를 풀다보니 '개인의 생각'과 '개인들 간의 대화'를 제법 길게 논했지만, 이제 다시 본류로 돌아가 이 글을 쓰는 나의 주체이론을 정리할 때다. 위에서 나는 자기관계의 다양한 예를 열거하고, 이 '관계'의 진면목을 '대화'로 규정하면서, 아마도 김상봉이 "부름과 응답"으로 표현한 바가 '대화'일 것이라는 해석을 제시했다. 이제부터는 대화로 맺어진 양쪽 항을 개념화할 차례다.

　자기관계를 맺은 양쪽 항을 가리키는 개념쌍으로 우선 "주체로서의 나"(266쪽)와 "객체로서의 나"(같은 곳)가 있다. 흔히 '주체로서의 나'는 '나-주체'로, '객체로서의 나'는 '나-객체'로 축약된다. 자기관계를 맺은 두 항을 이렇게 '나-주체'와 '나-객체'로 규정하면, 자기관계는 주객관계다. 그리고 주객관계로서의 자기관계는 기본적으로 '참인 문장에서 주어/술어 관계'와 구조가 같다. 참인(그렇지만 동어반복이 아닌) 문장에서 주어와 술어는 서로 같으면서 또한 다르다. 마찬가지로, 자기관계를 맺은 나-주체와 나-객체도 서로 같으면서 또한 다르다. 그러므로 나는 자기관계를 주객관계로 규정하는 것에 아무 불만이 없다. 주체이론에서 자기관계가 토대 중의 토대인 것처럼, 논리학에서 주술관계는 가장 근본적인 토대다. 그리고 이 두 관계가 공유한 구조가 주객관계의 참모습이다.

그런데 김상봉은 주객관계에 불만이 많다. 그는 주객관계로서의 자기관계를 "사물적 자기관계"(266쪽)라고 부르면서 이것은 온전한 자기관계가 아니라고 지적한다. 그에 따르면 "나를 의식하되 오직 사물화되지 않는 주체로서 의식하는 것만이 온전한 의미에서 자기의식"(267)이다. 젊은 피히테(J. G. Fichte)의 목소리를 그대로 듣는 듯한 이 문장에 얼마나 뜨거운 충정(忠情)이 배어 있는지 모르는 바 아니지만, 나는 그런 순결한 자기의식이 대체 어디에 있느냐고 묻고 싶다. 우리가 사는 세상의 모든 자기관계는 '객체화'(곧 "사물화")와 결부되어 있다. 혹시 김상봉은 "사물화되지 않는 주체로서의 나"를 만나는 길이 따로 있다고 생각하는 것일까?

어쩌면 그럴지도 모르겠다. 내가 알기로 피히테도, 셸링도, 심지어 헤겔도 한때 그런 특별한 길을 기대했었다. 그러나 적어도 헤겔은 언제부턴가 그 기대를 접었다! 오로지 '사물화된 나'에서 '주체로서의 나'를 보는 것(원한다면, '사물화된 나'를 '주체로서의 나'로 인정하는 것이라고 해도 좋다)만이 유일한 길임을 깨달았기 때문이다. 그리고 이것이 나-주체와 나-객체가 맺은 주객관계의 참된 의미다.

혹시 김상봉은 '너'를 만나는 길을 염두에 두고 있는 것일까? '너'는 또 하나의 '나'이므로, '너'를 만나는 것이 "사물화되지 않는 주체로서의 나"를 만나는 길이라는 식으로 말이다. 만일 그렇다면, 실재하는 '너'는 항상 '특수한 너' '세상에 나와 있는 너' '객체화된 너'라는 점을 지적하고 싶다. 사람과 사람은 항상 '객체화된 나'와 '객체화된 너'로서 만난다. 그러면서도 '주체로서의 나'와 '주체로서의 너'를 인정한다. 여기에 신비가 있고, 이 신비는 '나'가 '사물화된 나'를 '주체로서의 나'로 인정하는 것과 똑같은 신비다.

김상봉은 왜 주객관계로서의 자기관계에 불만을 품을까? 보아하니 주객관계에서 근본적인 분리를, 더 나아가 지배/예속 관계를 보기 때문인 듯하다. 우선 그는 숱한 근대철학 비판자들과 다를 바 없이 주객분리의 문제를 지적한다. "이처럼 생각이 모든 생각되는 대상과[,] 주체와 객체로서 분리되고 나면 우리는 객관적 대상에 대해 의심할 수 없는 진리를 얻는 것이 불가능해져버린다."(113쪽) 뽕짝만큼 자주 들어 익숙하지만 실은 애매하기 그지없는 이 말 속에 서양근대철학에 대한 근본적인 오해가 도사리고 있다.

한없이 복잡한 논의를 피하기 위해 요점만 말하겠다. 서양근대철학의 출발점이자 종착점은 분리인 동시에 연결인 묘한 관계가 도처에 있다는 깨달음이다. 앎과 관련해서 거론되는 주객관계도 그런 묘한 관계의 한 예다. 위 인용문에서 "생각"이 '대상에 대한 생각'이고 "생각되는 대상"이 '그 대상 자체'라면(이렇게 이해하지 않으면 위 인용문은 요령부득이다!), 이 두 항 사이에서도 분리와 연결의 이중주가 일어난다. 바꿔 말해 '생각된 대상'(='대상에 대한 생각')과 '있는 그대로의 대상' 사이에서 분리와 연결의 운동이 일어난다는 말이다.

어려운 이야기지만 쉽게 설명할 수도 있다. 우리 인간은 '생각된 대상'을 '있는 그대로의 대상'으로 간주하곤 한다. 거꾸로 '있는 그대로의 대상'으로 간주되었던 것이 다시 '생각된 대상'으로 재조명되기도 한다. 서양근대철학은 주체('생각된 대상')와 객체('있는 그대로의 대상') 사이의 이런 넘나듦을 본격적으로 탐구하는 사상이다. 어떻게(혹은 무슨 권리로) 주체가 객체의 노릇을 하고, 또 거꾸로 객체가 주체의 노릇을 하는가? 이것이 서양근대철학의 화두다. 그 철학이 보는 주객관계는 기본적으로 이런 넘나듦 관계다. 서양근대철학이 주체의 객체 노릇이나 객체의 주체 노릇을 원천봉쇄한다는 것은 터무니없는 오해다. 따라서 그 철학이 상식적인 진리 개념인 주객일치를 원천봉쇄한다는 것도 터무니없는 오해다.

하지만 김상봉이 주객관계를 밀쳐내는 더 큰 이유는 그가 이 관계에서 지배/예속을 연상하기 때문인 것으로 보인다. 그에게 주객관계는 기본적으로 불평등관계다. "인간은… 활동을 통해 주체가 되기도 하고 그렇지 못할 때 객체로 전락하기도 한다."(172쪽) 김상봉에게 객체 되기는 "전락"이다. 다음 대목은 주객관계에 대한 그의 견해를 더 상세히 보여준다. "주체는… 자아의 존재방식의 하나이다… 우리는 주체로서 존재할 수도 있고 객체로서 존재할 수도 있다… 앞의 경우는 내가 나의 주인으로서… 활동의 주체란 말이요, 뒤의 경우는 내가 남의 작용에 의해… 규정되는 객체로서 존재한다는 말이다"(235쪽). "활동의 능동적 주체"(261쪽)와 "그 활동의 소극적이고 수동적인 객체"(261쪽)라는 표현에서는 김상봉의 주객관계가 능동/수동 관계라는 점도 알 수 있다. 사정이 이렇다보니, 그는 자기관계를 주객관계로 보는 것에 동의하지 못한다. "나의 의식 속에서 내 앞에 마주선 나를 하필 대상과 객체로서 간주하는 것은 아무런 필연성도 없는 타성에 지나지 않는다."(267쪽)

요컨대 김상봉은 주객관계를 일종의 주종(主從)관계로 파악하고 있는 듯하다. 둘러보면 김상봉뿐만이 아니다. 근대를 비판하겠다고 나서는 지식인들이 주객관계를 이야기한다면서 주종관계를 이야기하는 경우를 흔히 볼 수 있다. 대체 어떤 주체와 어떤 객체를 생각하고 있기에 이런 어법을 구사하는 것일까?

이번에도 복잡한 논의를 피하기 위해 내 생각을 대뜸 제시할 수밖에 없을 듯하다. 내가 생각하는 전형적인 객체는 '나'의 작품, 바둑을 두는 '나'가 두는 한 수, '나는 번역가다'에서 '번역가'다. '나'는 '나의 작품'을 지배하고, '나의 작품'은 '나'의 지배를 받는가? 그렇다고 대답하고 싶은 분도 있겠지만, 이번에도 주변의 작가에게 물어보라. 오히려 '나의 작품'이 '나'를 지배한다고 말하는 작가가 틀림없이 있을 것이다. 작품을 제작하는 동안에는 '나'가 '나의 작품'을 지배한다는 말이 부분적으로 옳을 수 있다. 그러나 이것은 '나'와 '나의 작품'이 분리되기 이전의 상황, 즉 '나의 작품'이 아직 존재하지 않는 상황에서나 통하는 얘기다. 진정한 주객관계는 '나'와 '나의 작품'이 분리되었을 때 성립한다. 이 상황에서 '나의 작품'이 '나'의 지배를 받는다고 할 수 있을까?

예컨대 『서로주체성의 이념』은 김상봉의 지배를 받는가? 천만에! 이 작품은 김상봉의 손을 떠나 세상에 나온 지 오래고, 김상봉은 오히려 이 작품의 뒤치다꺼리를 해야 하는 처지다. 보라, 나처럼 개뿔도 없는 놈이 『서로주체성의 이념』을 물어뜯을 때, 독수리와 하이에나가 새까맣게 몰려들어 이 역작을 갈기갈기 찢어놓을 때, 김상봉은 속수무책이다. 설령 그가 지금 이 글의 주요 논점들은 심각한 오해에서 비롯되었으며 자신의 본뜻과 무관하다고 반발하면서 자신의 순수한 '주체'를 야수의 이빨로부터 보호하더라도, 세상에 나와 있는 『서로주체성의 이념』이 이런 식으로 갈가리 찢기면서 나름의 삶을 살아가기는 마찬가지다. 따지고보면 그가 『서로주체성의 이념』을 세상에 내놓은 것 자체가 이런 능욕을 감수하겠다는 선언이다. 바로 이것이 내가 생각하는 '객체화'의 전형이며 그 결과인 '객체'는 '세상에 내놓은 나'다.

'나의 한 수'도 마찬가지다. 바둑돌을 내려놓자마자, 어떤 의미

에서는 오히려 그 한 수가 기사(棋士)를 지배한다. '나는 번역가다'
에서 '번역가'가 '나'의 지배를 받는가? '나'가 번역일을 할 때,
'번역가로서의 나'가 '나'의 지배를 받는가? 그럴 때 '나'는 능동
적이고, '번역가'는 수동적인가? 억지스러움을 무릅쓰고 그렇다
고 대답할 수도 있겠지만, 굳이 그렇게 대답할 이유를 나는 모르
겠다. 진실은 '나'가 '번역가'로서 활동한다는 것이며, 이때 '나'
와 '번역가'가 맺은 주객관계는 지배/예속, 능동/수동, 적극/소극
과 무관하다.

　김상봉이 "나를 의식하되 오직 사물화되지 않는 주체로서 의식
하는 것"을 추구하고 "나의 의식 속에서 내 앞에 마주선 나를 하
필 대상과 객체로서 간주하는 것은 아무런 필연성도 없는 타성에
지나지 않는다"고 일갈하는 것은 아무래도 그가 사람과 사람 사
이의 주종관계를 주객관계의 전형으로 보기 때문인 듯하다. 만일
그가 자신과 『서로주체성의 이념』 사이의 관계를 주객관계의 전
형으로 보았다면, 이야기는 사뭇 달라졌을 것이다.

　내가 보기에 주객관계로서 자기관계의 전형은 '나를 세상에 내
놓는 나'와 '세상에 나와 있는 나' 사이의 관계다. 이 관계가 형성
되는 과정을 일컬어 '자기 객체화'라고 하며, 이는 '자기실현'(=
'자기표현')과 동의어다. 시를 써서 세상에 내놓지 않는 시인은 시인
이 아닌 것처럼, 자기 객체화를 하지 않는 '나', 자기를 세상에 내
놓지 않는 '나'는 '나'이기는커녕 아무것도 아니다. 자기관계가

주객관계라는 것은 이런 뜻이다.

둘째, 자기관계를 맺은 두 항을 '보편적인 나'와 '특수한 나'로 규정할 수도 있다. 이 규정에 잘 부합하는 예로 앞서 언급한 '나는 번역가다'에서 '나'와 '번역가' 사이의 관계를 다시 들 수 있다. 번역가이지만 또한 그 이상인 '나'가 보편이라면, 번역가로서의 '나'는 특수다. 그러므로 '나/번역가 관계'는 '보편/특수 관계'다. 그렇다면 이 예는 주객관계로도 규정되고 '보편/특수 관계'로도 규정된 셈인데, 이 중복은 충분히 납득할 만하다. 왜냐하면 '세상에 나와 있는 나'는 '특수한 나'이기도 하기 때문이다. 반면에 그렇지 않은 나(위에서 '나를 세상에 내놓는 나'라고 부른 나-주체)는 '보편적인 나'로서 '특수한 나'와 분리되고 연결된다.

저 앞에서 '생각'과 '대화'를 논하면서 나는 이미 '보편적인 나'를 언급한 바 있다. 도덕적 자유를 논하는 대목에서도 '보편적인 나'가 사실상 등장했다고 할 수 있다. '특수한 나'의 행동을 제어하고 책임지는 '나'에게는 '보편적인 나'라는 명칭이 잘 어울린다. 개인 안에서 이런 '보편적인 나'와 '특수한 나'가 늘 대화하는 사태를, 철학에서는 '주체성'이라는 개념으로, 불교에서는 '불성'이라는 개념으로, 기독교에서는 '구원'이라는 개념으로, 상식에서는 '양심'이라는 개념으로 표현한다고 나는 이해한다.

하지만 소위 지식인들의 언어 사용에서 주객관계가 상당히 오염되어 있는 것과 마찬가지로 보편이라는 개념도 때가 잔뜩 끼어 억압의 냄새를 풍기곤 한다. 김상봉도 서양철학을 비판하면서 "구체적인 개인으로서의 나로부터 소외된 초자아"(122쪽), "이름만 '나'일 뿐, 나와 상관없는 어떤 초월적인 초자아"(같은 곳), "자아로부터 분리되어 자립적인 초자아"(같은 곳)를 언급한다.

　나는 "개인으로서의 나"로부터 분리된 '보편적인 나'를 과연 어떤 서양철학자가 이야기했는지 묻고 싶다. 김상봉은 칸트와 독일관념론자들이 이야기했다고 해석하는 모양인데, 나는 이런 해석을 이 땅의 지식인들에게서는 꽤 많이 들었으나 적어도 칸트와 헤겔을 이렇게 해석할 길은 정녕 없다고 단언한다. '나'는 '특수한 나'와 '보편적인 나' 사이의 자기관계다. 이 관계를 벗어난 '특수한 나'는 아예 '나'가 아니다. 이 관계를 벗어난 '보편적인 나'도 마찬가지다. 자기관계에서 이탈한 그것은 기본적으로 '자아'라는 표현을 걸칠 자격이 없으므로 그냥 '권력자'나 '억압자'라고 불러야지 '초자아'라고 부르면 안 된다.

　그러나 보편적인 나를 높이면서 특수한 나를 낮추고 나-주체를 주목하면서 나-객체를 등한시하는 관행이 워낙 강하다는 점을 감안하여, 나는 더 중립적인 개념쌍을 대안으로 내놓겠다. 그것은 '시스템 밖의 나'와 '시스템 안의 나'다. '시스템 밖의 나'는 '나-주체' 혹은 '보편적인 나'에 해당하며 가치중립적이다. '시스템 안의 나'는 '나-객체', '특수한 나'의 다른 이름이다.

　예컨대 내가 헤겔주의자로 자처할 때, '시스템 안의 나'는 헤겔주의자다. 반면에 '시스템 밖의 나'는 헤겔주의자인 나로부터 거리를 두고 다른 가능성들을 모색하는 나다. 양자는 농등하다. 물론 일상에서 타인들이 보기에 나는 일차적으로 헤겔주의자이겠지만, 나를 자기거리를 포함한 자기관계로 온전히 파악하는 철학적 관점에서 보면, 나는 한편으로 헤겔주의자('시스템 안의 나')이고 다른 한편으로 비(非)헤겔주의자('시스템 밖의 나')다. 삼성전자 직원 아무개도 한편으로는 삼성전자 직원('시스템 안의 나')이지만 다른 한편으로는 삼성전자에 얽매이지 않은 사람('시스템 밖의 나')이다.

이제 꽤 장황하게 개관한 나의 주체이론을 요약할 수 있다. 나에게 주체란 '시스템 밖의 나'와 '시스템 안의 나' 사이의 자기관계, 더 정확히 말하면, '시스템 밖의 나와 시스템 안의 나가 나누는 대화'다. 모든 각자가 이런 주체라는 것은 민주공화국의 근본 전제일뿐더러 기독교와 불교의 가장 중요한 교리이기도 하다. 모든 각자가 주체라는 것은, 각자가 값없이 구원받았다는 것, 각자 안에 항상 이미 불성이 있다는 것과 같은 말이다.

김상봉은 『서로주체성의 이념』에서 "홀로주체"와 "서로주체"를 구분하고 전자를 비판하면서 후자를 옹호했지만, 아쉽게도 나는 그의 논리에 설득당하지 않았다. 나는 인간이라면 누구나 어떤 시스템 안에 있든지 또한 그 시스템 밖에 있다고 믿는다. 그렇게 시스템의 경계를 사이에 두고 둘로 갈라져 항상 내적으로 대화한다고 믿는다. 이것은 내가 헤겔을 비롯한 서양철학을 공부하면서 스스로 깨쳐 도달한 믿음이며, 우리가 이미 속한 민주공화국의 근본 전제다.

굳이 "홀로"와 "서로"를 넣어서 표현하자면, 나의 주체는 항상 이미 서로이며 홀로이다. 그래서 현실에서 특수한 너와 만나든 말든, 공동체에 속하든 말든, 나의 주체는 김상봉이 추구하는 "서로주체"의 자격을 항상 이미 갖췄다. 나의 주체는 현실적인 공동체에 의존하지 않는다. 오히려 현실에서 어떤 공동체 안에 있든지 또한 그 공동체 밖에 있기 때문에, 나의 주체는 보편적인 인권, 인간 존엄, 불성, 양심을 가진 놈, 구원받은 놈, 자신의 행동에 대한 책임을 결코 벗을 수 없는 놈이다.

이제부터 내가 김상봉의 주체이론에 대해서 제기한 네 가지 질문을 짚어가면서 구체적인 비판을 시작하려 한다. 비판의 근간은 이미 제시되었다. 그러므로 남은 일은 되도록 쉬운 말로 조목조목 따지는 것뿐이다.

4

1) 왜 서양을 굳이 밀쳐내는가? 김상봉은 매우 솔직한 저자다. 그의 고백을 들어보라. "그런[자기를 잃어버린 지 오래인] 선생들 아래

서 남이 그린 자화상을 학습했을 뿐 자기의 얼굴을 그리는 법을 배우지 못한 나 같은 사람에게는 자기를 그리기 위해서는 자기와 남을 구별하는 법을 배우는 것부터가 선행적 과제였다."(20쪽) 요 컨대 그의 서양 밀쳐내기는 그가 개인적 경험에서 그 필요성을 절감하여 스스로 짊어진 과제다. 그에게 이 과제가 얼마나 절실할지 능히 짐작한다.

그러나 나는 이 과제를 공유할 생각이 없다. 오히려 정반대다! 나는 "그런 선생들"이 가르쳐준 남의 자화상이 가짜일 수 있다고 느꼈다. 실은 많은 선생들이 가짜 서양철학을 가르쳐왔다고 느꼈다. 내가 서양을 제대로 이해하면, 서양이 동양과 다르지 않음을 알게 되리라고, 헤겔의 생각과 내 생각이 다르지 않음을, 기독교의 구원이 불교의 불성과 다르지 않을뿐더러 내가 철학 따위 공부하지 않아도 늘 느끼는 나의 양심과도 다르지 않음을 알게 되리라고 느꼈다.

나도 김상봉처럼 솔직히 말하면, 나는 이 땅의 철학 선생들이 의도적이거나 본의 아닌 사기꾼일 수 있다는 경계심을 일찌감치 품었다. 그래서 나는 서양을 밀쳐낼 필요를 느끼지 않는다. 진리가 진짜 진리라면 이미 내 안에도 스며들어 있다고, 내가 이미 진리를 품었다고 확신하는 사람은 남이 말하는 진리에 혹하지 않을뿐더러 그것을 밀쳐내지도 않는다. 진리가 어찌 둘이겠는가!

물론 허구한 날 칸트, 헤겔, 하이데거, 들뢰즈 따위나 주워섬기는 세태에 대해서는 나도 불만이 아주 많은데, 이런 세태에 내가 내리는 진단은 김상봉의 진단과 사뭇 다르다. 김상봉은 "타자의 노예로 전락해버린 이광수나 박종홍"(238쪽)을 이야기한다. 그러나 나는 이것이 틀린 진단이라고 본다. 내가 보기에 이광수나 박종홍은 노예이기는커녕 서양을(혹은 소위 "근대화"와 민족중흥을) 허울로 내세워 공동체의 다른 구성원들을 속이면서 가장 세속적인 나-객체(개인과 가문의 부귀영화)를 은밀하고 철저하게 추구한 주체다. 따라서 자신의 행동에 책임을 져야 하고, 도덕적 비난과 법적 처벌을 받아야 마땅하다. 그들에게 서양사상은 사익 추구의 도구이자 필요에 따라 언제라도 내팽개치고 새것으로 바꿀 수 있는 허울이었다.

김상봉은 이광수, 박종홍 등의 "서서 죽는 것보다는 무릎을 꿇고 사는 것을 선호하는 노예적 정신들"(239쪽)이 자기를 상실했다고 판단한다. 그래서 그는 '서로주체성'을 설명하기 위해 '자기상실'의 긍정적 의미를 강조하다가, 문득 자신이 본의 아니게 이들 노예적 정신까지 함께 옹호하는 난처한 상황에 처했다고 자각한다. 이 대목에서도 그는 솔직하다. 앞에서도 인용했지만, 그는 자기상실의 긍정성을 강조하다 말고 "너희들[노예적 정신들]에게 한 말이 아니야!"라고 쏘아붙여 사실상 자신의 난처함을 시인한다. 하지만 그렇게 쏘아붙이고 말 일이 아니다. 그들이 노예가 아니라 자유로운 주체라는 불가침의 전제 아래 그들의 행적을 꼼꼼히 따져 법적·도덕적 책임을 물어야 옳다. 시키는 대로 할 뿐인 노예에게 책임을 묻는 것은 부당하다. 그러나 이광수, 박종홍 등에게 책임을 묻는 것은 정당하다. 왜냐하면 그들은 노예가 아니라 악행을 저지른 주체이기 때문이다.

내가 보기에 김상봉을 이런 곤경으로 몰아간 결정적인 패착은 '자기상실'이라는 몹시 무딘 개념이다. 그는 "한국의 역사에서 볼 수 있는 사대주의와 지배계급의 매판적 행태를 자기상실이나 수동성이라는 이름으로 싸잡아 두둔하려는 것이 아니"라고(237쪽) 강변하지만, 애당초 서로주체성의 철학자로서 그는 "자기상실 속에서의 자기실현"(233쪽)을 옹호해야 하고 "주체성을 잃은 겨레의 고난"에서 긍정적인 의미를 읽어내야 하기 때문에, 문제가 간단하지 않다.

그는 이 곤경을 타개하기 위해 '능동과 수동의 구분'이라는 카드를 다시 꺼내들고 새삼 "능동성과 자발성"(238쪽)에 힘을 실어주는데, 이 해법은 효력이 없다. 생각해보라. 매판 자본가와 매판 지식인에게 능동성이 없나? 천만에! 그들은 누구보다 더 능동적으로, 그야말로 악착같이 사리사욕을 추구한다. 애당초 그들의 상태를 '자기상실'로 오해한 것이 결정적 패착이다. 누차 강조하지만, 사대주의자와 매판 지식인은 노예가 아니다. 주체로서 실은 '특수한 나'의 이익을 추구하면서도 겉으로는 '보편적 대국(大國, 혹은 서양)'이라는 현란한 허울을 뒤집어쓰고 남들을 기만하는 사기꾼이다. 결국 문제는 "자기상실"이라는 불투명한 개념이라고 나는 판단한다.

　2) 서양적 홀로주체성에는 없고 한국적 서로주체성에는 있는 "자기상실"은 정확히 무엇인가? 김상봉은 "자기거리" "자기부정성" "자기분열"(204쪽 외)을 대충 같은 뜻으로 쓴다. 내가 이해하기에 이 용어들은 주체의 구조(혹은 삶)에 근본적으로 내재하는 '균열'을 표현한다. 이 균열은 시스템 안 '나'와 시스템 밖 '나'의 맞섬이므로 주체에 필수적이다. 김상봉의 생각도 크게 다르지 않다. "[반성하는] 주체의 자기분열은 불가피하다."(209쪽)

　사실 나는 김상봉이 쓰는 "자기거리"라는 표현을 아주 멋지다고 평가한다. 자기거리라는 개념 하나로 '주체성'이라는 개념을 대체할 수 있다고까지 여긴다. 하지만 그가 말하는 "자기상실"은 솔직히 이해하기 어렵다. 글자 그대로 해석하면 자기상실이란 자아 상실, 주체성 상실, 자기거리 상실일 텐데, 나의 주체이론에서는 이런 일이 엄밀한 의미에서는 애당초 불가능하기 때문이다. 구원이 취소될 수 있나? 불성이 소멸할 수 있나? '나'가 인간 존엄이나 양심을 상실하는 사태가 과연 가능한가? 물론 불성과 양심에 때가 끼는 일, 존엄한 '나'가 시스템 안에서 도구로 취급받는 일 등은 늘 있다. 하지만 이런 일들을 '주체성 상실'로 보는 것은 성급한 판단이다.

김상봉이 말하는 "자기상실"이란 정확히 무엇일까? 자세히 살펴보면, 주체가 품은 대단히 심각한("자기거리" "자기분열" 등으로는 충분히 표현할 수 없는) 균열을 뜻하는 듯하다. 그리고 그는 "자기거리" "자기분열" 등과 달리 유독 "자기상실"만큼은 서양인을 배제하고 한국인에게만 적용하려 한다. 그가 보기에 "우리가 [근대적 한국인이] 겪어야 했던 주체의 자기분열은… 실재적인 타자 속에서의 자기상실을 통해 발생한 자기분열"이었다.(213쪽) 반면에 서양철학이 말하는 "자기분열"은 "자기상실"을 통하지 않은, "단순히 내재적인 자기분열"(같은 곳)이다. 그럼에도 불구하고 흔히 오해가 발생한다고 느껴서인지, 김상봉은 이렇게 경고한다. "우리는 독일관념론이 주체의 자기거리에 대해 말할 때, 그것이 마치 우리의 자기상실과 자기분열의 아픔을 대신 말해주는 철학이라는 환각에 빠지게 된다."(204쪽)

나는 김상봉이 자꾸 "아픔"이나 "고통"(18쪽 외) 같은 감정에 호소하는 것이 안타깝다. 그의 "자기상실" 개념을 제대로 이해하기 위해서도 감정은 제쳐두어야 하지 않겠는가. 냉정하게 보면, 이런 의미의 "자기상실"은 '내가 마음대로 없앨 수 없다는 의미에서 정말로 실재하는 자기거리'를 뜻하는 듯하다. 그런데 김상봉은 누구에게나 엄연히 실재하는 이런 유형의 '자기거리'를 서양적 주체성에서 박탈한다. 이는 그가 서양적 주체성의 '자기거리'를 사실상 '거리 없음'으로 해석한다는 것을 의미한다. 어쩌면 허울뿐인 자기거리로 해석하는 것 같기도 하다. 옳은 해석일까? 나는 전혀 동의할 수 없다.

요컨대 "자기상실"을 '대단히 심각한 균열'로 이해하면, 김상봉의 서양적 주체 비판과 한국적 주체 옹호는 '실재하는 자기거리를 품지 않은 주체' 비판과 '실재하는 자기거리를 품은 주체' 옹호로 귀착한다. 바꿔 말하면 '자기상실과 무관한 주체' 비판과 '자기상실과 뗄 수 없게 얽힌 주체' 옹호라고 할 수도 있겠다.

이에 대한 나의 응답을 새삼 요약하면 이렇다. '실재하는 자기거리를 품지 않은 주체'는 아예 '주체'가 아니며, 서양사상은 대체로 이런 주체를 이야기한 적이 없다. 오히려 '실재하는 자기거리를 품은 주체'가 서양철학 주류의 탐구 과제였다. 특히 헤겔이 일관되게 이야기한 '주체'는 확실히 '실재하는 자기거리를 품은 주체'다.

대관절 왜 김상봉은 서양적 주체의 '자기거리'를 '거리 없음'으로 해석하는 것일까? 그의 자상한 설명을 들어보자. "지금 우리에게 중요한 것은 서양근대철학이 주체의 자기거리와 자기의식의 타자성을 문제삼을 때, 그들이 알고 관심을 갖는 타자는 오직 주체 내적 타자, 즉 반성 속에서 정립되고 반성 속에서 지양되는 타자적 자기라는 사실이다."(210쪽)

나는 "지양"이라는 단어에 주목한다. 또다른 설명에도 이 단어가 나온다. "오직 중요한 것은 그들 철학자들[서양근대철학자들]이

'…아닌-나가 나와 같다'고 말할 때, 아닌-나란 주체가 자기 자신 속에서 자기 스스로 정립한 타자라는 사실이다. 바로 이처럼 타자가 자기 자신 속에서 산출된 것이기 때문에 그것은 또한 주체 자신 속에서 지양될 수 있다."(211쪽)

김상봉의 "지양"은 철학계의 통상적인 어법에 따라 헤겔의 "아우프헤벤"(Aufheben)을 옮긴 번역어일 텐데, 놀랍게도 그는 헤겔의 "아우프헤벤"과는 사뭇 다른 뜻으로 "지양"을 사용하는 것으로 보인다. 그의 "지양"은 간단히 '없앤다'는 뜻으로 읽힌다. 둘러보면 이것은 현학적인 한국어 사용자들이 두루 쓰는 어법이기도 하다. 거의 모든 경우에 무언가를 '지양해야 한다'는 말은 그것을 없애거나, 밀쳐내거나, 그치거나 하는 것처럼 '부정적으로' 대해야 한다는 뜻이다. 그러나 헤겔은 "아우프헤벤"이 이런 뜻이 아니라고, 이 단어가 가리키는 활동은 부정적인 면과 긍정적인 면을 다 가졌다고 누누이 강조했다.

앞에서 나는 아무 설명 없이 '거두다'라는 표현을 몇번 썼다. 새삼 설명하자면, '거두다'는 내가 '아우프헤벤'의 번역어로 선택한 멋진 우리말이다. 안중근이 이토의 목숨을 거둘 때, '거두다'에는 부정적인 색채가 짙다. 반면 구호단체가 고아들을 '거둘' 때에는 긍정적인 색채가 짙다. 나는 헤겔의 "아우프헤벤"에 분명히 포함된 이 두번째 긍정적 의미를 간과하지 않는 것이 그의 철학을 이해하는 데 결정적으로 중요하다고 느낀다. 그래서 '거두다'

라는 번역어가 '지양하다'보다 훨씬 더 낫다고 생각한다.

헤겔이 관심을 가지는 타자가 "오직 주체 내적 타자"라는 김상봉의 말은 지당하다. 그 타자가 "지양되는(거둬지는)" 타자라는 말도 대체로 옳다. 그런데 문제는 이때 "지양(거둠)"의 의미가 무엇이냐 하는 것이다. 내가 이해하는 '주체 내적 타자'는 주체가 항상 이미 거둬 품고 있는 타자다. 구호단체가 거둔 고아들이 무럭무럭 잘 자라듯이, 주체가 거둔 타자도 끊임없이 주체와 대화하며 잘 산다. 우리가 '시스템 안의 나'를 출발점으로 삼아 논의를 펼친다면, 그 '나'가 거둔 '주체 내적 타자'는 '시스템 밖의 나'다. 즉, '나'의 보편적인 측면, 가능적인 측면, 불성, 양심 등이다. 거꾸로 '시스템 밖의 나'를 출발점으로 삼는다면, 그 '나'가 거둔 타자는 '시스템 안의 나'다. '나'의 특수한 측면, 현실적인 측면, 중생심(衆生心) 등이다. 이렇게 상반된 두 '나'가 모든 각자 안에 '거둬져 있음'이라는 형식으로 들어앉아 끊임없이 대화한다는 것이 내가 헤겔을 공부하면서 도달한 주체이론의 요체다.

김상봉의 "자기상실"이 '내가 마음대로 없앨 수 없다는 의미에서 정말로 실재하는 자기거리'를 뜻한다면, "자기상실"은 한국적 주체만의 특징이 아니라 모든 주체의 특징, 모든 주체의 근본구조다. 그러므로 김상봉이 "자기상실"을 한국인만의 몫으로 규정한 것에 나는 반대하는데, 혹시 그가 말하는 "자기상실"의 의미를 내가 오해한 것일까? 그럴 가능성이 충분히 있다.

무슨 말이냐면, 김상봉의 "자기상실"은, 섬세하고 정교하게 따질 필요 없이 그냥 때때로 일상에서 접하는 어법대로, "예속과 수동성"(176쪽)을 뜻하는 듯도 하다. 다음 인용문에서 보듯이, 이런 의미의 "자기상실"은 "수난"과도 잘 어울린다. "주체성의 상실은 언제나 수동적 당함 곧 수난으로 귀결될 수밖에 없는 것이다."(177쪽)

만약에 김상봉의 "자기상실"이 정말로 이런 의미라면, 나는 적잖이 당황스럽다. 예컨대 이런 문장이 나를 어리둥절하게 한다 "철학이 할 일은 정신이 예속의 상태를 벗어나 자기를 찾고 주체성을 회복하도록 자기를 인식하는 것이다."(28쪽) 물론 일상언어에서는 납득할 만한 문장이지만, '주체'의 본질을 '자기관계'(혹은 "자기의식")로 전제하고 펼치는 김상봉의 철학적 논의에서는 이런 문장이 혼란을 일으킨다. '지배/예속 관계'에서 '지배자', 또는 '능동/수동 관계'에서 '능동자'는 철학적 의미에서의 '주체'와 사뭇 다르기 때문이다.

김상봉이 한편으로 밀쳐내면서도 다른 한편으로 계속 참조하는 헤겔과 더불어 내가 말하는 주체는 '지배/예속 관계에서 지배자이더라도 또한 그 관계 바깥에 있는 놈'이다. 반대쪽도 마찬가지다. '지배/예속 관계에서 예속자이더라도 또한 그 관계 바깥에 있는 놈'이 주체다. 지배자냐, 예속자냐는 전혀 중요하지 않다. 어느 쪽이든 '특수한 나'일 뿐이고, 주체란 그런 '특수한 나'로 국한되지 않고 '보편적인 나'와 대화하는 놈이다. 수동자든, 능동자든, '능동/수동 관계' 전체를 성찰할 줄 아는 놈이 주체라는 얘기다. 김상봉 자신도 잘 알듯이, 주체는 근본적으로 자기관계다. '특수한 나'가 예속자가 되는 것과 '특수한 나/보편적 나 관계'가 존립하는 것은 일단 별개의 사안이다. 따라서 자연스럽게 세번째 질문이 제기된다.

　3) 왜 시종일관 지배/예속의 구도에 집착하는가? 김상봉은 서양을 지배자로, 한국을 예속자로 보는 듯하다. 실제로 그가 말하는 "자기상실"은 일반적인 '예속됨' 중에서도 특히 '서양에 예속됨'을 뜻하는 경향이 강하다. "쉽게 말해 보편화된 서양 정신과의 만남 속에서 우리는 자기 본래의 세계관을 버리고 서구적 주체성을 내면화한다. 그리고 이전의 자기를 서양적 눈으로 객체화하고 타자화한다. 이것이 타자적 정신 속에서의 자기상실이다."(214쪽) 김상봉이 보기에 한국인들은 "예속과 수동성에 사로잡혀 있었고 정신적으로도 타자적 주체 속에서 자기를 상실해왔"(176쪽)다. 나는 김상봉의 불만과 울분에 뼈저리게 공감한다. 그러나 이 땅의 역사, 지금 여기에 사는 많은 한국어 사용자들의 줏대없는 태도에 대해서는 "자기상실" "예속" "수동성"보다 훨씬 더 정교하고 섬세한 진단을 내릴 필요가 있다고 느낀다.

　앞서 나는 이광수나 박종홍을 현란한 허울을 뒤집어쓰고 남들을 속이면서 사익을 추구한 사기꾼으로 규정한 바 있다. 그들은 노예가 아니었다. 예속자도, 수동자도 아니었다. 하지만 사기꾼이라는 규정으로 그들을 완전히 파악했다고 주장하지는 않겠다. 식민지 조선에서 일본어 공용화를 외쳤던 지식인 현영섭의 경우를 생각해보자.

단정할 수는 없지만, 민족의 고유 언어마저 선진 강대국의 것으로 갈아치우자고 나선 현영섭의 태도는 결국 이기심 추구일 따름인 매판과는 사뭇 다르지 싶다. 무언가 더 크고 나름대로 진실한 신념이 그의 태도에 배어 있는 듯하다. 정도의 차이는 있을지언정 이광수나 박종홍도 마찬가지일 것이다. 그 신념은 무엇일까?

우선, 나름의 신념에 따라 행동한 현영섭, 이광수, 박종홍은 절대로 노예가 아니라는 점부터 확실히 하자. 그들은 주체로서 행동했고, 따라서 책임을 져야 한다. 김상봉 자신도 "외세에 스스로[!] 굴종하는 버릇"(178쪽)을 지적함으로써, 현영섭 등이 대표하는 한국어 사용자들의 줏대없음이 수동적 예속은 아님을 사실상 인정한다. 나는 이 지적의 취지에 동의하지만 "굴종"이라는 표현만큼은 다른 것으로 바꾸고 싶다. 현영섭, 이광수, 박종홍에게 '너희들은 굴종적이야!'라고 외치면, 틀림없이 '어리석은 놈이 잘 알지도 못하면서 헛소리한다'는 반응이 돌아올 것이다.

현영섭 등이 품었던 신념, 지금 여기에서도 여전히 번창하는 신념, 우리가 서양과 만나기 훨씬 전부터 품어온 그 신념은 과연 무엇일까? 내가 보기에 그것은 '진리는 바깥에 있다'는 신념이다. 나는 이것을 '전(前)근대적 신념'이라고 부른다. 이 신념을 중심에 품은 자를 일컬어 '전근대적 주체'라고 한다. 전근대적 주체가 바깥의 진리를 받아들이는 것은 당연하다. 어리석어서 천지 구분도 못하는 놈들이 안 받아들이고 뻗댈 뿐이다. 더 큰 진리, 더 센 진리는 더 먼 외부에 있다. 낯설수록 더 참되다. 진리는 최소한 '나'에게 익숙한 범위인 한국어 사용권 너머에 있다! 그러니 "굴종"이라는 표현은 부적절하다. 전근대적 주체는 외부의 낯선 진리를 능동적으로 영접한다.

이런 전근대적 태도는 주체가 살아가면서 취하는 온갖 태도들 가운데 가장 단순한 축에 들며 그 자체로는 좋지도 않고 나쁘지도 않다. 우리는 누구나 전근대적 면모를 가지기 마련이다. 또한 진리는 어디에나 있으므로, 전근대적 신념에도 일리가 있다. 그러나 바깥의 진리가 명나라에서 일본으로 다시 미국으로, 송시열의 주자에서 후쿠자와 유키치로, 다시 니체, 다윈, 들뢰즈, 지젝 따위로 오락가락 하는 것을 알 만한 사람은 다 아는데도, 여전히 전근대적 신념이 꿋꿋한 대세라면, 매판 사기꾼을 비롯한 여러 장애요인이 자연스러운 주체의 삶을 방해하고 있다고 진단해야 할 것이다. '진리란 결국 내가 진리로 인정하는 내 생각이다'라는 벼락같은 근대적 깨달음이, 왔어도 한참 전에 왔어야 하는데, 여태 안 왔다면, 우리를 전근대적 주체로 머물게 하는 요인들을 분석할 필요가 있다.

이미 언급한 한 가지 요인은 매판 사기꾼들이다. 이들에게는 전근대적 주체가 필수 고객이다. 이들이 시장에 나와서 찬란한 홑껍데기 허울을 높이 흔들며 머나먼 외부에서 구해온 새로운 진리라고 외칠 때, 혹해서 모여들어 이리저리 휘둘리는 전근대적 주체들이 없으면, 이들의 생계는 막막해진다. 그러니 순박한 대중의 근대적 깨달음이야말로 매판 사기꾼에게는 목숨 걸고 막아야 할 재앙이다.

한 가지 요인만 더 언급하겠다. 주체의 삶, 곧 '시스템 안의 나와 시스템 밖의 나 사이의 대화'가 사실상 무의미해지는 극단적인 상황들이 존재한다. 불성, 양심, 인간 존엄, 인권이 헌신짝이 되는 상황, 오로지 '시스템 안 나의 생존'이 거의 전부인 상황이다. 대표적으로 전쟁이 그렇다(이와 관련해서 한국전쟁이 우리 사회에 미친 영향에 대한 김동춘의 연구는 이를 데 없이 소중하다. 예컨대 김동춘, 『전쟁과 사회』, 2006 참조). 전쟁이 일어나면, '나'는 거의 완전히 권력 시스템 안의 '특수한 나'로 쪼그라든다. 양심이고 뭐고 일단 살기 위해 센 놈 앞에 납작 엎드려 기어야 한다. 하지만 이런 야만적인 상황은 애당초 막아야 하고, 벌어졌더라도 서둘러 타개해야 한다.

하물며 전쟁은 끝난 지 오래인데 여태 그 기억이 공동체 구성원들의 내면에 각인되어 주체의 삶을 전근대적 단계에 묶어두고 있다면, 냉정하고 단호하게 떨쳐버려야 한다. 더구나 현 상황을 그런 전쟁 상황으로 호도하며 전근대적 신념을 부추기는 자들이 있다면, 절대로 휘둘리지 말아야 한다. 모든 각자가 주체다. 주체가 전근대적 단계를 거치고 그 단계의 신념을 거두는 것은 자연스럽지만, 전근대적 신념만을 고수하면서 근대적 깨달음을 끝내 밀쳐내는 것은 병이거나 나쁜 짓이다. 병이라면 치유해야 하고, 나쁜 짓이라면 깨우쳐야 한다. 거듭 말하지만, 주체가 전근대적 단계를 거치는 것은 문제이기는커녕 긍정적이고 필수적이기까지 하다. 문제요 병이자 악행은 전근대적 단계에 머무르려고 악착같이 버티는 것이다.

요컨대 나는 "예속"을 의미하는 "자기상실"과 관련해서도 김상봉의 생각에 동의할 수 없다. 이 땅에 살아온 사람들의 역사를 "예속"과 "수동성"으로 특징짓는 것은 섣부른 판단이다. 오히려 우리 대다수가 '전근대적 신념과 매판의 고착화'에 능동적으로 동의해왔다고 보는 편이 더 옳다. 모든 각자는 운명적으로 주체다. 어떤 상황에 처해 있든지 사람은 내면에서 능동적이기 마련이며 따라서 자기 행동에 대한 책임을 절대로 벗을 수 없다.

김상봉은 서양적 주체를 '지배하는 능동적 주체'로 비판하면서 밀쳐낸다. 그러다보니 반작용으로 그 자신이 '예속된 수동적 주체'를 옹호하는 구석진 입장으로 몰리는 것을 피하지 못한다. 그러나 진리는 전체다. 주체는 '시스템 안의 나와 시스템 밖의 나가 나누는 대화'로서 능동적 측면과 수동적 측면을 모두 지니기 마련이다. '시스템 안의 나'는 특수한 상황에 어느 정도 예속된 수동적 존재이고, '시스템 밖의 나'는 그런 예속된 수동적 존재를 기꺼이 '나'로 인정하는 능동적 존재가 아닌가.

이런 복합구조를 당연히 감지하기 때문에 김상봉은 수동성 옹호로 기울었던 입장을 바꿔 다시 능동성을 추어올리면서 서양적 주체에 접근한다. 그러나 역시 서양은 밀쳐내야 하겠기에 또다시 수동성으로 기운다. 어찌 보면 이것 역시 '대화'다. 책 제목과 똑같은 제목이 세 겹으로 붙은 핵심 대목, 곧 제2부 3장 2절 "서로주체성의 이념"(233~39쪽)에서 펼쳐지는 이 기묘한 대화를 듣노라면, 마치 바닥에서 튀어올라 다시 떨어지고 또 튀어오르기를 반복하는 공을 보는 듯하다.

나는 김상봉이 지배/예속, 능동/수동이라는 구도를 바탕에 깔아 끝까지 스스로 자신의 발목을 잡았다고 느낀다. 김상봉은 주체의 수동성에서 긍정적인 의미를 읽어내기 위해 애쓴다. "너"를 상대로 한 "섬김" "모심" "배움" "매혹" 등의 단어에서 그 애씀이 물씬 배어난다. "매혹"을 뺀 나머지는 이 땅에 사는 사람들이 두루 권장하는 마음가짐을 표현하는 단어들이다. 김상봉의 설명을 잘 들어보면, "매혹"도 마찬가지다. 나는 이 단어들이 연상시키는 조화로움, 포근함, 흐뭇함, 황홀함, 다정함, 친숙함을 살과 뼈로 아는 한국인이다. 그러나 이것들을 주체이론의 주춧돌로 삼을 생각은 추호도 없다. 참된 주체는 지배/예속이라는 '전근대적 구도'를 넘어선 곳에서 살기 때문이다. 아무리 어렵게 설명하더라도, "섬김" "모심" "배움" "매혹"으로 표현되는 수동성에서는 "예속"의 향기가 짙게 풍기기 때문이다.

군이 주체 안에서 긍정적인 수동성을 찾으려 한다면, 다름 아니라 '책임'에서 찾아야 한다. 자유로운 주체는 자신의 행동에 대한 책임을 절대로 벗을 수 없다. 보기에 따라 이것은 영원한 "예속", 철저한 "수동성"일 수도 있겠다. 그러나 다른 한편으로, 책임지기는 참된 자유를 비로소 실현하는 가장 능동적인 행동이다. 각자 자유롭게 행동하고 책임지는 주체들 사이의 관계를 묘사하기에 적합한 단어는 "섬김"과 "모심"이 아니라 "상호인정"이고, "배움"이 아니라 '스스로 깨달음'이며, "매혹"이 아니라 '설득'이다.

김상봉은 "타자의 고통에 대한 감수성을 통해 매개"(299쪽)된 공동체, "모두가 자기의 모든 것을 걸고 모든 타자의 고통에 응답함으로써 생성되는 공동체"를 꿈꾼다. 그리고 그런 공동체를 낳는 만남을 "하나됨" "일치" "결속" 등으로 표현한다. 아니나 다를까, 여기에서도 나는 강한 전근대성의 냄새를 맡는다. "응답"이 반발일 수도 있고, "만남"이 서로를 거두려는 양편의 치열한 '싸움'일 수도 있다면 좋겠는데, 아무래도 김상봉이 생각하는 응답과 만남은 반발과 싸움하고는 거리가 먼 것 같다.

그는 "한국 땅에는 너무도 많은 세계관들이 중첩되어 있는 까닭에 단절 없는 잘 구성된 하나의 세계관의 지평이 없는 것이다.

그 결과 한국인들에게는 잘 구성된 연속적인 자기 또한 없다"(188쪽)고 한탄한다. 이럴 때 김상봉은 여지없이 전근대의 철학자다. 세상에 나와 있는 특수한 '나'들의 공동체에 "잘 구성된 하나의 세계관"이 없는 것은 당연하다. 물론 그들 모두가 각자 품은 '보편적 나'가 말하자면 공통분모일 수 있겠지만, 이 '보편적 나'는 그냥 허공과 같아서 '세계관'과는 거리가 멀다. 우리가 각자 자기 자리에서 나름의 세계관을 가지고 산다는 것은 당연할뿐더러 바람직하다. '나의 세계관'과 '너의 세계관'의 차이는 '특수한 나'와 '특수한 너'의 차이와 다르지 않다. 그리고 이 차이는 우리 각자에게 내면의 '자기거리'를, '보편적 나'를 돌아볼 기회를 제공한다. '특수한 나'가 둘로 셋으로 갈라져서 생긴 내적인 차이도 마찬가지다. "잘 구성된 연속적인 자기"가 있는 전근대인보다 그런 자기가 없는 근대인이 자기 내면의 '허공'을 더 잘 본다.

김상봉이 "하나됨"의 공동체를 꿈꾼다면, 나는 경영자와 노조, 여당과 야당, 저자와 서평자가 대화로 얽힌 세상에서 펼쳐지는 주체의 삶을 서술할 뿐이다.

4) 철학자 김상봉은 주체 아닌 자를 주체로 개조할 생각인가? 이 마지막 질문은 철학자의 역할에 관한 것이다. 나는 "이 겨레가 자기를 주체로서 세우지 못했"(177쪽)다고 꾸짖는 김상봉의 통속적인 언어를 충분히 이해할 수 있다. 그는 이 땅에서 주체의 삶이 원

활하게 펼쳐지지 못했다고 지적하는 것일 테고, 나는 그 지적에 동의한다. 우리는 늘 주체였다. 항상 이미 양심과 불성을 가지고 있었다. 그런데도 상식적인 의미에서 주체답지 못했던 때가 많았다면, 그것은 강력한 전근대적 신념이 비옥한 토양의 구실을 하고 그 위에서 매판 사기꾼들이 번성하는 등의 여러 원인이 작용했기 때문이다. 지금도 원정출산, 조기 영어교육, 미국 유학이 성행하고 학계에서도 영어로 써서 해외 저널에 실은 논문만 우러러보는 분위기가 만연하다면, 이 세태를 불러온 원인은 "자기상실"이 아니라 '전근대적 신념과 매판의 고착화' '예외적 공포의 일상화' 등일 것이다.

철학자 김상봉은 막중한 사명감으로 이렇게 선언한다. "자기를 주체로서 세우려는 자는 개인이든 민족이든 먼저 자기의 철학을 세우지 않으면 안 되는 것이다."(181쪽) 민족을 걱정하며 철학의 중요성을 외치는 그를 보노라면, 어이없게도 모세가 떠오른다. 예속된 민족을 해방시켜 약속의 땅으로 이끌었다는 모세처럼 그도 주체로 서지 못한 우리를 주체로 세우려는 것일까?

헤세의 소설 『데미안』에서 어린 싱클레어는 동네 깡패한테 약점을 잡혀 심부름꾼으로 전락한다. 그야말로 "예속"이다. 꿈속에서도 그 깡패의 손아귀를 벗어나지 못하고, 수시로 경기를 일으킬 만큼 "수난"을 당한다. 그런 싱클레어에게 데미안은 말한다. "네가 누군가를 무서워한다면, 그건 네가 그 사람에게 너 자신을 지배할 힘이 있다고 인정했기 때문이야." 싱클레어가 자신의 슬픔과 고통을 위로하는 말을 기대했다면, 실망이 이만저만이 아니었을 것이다. 데미안의 말은 너의 "수난"은 너 스스로 선택한 바라는 뜻이다. 위로는커녕, 숫제 싱클레어의 상처를 후벼판다. 그러나 나는 이 냉혹한 말에 '너는 항상 이미 주체야. 주체답게 살아'라는 '좋은 소식'이 담겼다고 이해한다. 모든 각자의 책임을 일깨우는 이 말을 '기뻐하세요, 당신은 이미 구원받았습니다' 혹은, '자네가 부처일세'라는 복음으로 이해한다.

김상봉은 책의 결론에서 이런 질문을 던지고 대답은 열어놓는다. "사회적 공동체 속에서 모든 구성원이 객체가 아니라 주체로서 참여하게 해주는 지평이나 기제가 무엇인가[?]"(312쪽) 나는 명쾌하게 대답할 수 있다. 그런 보편적·주체적 참여를 끌어내는 유일한 방법은 모든 각자가 서로를 아무 조건 없이 '주체'로 인정하는 것이다. 사람이라면 누구나 어떤 시스템 안에 있든지 또한 그 시스템 바깥의 허공을 품고 그 허공과 대화한다는 것, 그렇게 이미 대화하는 자기관계로서 타인과 만나 더 크고 현실적인 차원의 대화하는 자기관계를 이룬다는 것을 값없이 인정하는 것이다. 어렵게 말했지만, 모든 각자의 양심과 인간으로서의 존엄을 인정하는 것이 유일한 길이라는 쉬운 말로도 충분하다. 그리고 지금 여기는 이미 민주공화국, 인간 존엄에 대한 보편적·무조건적 인정에 기초한 공동체다. 이것이 내가 『서로주체성의 이념』의 부름을 듣고 내놓는 응답이다.

　나는 철학이 도처에 스며들어 있다고 생각한다. 김상봉은 진정한 한국철학의 부재를 한탄하지만, 나는 한국어 사용자들의 삶 자체가 이미 한국철학이라고 본다. 철학이 꼭 따로 있어야 하나? 이 질문은 진리가 어딘가에 따로 있어야 하느냐는 물음과 맥이 닿는다. 헤겔의 말마따나 진리는 전체다. 철학자의 역할은 도처에서 항상 이미 작동하는 진리, 철학, 삶을 읽어내는 것뿐이다. 물론 이 역할이 거대한 자기관계의 완성을 위해 얼마나 중요한지는 아무리 강조해도 지나치지 않다. 그러나 철학자에게 어울리는 이미지는 역시 모세보다는 "미네르바의 부엉이"다. 나는 철학자로 국한될 수 없는 김상봉의 정치적 활동을 너무나 잘 이해하고 지지한다. 나 역시 철학자로 국한될 수 없기 때문이다.

5

김상봉은 책의 머리말 위에 김남주의 시구 두 행을 따다 붙였다.

　오 자유여
　봉기의 창끝에서 빛나는 별이여

이 시구에서 죽창이 떠오르는 것은, 마침 갑오년이 다가오기 때문인지도 모르겠다. 그때 그 갑오년, 주체의 삶을 방해하는 모든 것을 걷어내려 나섰던 그 '나'도 별을 보았을까? 암 그렇고말고. 그땐 밤하늘이 훨씬 더 청명했을 테니, 별이 빛나도 무더기로 빛났겠지. 신발끈 다시 동여매고 창끝에 내려앉은 별 보며 "그려, 사람이 하늘이여!" 다짐했겠지.

　기왕에 나선 걸음, 김상봉이 인용한 김남주의 시구 아래 내 문장 한 행을 마지막으로 감히 놓아본다.

　　항상 이미 모든 각자가 짊어진 허공의 무게여.

2
근대적 주체는 대화한다

이진경의 『철학과 굴뚝청소부』에 맞섬

1

내가 『철학과 굴뚝청소부』(1994)라는 책을 처음 본 것은 1996년무
렵 독일 쾰른에서였다. 독문학을 전공하는 유학생 동료가 한번 보
라고, 이걸 보니 근대철학 전반에 걸쳐 감이 잡힌다는 소감과 함
께 건네준 책이었다. 그런데 나는 차마 다 읽지 못했다. 내 나름대
로 틀을 잡아가던 근대철학 해석과 『철학과 굴뚝청소부』에 담긴
비판 일색의 해석이 정말이지 상극에 가까워 보였기 때문이다.

참고로 그 시절에 내가 매일 읽던 책은 헤겔의 『대논리학』
(*Wissenschaft der Logik*)이었다. 이 책의 저자는 우리가 거론하는 모든
것—모든 대상, 모든 개념, 우리 자신—에 '주체'라는 기묘한 이
중구조가 항상 이미 내장되어 있음을 설득력 있게 보여주고 있었
다. 논리학인 동시에 존재론이며 또한 주체이론인 그 궁극의 이

야기, 혼자 추는 2인무이자 둘이 추는 독무라고밖에 표현할 길이 없는 그 우아한 춤이 절정에 이르는 대목을 읽을 때마다 정말이지 나는 감동에 겨워 거품을 물고 쓰러지고 싶을 지경이었다(물론 실제로 그런 적은 없지만).

아마 지금보다 훨씬 더 어렸던 것이 중요한 이유일 게다. 괴테를 연구하던 그 동료는 헤겔의 '동일성' 추구와 '목적론'을 꾸짖으며 대안으로 '풍요 그 자체'를 내세웠다. 나는 답답할 따름이었다. 헤겔이 말하는 동일성은 형이 생각하는 동일성하고 전혀 달라! 목적론은 '보고 또 보고 끝까지 봐야 정체를 안다'는 뜻이지, 그 이상도 이하도 아냐! 헤겔이 말하는 '전체'가 바로 '풍요 그 자체'야! 라고 설명해봤자 별 무소용이었다. 도저히 접점을 찾을 수 없었다. 손가락 두 개 들어갈 홈이나 엄지발가락 걸칠 턱이라도 하나 보여야 운신을 해보겠는데, 눈앞에는 온통 완벽하게 매끄러운 수직 암벽뿐이었다.

옛날에 괴테가 헤겔에게 자네의 철학을 좀 알고 싶은데 읽기가 어려우니 도와달라고 요청했을 때, 헤겔은 '선생님은 안 읽으셔도 됩니다. 이미 다 아시는 얘기예요'라는 취지로 응대했다. 나도 이런 식으로 품위 있게 대화를 이어갔으면 참 좋았을 텐데, 아뿔싸 사뭇 옹졸하게도 나는 전혀 다른 의미에서 '형, 이 책 읽지 마!'해버렸다. 이때 이 책이란 당연히 『대논리학』이 아니라 『철학과 굴뚝청소부』다.

요컨대 당시 나에게 『철학과 굴뚝청소부』는 도무지 거두기에 벅차서 차라리 내치고 싶은 책이었다. 어떻게 이런 해석이 나올 수 있는지 도통 이해가 안 갔다. 책 제목으로까지 격상된 굴뚝청소부 일화(『철학과 굴뚝청소부』, 2005년판 56쪽 이하)는 그야말로 난감했다. 아니, 이 일화가 근대적 주객관계와 무슨 상관이란 말인가? 같은 대목에서 "근대철학의 딜레마"를 보여주는 또 하나의 예로 등장하는, 자기얼굴을 거울에 비춰보는 상황도 마찬가지였다. 눈앞의 거울상이 관찰자 자신의 얼굴과 같은 모양인지 의심한다는 설정 자체가 지극히 작위적이고 기괴하다는 점은 제쳐두더라도, '거울'을 '주체'로 놓는 것(같은 책 57쪽)은 도무지 수긍할 수 없는 설정이었다(근대철학의 딜레마와 관련 예들에 대한 본격적인 논의는 나중에 펼칠 것이다).

　주체란 자신을 '나'라고 부르는 모든 각자인데, 세상에 자기를 '나'라고 부르는 거울도 있나? 설마 이진경이 염두에 둔 것은 『백설공주』에 나오는 그런 거울? 그럴 리는 없겠고, 아마도 그는 거울이 주위 물체들의 모습을 반영한다는 의미에서 거울을 '주체'로 설정한 듯했다. 그런데 이런 식이라면, 인과관계로 얽힌 물리적 세계의 모든 물체 각각을 주체로 설정할 수 있다. 지금 내가 두드리는 키보드는 내 손가락의 운동을 키들의 움직임과 '타닥타닥' 하는 소음으로 반영한다. 나의 체온, 이 방의 온도, 지구의 중력과 그에 맞선 탁자의 반작용도 반영한다. 비록 검은색이고 표면도 울퉁불퉁하지만, 빛에 반응하는 방식도 원리적으로 거울과 전혀 다름없다. 따라서 이 키보드도 주체일까?

제도권 안에서 헤겔철학을 수련하던 내가 보기에는 어림 반푼 어치도 없는 얘기였다. 거울은 물리학법칙을 따르는 대상일 뿐이다. 기하학적으로 말하면 3차원 공간에 놓인 물체의 2차원 상이 맺히는 유한 평면일 뿐이다. 심지어 그 2차원 상을 재료로 삼아 3차원 물체의 모습을 재구성하는, 관찰자의 뇌 속 시각 시스템도 주체가 아니라 물리적 대상이다. 뇌과학자와 물리학자가 연구하는 그런 대상을 주체로 설정하여 "거울에 비치는 대상"(같은 책 57쪽) 곧 관찰자의 얼굴과 대비하는 것은 말하자면 문법 오류였다. 주춧돌부터 어그러져 있어서 어떻게 손써볼 도리가 없는, 옳고 그르고를 따질 건더기도 없는 헛소리였다.

그랬다. 당시에 나는 어렸고 이진경의 공로와 명성 따위는 전혀 몰랐으며, 진리는 모든 것 속에 스며들어 있다는 헤겔의 가르침을 이제 막 접하던 차였기에, 이진경의 표면적 문법 오류의 바탕에 아주 흥미롭고 복잡한 맥락이 진리의 한 자락으로 깔려 있음을 간파할 역량이 없었다. 그리하여 나와 동료는 헤겔도, 괴테도, 『철학과 굴뚝청소부』도 제쳐놓고, 주로 우리나라 인문학계에 대한 성토를 안주로 삼곤 했다. 하루 종일 컴컴하다가 네시만 되면 깜깜해지는 이국 도시의 늦가을, 그 좋다는 독일 맥주를 짝으로 사다 놓고 기숙사 방에 쭈그려 앉아 맥주거품과 함께 게거품을 물 때,

우리는 제법 애국자였다. 이제 와서 하는 얘기지만, 진리는 그때 우리가 나누던 이야기 속에도 알코올과 함께 스며들어 있었다.

지금 나는 『철학과 굴뚝청소부』를 거두러 나서는 중이다. 이 책에 담긴 근대철학 비판을 싹 청소해버리고 '근대철학 만세!'를 외치겠다는 뜻이 아니다. 오히려 이진경의 비판에 배어 있는 "한줌의"(『뻔뻔한 시대, 한줌의 정치』[2012]에서 이진경이 긍정적인 의미로 즐겨 쓰는 표현이다) 진리를 백번 인정하면서 나름의 변론을 제시해보겠다는 뜻이다. 내 역량에 대해서는 여전히 의문이지만, "참된 것을 거짓된 것으로부터 가려내는 능력,"(데카르트, 최명관 역, 『방법서설, 성찰, 데까르뜨연구』, 9쪽) 곧 "양식(bon sens)은 세상에서 가장 공평하게 분배되어 있는 것"(같은 곳)이라는 근대인의 선언이 '너도 할 수 있다'며 내 어깨를 두드린다. "철저히 근대적이어야 한다"(One must be absolutely modern)는 시인 랭보의 외침도 머뭇거리지 말라는 충고로 들린다.

그러나 내가 이진경과 대화하고자 하는 이유는 결코 이런 개인적인 차원에 국한되지 않는다. 제도권 학계의 평가는 다를지 몰라도, 내가 두루 살피건대 이진경은 지금 이 땅의 지식인 지형에서 뚜렷이 눈에 들어오는 여러 봉우리 중 하나다. 이것이 공식적인 첫번째 이유다.

2

권보드래는 2000년에 이진경과 한 인터뷰를 정리한 글의 서두에서 이렇게 말한다.

> 1980년대와 1990년대를 자기의 청년시절로 기억하는 먹물들이라면 이진경이란 이름 앞에 범연하기는 쉽지 않으리라. (《퍼슨웹》 http://www.personweb.com/articles/148?page=1)

"먹물"에 내 친구 물리학자들도 포함되는지 여부에 따라서 약간의 과장은 있을지언정, 이진경이 발휘해온 영향력을 생각하면 충분히 납득할 만한 평가다. 그는 수십년에 걸쳐 수십 권의 책을 썼을뿐더러 자발적으로 공부하는 벗들의 공동체를 꾸려 철학, 특히 20세기 프랑스철학에 관심이 있는 사람들에게 소중한 기회를 제공해왔다. 탈근대, 들뢰즈, 유목, 탈주 등이 한국철학계에서 누리는 인기는 이진경을 빼면 설명하기 어렵다. 1994년에 처음 나온 그의 책 『철학과 굴뚝청소부』는 무려 20년 동안 대표적인 근대철학(또한 탈근대철학) 입문서로 사랑받아왔다. 철학 책으로는 참으로 드문 베스트셀러다. 모든 가치평가를 떠나서, 대중의 호응에는 반드시 이유가 있다. 그러므로 지금 여기에서 한국어로 철학하는 이들과 대화하고자 하는 내가 이진경을 빼놓는다는 것은 말도 안 되는 처사에 가깝다.

더구나 이진경은 이 땅에서는 보기 드문 미덕을 어느 지식인도 따라가지 못할 만큼 탁월하게 실천하는 인물이다. 무슨 말이냐면, 그는 대안적인 사상을 추구하는 정도가 아니라 실천해낸다! 내가 보기에 1980년대부터 지금까지 일관되게 그를 이끌어온 힘은 인간의 행복을 가로막는 자본주의에 균열을 내겠다는 사명감이다. 그런 사명감을 가진 사람은 꽤 있겠으나, 개인 차원을 넘어서 공동체를 꾸림으로써 대안의 실천에 나선 이는 이진경 외에는 얼마 없지 싶다. 이것이 내가 가장 부러워하고 존경하는 부분이다.

그의 공동체는 즐거운 지식과 자발적인 공부에 목마른 사람들에게 오아시스의 구실을 한다. 제도권 안의 철학자들이 대학이라는 막강한 권위에 기대어 교수로서 공로 없이 으쓱대거나 강사로서 피땀으로 연명할 때, 이진경과 그의 친구들은 출판계와 언론계로 대표되는 지식시장에서 자력으로 상당한 지위를 확보했다. 물론 이진경 본인에게 시장의 평가는 기껏해야 부차적이겠지만, 일관된 삶과 사상으로 공동체를 꾸리고 시장에서 성공함으로써 그 공동체의 지속 가능성을 확보한다는 것은, 추측건대 지식인이라면 누구나 품는 꿈이 아닐까 싶다. 요컨대 내가 이진경에게 말을 건네는 것은 우선 존경의 표현이다.

그런데 나에게 더욱 흥미로운 것은 이진경의 철학적 입장이다.

앞에서도 얼핏 내비쳤지만, 그는 철저한 근대철학 비판자다. 실제로 그의 베스트셀러『철학과 굴뚝청소부』는 1990년대 중반 탈이념, 탈근대의 기치와 함께 부상했고, 그는 누구보다 야멸차게 '주체'를 깎아내리는 일에 주력해왔다. 말하자면 '탈근대의 전사'쯤 되었다. 마르크스 철학을 재해석하는 책(『맑스주의와 근대성』, 1997)도 쓰고 수학의 역사를 그야말로 "자유분방한 상상력으로" (책 뒤표지의 문구) 들었다놨다 하는 책(『수학의 몽상』, 2000)도 썼지만, 어디에서 무엇을 다루든 그가 일관되게 추구한 것은 '주체'로 대표되는 '근대성'에 대한 냉혹한 비난이다.

주체에 대한 문제제기는 자유에 대한 문제제기와 맞물리기 마련이다. 아니나 다를까, 이진경은 이렇게 묻는다. "사람들은 정말로 자유로이 선택하고 자유로이 실천하는가?"(『맑스주의와 근대성』, 1997년판 115쪽) 아주 좋은 질문이다. 그러나 이 질문은 특정한 사람들의 특정한 선택과 행동에만 국한해서 제한적으로 제기할 때만 (즉, 사회적 인간을 대상으로 삼아 관찰하는 사회과학자의 입장에서 제기할 때만) 유의미하다. 철학의 차원에서 무릇 인간의 자유를 전면적으로 의심한다는 것은 자가당착이기 쉽다. 왜냐하면 철학자에게 인간은 관찰대상이기 이전에 동등한 대화상대이기 때문이다.

예컨대 이진경과 내가 서로의 자유를 심각하게 의심한다면, 우리의 대화는 무의미한 쇼다. 나 말고 내 편에서 진짜 책임질 수 있는 누군가가 나서고, 이진경 말고 그의 편에서 진짜 책임질 수 있는 누군가가 나서서 대화해야 옳다. 대화상대가 나에게 '당신은 정말 자유롭습니까?'라고 묻는다면, 나는 어떻게 대꾸해야 할까? 아마도 '그러는 당신은 정말 자유롭습니까?'라고 반문하는 것이 그나마 적절할 테고, 이 반문의 진짜 의미는 '판을 깨실 작정입니까?'다. 대화에 나서는 양편은 피차가 이성과 자유(우리에게 익숙한 표현으로는 '양심')를 동등하게 지녔다고 인정해야 한다. 이건 불가침의 전제다.

이를 스스로 감지하기 때문인지, 이진경이 곧이어 내놓는 대답은 조심스러운 질문의 형태로 포장되어 있다. "우리의 실천이나 행동은… 항상-이미 결정되어 있는 코드에 따른다. 그렇다면 사람들 각자가 자유로이 선택하고 자유로이 실천한다고 하기는 매우 곤란해지는 게 아닐까?"(같은 곳) 참 재미있다. 살짝 가려졌기에 더욱 도드라지는 이 대답에서 보듯이, 이진경의 시선은 "항상-이미 결정되어 있는 코드"에 꽂혀 있다. 그리고 그런 코드가 있는 한, 우리 각자는 자유롭지 못하다는 것이 이진경의 음울한 진단으로 보인다.

나는 묻고 싶은 것이 많다. 이진경은 지금 이런 말을 하면서 자신도 "항상-이미 결정되어 있는 코드"에 따른다고 생각할까? 혹은 자신만큼은 그 코드에서 해방되어 보편의 관점(스피노자의 표현을 빌리면 "영원의 관점sub specie aeternitatis")에서 말한다고 생각할까? 요컨대 그는 홀로 해방된 선각자로서(스피노자가 말하는 "현자"로서, 강영계 역,

『에티카』, 320쪽 외) 아직 그 코드에 매여 있는 다른 모두("무지한 자", 같은 곳)에게 죽비 소리를 들려주는 것일까? 아니 어쩌면 선각자 이진경이 소수의 선각자들을 대화상대로 상정하고 말하는 것일 수도 있겠다. 자기네와는 전혀 다르게, 공장, 학교, 병원에서 길들여진 노예로, "주어진 규범과 규칙에 스스로 복종하는 근대적 주체"(『맑스주의와 근대성』, 18쪽)로 살아가는 다수를 대상으로 삼아 관찰하며 선각자들끼리 대화하려는 요량일 수도 있겠다는 말이다.

어느 쪽이든 간에, 나는 평범한 나 자신의 눈높이에서 철학하는 근대인으로서 이진경의 진단에 동의하기 어렵다. 뜬금없게 들릴지 몰라도, 사람에 대한 믿음과 예의 때문이다. 이 입장 차이가 내가 그와 대화하려는 두번째 이유다. 동의하기 어려우면 그만이지 대화는 왜 하느냐고? 이질적인 양편이 나누는 대화, 이것이 진정한 의미의 대화다.

"항상-이미"라는 부사구의 사용이 퍽 상징적이다. 나도 이 부사구를 즐겨 쓴다. 무슨 이야기를 하든 늘 바탕에 깔아야 하는 궁극의 전제를 말하고자 할 때 쓰면 참 적절한 표현이다. 그래서 나는 이 부사구의 대표적인 용례가 '항상 이미 자유와 책임을 짊어진 나와 너'라고 생각하는데, 이진경은 "항상-이미 결정되어 있는 코드", "항상-이미 잡힌 스케줄"(『뻔뻔한 시대, 한줌의 정치』, 215쪽)에서 보듯이 '외적인 강제'가 이 부사구와 궁합이 맞는다고 여기는 듯하다. 이 문제는 이 글의 주요 논제들 중 하나며, 어쩌면 이진경과 내가 끝내 갈라서는 지점일지도 모른다.

어쨌든 이진경의 이같은 근대성 비판이 큰 호응을 얻는다는 사실은 그가 저자로서 거둔 성공이 증명한다. 그런데 나는 묻고 싶다. 대관절 어째서일까? 왜 많은 사람들은 '자유로운 나'가 아니라 '결정되어 있는 코드'가 "항상-이미"와 어울린다고 고개를 끄덕이는 것일까? 내가 보기에 근대성의 핵심은 '항상 이미 자유로운 나'인데, 도리어 "항상-이미 결정되어 있는 코드"를 지적하는 이진경의 근대성 비판이 호응을 얻는 것은 도대체 어찌된 영문일까?

나는 "근대화가 곧 식민지화로 연결되었던 한국의 조건"(김동춘, 『근대의 그늘』, 2000, 103쪽)을 돌아본다. 지금도 이 땅에서 '근대성'이라는 허울을 쓰고 번창하는 '야만'을 둘러본다. 이런 근대화와 근대성에 익숙한 사람들에게 내가 말하려는 개인 존중과 대화로서의 근대정신은 얼마나 낯설겠는가. '자율'이라는 근대의 핵심 기획은 이 땅의 체제 아래 살아가는 나 자신을 비롯한 우리 모두에게 여전히 얼마나 공허한가. 이런 분위기에서 이진경의 근대철학 비판이 호응을 얻는 것은 어찌 보면 당연한 일이다.

"강력한 규율 아래의 자기통제와 자기감시를 축으로 하는 근대적 생활양식"(『맑스주의와 근대성』, 125쪽), "명령하고 통제하는 권력에 익숙하게 길든 근대인"(같은 책 24쪽), "대중들은 깨이지 못한 자, 몽매한 자로 간주"(같은 책 26쪽)되는 상황! 이 표현들 앞에서 자신의 삶을 돌이키며 격하게 공감하는 이들이 많을 것이다. 이진경의 성공은 그들의 공감에서 비롯된다. 그는 엉뚱하게 왜곡된 이 땅의 근대화에 치인 다수의 가슴에 즉각 와닿는 이야기를 했고 그래서 성공했다. 그러나 내가 보기에 이 모든 현상은 근대철학의 참모습, 근대성의 참뜻과는 거리가 한참 멀다. 이것이 내가 이 글을 쓰는 세번째이자 가장 중요한 이유다. 나는 많은 이들이 공감하는 근대성 비판에 맞서서, 바로 그 근대성이라는 악기로 훨씬 더 멋진 음악을 연주할 수 있음을 보여주고 싶다.

거듭 말하지만, 이진경의 근대성 비판(또한 그것이 일으키는 공감)에는 우리가 이곳에서 겪었고 실은 지금도 겪고 있는 역사가 짙은 그늘로 드리워 있다. 이진경은 그 그늘을 조명으로 삼아 근대철학을 읽는다. 푸른 산을 깔아뭉개는 중장비의 굉음과 새벽마다 울려 퍼지는 「새마을 노래」를 들으며 데카르트를 읽는다. 개항 이후의 충격과 혼란, 일제 식민지시대의 억압과 수탈을 추체험하고, 독재정권들의 야만적 억압을 몸소 뼈저리게 체험하면서 헤겔을 읽는다.

나는 이런 태도를 비판하기는커녕 적극 옹호한다. 철학은 이렇게 독자 자신의 삶과 엮어서 읽어야 마땅하다. 그래야 감동이 있고, 독창적인 해석이 있다. 다만, 중요한 것은 모든 독창적인 해석에 불가피한 치우침을 우리가 알아채느냐, 또한 그 치우침을 보완하는 또다른 목소리가 있느냐 하는 점이다. 나는 데카르트와 헤겔의 철학에서 사뭇 다른 근대성에 주목한다. 그것은 흔히 거론되는 근대성이 아니라 '모든 각자의 단 한 번뿐인 삶'을 지고의 가치로, '대화'를 유일한 길로 삼는 근대성이다. 나는 이렇게 개인과 대화를 앞세우는 정신이 근대성의 참뜻에 더 가까우며 이 정신을 옹호함으로써 이진경의 근대성 비판을 멋지게 보완할 수 있다고 믿는다. 고맙게도 이진경은 최근의 저서에서 이렇게 말했다.

> 우리는 세상을 '나누어서' 보게 마련이다. 불행은 피할 수 없는 그 일면성이 세상의 '원리'가 되고, 그런 주장이 거대한 권세를 얻어 다른 많은 사람들에게도 그렇게만 보게 하는 데서 시작된다. (『뻔뻔한 시대, 한줌의 정치』, 228쪽)

나는 나의 일면성이 유일한 "원리"가 되기를 바라지 않는다. 다만, 치우친 탈근대론을 보완하는 하나의 목소리로서 요긴할 수 있기를 바랄 따름이다. 이진경에게 근대철학의 핵심은 '주체의 무모한 독립에서 비롯된 헛된 몸부림'쯤 된다. 이를 그는 "근대철학의 딜레마"라고 표현한다. 나에게 근대철학의 핵심은 '관점과 대화'다. 이를 나는 '내가 보기에'라는 지극히 평범한 한마디 부사구로 요약한다. 과연 우리가 서로를 보완할 수 있을까? 이제부터 이진경이 근대철학을 어떻게 해석하는지, 그가 말하는 딜레마가 무엇인지 본격적으로 살펴보자.

3

이진경이 근대철학 전반을 어떤 틀로 해석하는가를 집약해서 보여주는 대목은 『철학과 굴뚝청소부』의 첫 장 "데카르트: 근대철학의 출발점" 중에서도 "데카르트의 문제설정"(38쪽 이하)과 "근대철학의 딜레마"(56쪽 이하)라는 두 절이다. 이 결정적인 대목에서 이진경은 근대철학 전반에 대해 몹시 비판적인 진단을 내리는데, 그 뼈대를 이렇게 요약할 수 있다.

> 1) 근대철학은 주체를 신으로부터 분리함으로써 성립했다.
>
> 2) 근대적 주체는 대상으로부터도 분리되었다.
>
> 3) 이렇게 이중으로 분리된 주체는, 제3자의 판정이 없는 한, 자신의 앎이 진리인지 확인할 길이 없다.

무슨 이야기인지 이해가 갈 듯 말 듯한데, 어쨌든 엄청난 이야기라는 것만큼은 '주체' '신' '진리' 같은 어마어마한 개념들이 등장한다는 것에서 능히 짐작이 간다. 나는 설명을 더 듣고 싶다. 이진경이 '분리' '분할' '독립' '떼어냄' 등으로 표현하는, 근대의 출발점에 일어난 그 근본적인 사건은 정확히 무엇일까? 근대 이전에는 '주체'가 '신'에, 또한 '대상'에 찰싹 달라붙어 있었다는 뜻일까? 또 그가 말하는(그가 보기에 근대철학이 말하는) '진리'란 정확히 무엇일까? 그의 글을 읽어보니 그 '진리'가 모종의 '일치'라는 것은 알겠는데, 일치하는 쌍이 무엇이냐가 불분명하다. 이진경은 그 쌍을 주체-대상(『철학과 굴뚝청소부』, 56쪽, 이하 같은 책은 쪽수만 표기), 정신-육체(56쪽), 인식한 것-대상(56쪽), 판단-실재("내 얼굴이 어떻다는 판단과 실제 내 얼굴의 상태가 일치하는지…" 59쪽), 개념-대상(182쪽) 등으로 변주한다. 또 주체가 참된 앎에 도달할 수 없다고만 지적해도 비판으로 충분할 것 같은데, 이진경은 왜 굳이 참된 앎에 도달했는지 확인할 길이 없다고 지적하는 것일까?

아쉽게도 이진경의 서술을 보고 또 봐도 위에 요약한 것 이상의 설명이나 논증을 찾을 수 없다. 다만, 1)에서부터 2)와 3)이 따라 나온다는 것이 그의 입장이라는 생각이 들긴 하는데, 이것도 짐작일 뿐이다. 그가 애용하는 전술은 반복과 예화(例話)이지, 논증이 아니다.

그에 따르면, "근대철학은 주체라는 범주를 신으로부터, 그리고 동시에 대상으로부터 분리시킴으로써 성립했"다. 그런데 이러한 이중의 "분리와 동시에 발생하는 문제"가 있다. 곧 "(인식)주체와 (인식)대상의 일치, 혹은 정신과 육체의 일치라는 문제"다. 근대철학은 "이처럼 대상에 일치하는 인식을 '진리'라고 했으며, 이 '진리'가 바로 근대철학이 도달해야 할 목표였"다. "이것이 근대철학의 문제설정"이다. 그런데 문제설정을 이렇게 하면 "곧 딜레마⋯에 빠지게" 된다. "예컨대 주체가 인식한 것이 대상과 일치하는지 아닌지, 다시 말해 진리인지 아닌지를 어떻게 보증하느냐 하는 문제가 발생"한다(이상 56쪽).

이 즈음에서 나는 이진경이 '주체'를 영 오해하고 있는 게 아닐까라는 의심을 품어본다. 그럴 수밖에 없는 것이, 내가 아는(또한 내가 보기에 데카르트가 말한) 주체는 기본적으로 대상 속에 스며들어 있지, 대상으로부터 분리되어 홀로 있지 않기 때문이다. 애당초 '분리'라는 개념 자체가 주체의 삶을 담기에는 턱없이 부적절한 그릇이다. 그래서 '주체'가 신으로부터 분리되었다는 말도 나는 이해하기 어렵다. 오히려 '거리두기'라는 개념을 써서, '주체가 신으로부터 거리를 두었다'라거나 '주체가 대상으로부터 거리를 두었다'라고 말한다면, 나는 고개를 끄덕이겠다. '분리'와 '거리두기'는 얼핏 비슷한 말 같지만, 근본적으로 다르다. 전자는 '단절'을 함축하는 반면, 후자는 정반대로 '새로운 관계설정'을 함축한다.

실제로 '거리두기'는 주체가 살면서 취하는 가장 근본적인 태도다. 어떤 대상 앞에서도 거리를 둘 수 있는 자, 심지어 자기 자신에 대해서도 거리를 둘 수 있는 자, 그 자가 주체다. 이런 추상적인 이야기가 데카르트와 무슨 상관이냐고 물으신다면, 다름 아니라 데카르트의 특기인 '의심'이 '거리두기'의 한 예라고 말씀드리겠다. 데카르트는 보편적 의심 가능성을 발견했다. '나'가 어떤 믿음이든지 의심할 수 있다는 발견은 곧 '나'의 거리두기가 언제 어디에서나 이미 일어난다는 발견이다. 요컨대 데카르트는 주체의 삶을 발견했다!

이런 주체, 즉 언제나 대상으로부터(또한 자기 자신으로부터) 거리를 두는 주체를 설명하고 더 나아가 나의 근대철학 해석을 본격적으로 펼치는 것은 이 글이 아니라 다른 기회에 시도할 일이다. 여기에서 나는 이진경의 해석을 톺아가면서 필요에 따라 나의 해석을 곁들이는 방식을 채택하려 한다. 그러므로 분리되고 고립된 주체를 성토하는 이진경의 해석을 더 살펴보자. 그가 주체를 오해하고 있을 가능성을 부각하기 위해서다.

이진경은 주체의 인식과 대상의 일치 여부를 주체 자신이 확인할 길이 없다는 딜레마를 지적하고 나서 곧바로 '거울로 자기얼굴 보기'를 예로 든다. 원래 강의를 기반으로 만든 책이기 때문인지 구어체로 진행되는 서술에서 그는 "여러분이 거울에서 본 게 자기얼굴인지 어떻게 알지요?"라고 묻는다. 어럽쇼? 나 같으면 당장 몇가지 근거를 대고, 시간만 충분하면 무한정 근거를 대겠는데, 실제 강의에서는 뭔가 심오한 얘기가 나오나 하고 다들 침묵했던가보다. 이진경은 "여러분은 자기얼굴을 직접 본 적이 없습니다. 즉 자기얼굴이 어떤지 미리 알고 있지 못합니다"라고 말을 잇는다. "만약에 거울을 처음 본 사람이 있다면 그는 그 거울에 대고 말을 걸었을 게 틀림없습니다. 그게 자기라고 어떻게 생각할 수 있겠습니까?"

당시에 수강생들은 어떻게 느꼈을지 몰라도, 내가 듣기에는 대단히 비현실적인 이야기다. 뭘 생각하고 말고 하나? 그냥 보다보면 자기인 줄 안다. 심지어 코끼리, 돌고래, 침팬지도 거울 속의 자신을 알아본다. 물론 약간의 학습은 필요할 테고, 생각하기에 따라서는 이 학습이 무척 경이로울 수도 있겠다. 하지만 경이로움, 설명하기 어려움, 생각하기 어려움과 별개로, 우리와 코끼리와 돌고래와 침팬지가 거울 속 자신을 알아본다는 것은 엄연한 사실이다. 요컨대 "근대철학의 딜레마"를 이야기하기 위해 '거울로 자기얼굴 보기'를 예로 들면, 내가 보기에는 오히려 역효과가 난다. 현실에서 우리는 자기얼굴을 잘만 보고 산다. 딜레마는 없다!

거울 속의 얼굴이 당신의 얼굴인지 정히 궁금하다면, 거울을 보며 주먹을 들어 당신의 관자놀이를 힘껏 가격하라. 거울 속 얼굴의 관자놀이에 웬 주먹이 날아와 닿는 순간, 당신의 관자놀이에서 강한 통증이 일어나고 당신은 적잖은 현기증을 느낄 것이다. 진실은 평범하다. 그 얼굴은 당신의 얼굴이 맞다. 혹시 여전히 궁금한가? 그렇다면 이번에는 (치아 손상을 막기 위해 어금니를 꽉 다물고) 턱을 있는 힘껏 가격…하지 말고, 당신의 의심과 그 근거를 당신 자신에게, 또 주변 사람들에게 털어놓아라. 조금도 걱정할 것 없다. 전혀 딜레마가 아니다. 충분히 해결할 길이 있다.

그러나 가장 충격적인 것은 다음 대목이다. "거울에 비치는 대상(나)과 그걸 비추는 거울(주체)이 일치하는지 아닌지는 나와 거울만 가지고는 알 수 없습니다."(57쪽) 괄호를 덧붙이는 방법을 써서 '나'를 대상으로 설정한 것은 전혀 놀랍지 않다. 실제로 일상생활의 대부분에서 '나'는 주변 사람들에게, 또한 '나' 자신에게도 일단 대상이다. '나'도 개와 소나무나 바위와 다름없이 자연법칙의 지배를 받으며 이것들과 인과적으로 상호작용한다. 이런 관점을 채택할 경우 '나'의 존엄과 자유라는 근대의 근본원리가 위태로워지지 않을까 염려하는 분이 혹시 있다면, 염려 푹 놓아도 된다. 대상으로서의 '나'는 자유롭고 존엄한 주체로서의 '나'가 살아가는 데 장애물이기는커녕 오히려 필수적인 요소다. 아무튼 이 예에 더 적합하게 '나'를 '나의 얼굴'로 좁히면, 이것은 누가 봐도 대상이 맞다.

문제는 '거울'이 주체로 설정되었다는 점이다. 앞에서도 꽤 길게 말했지만, 거울은 물리적 공간 속의 물체, 더 정확히는 인공물, 다양한 목적으로 빛의 반사를 이용하고자 할 때 쓰는 도구다. 이진경은 "나와 거울만 가지고는" 뭔가를 알 수 없다고 하는데, 하나마나 한 얘기다. 대상(=나)과 도구(=거울)만 있는데, 앎이 있을 턱이 있나. 쉽게 말해서 '안다'라는 술어와 짝을 이룰 주어가 없는데, 어떻게 문장이 성립하겠는가.

흥미롭게도 위의 인용문("거울에 비치는 대상[나]과 그걸 비추는 거울[주체]

이 일치하는지 아닌지는 나와 거울만 가지고는 알 수 없습니다.")을 자세히 뜯어보면, 주어가 없다. 누가 알 수 없다는 말일까? 어떤 주어가 생략되었을까? 상식적으로는 '내가 알 수 없다'는 꼴로 주어를 복원해야겠지만, 지금 이진경이 짠 구도에서는 '나'가 대상이고 거울이 주체이므로 '거울이 알 수 없다'는 꼴로 복원해야 할 것이다. 요컨대 위 인용문은 '내 얼굴이 거울에 비치는데, 내 얼굴과 거울상이 일치하는지 여부를 거울이 알 수 없다'는 뜻이다. 이런 얘기를 하는 이진경도 그렇지만 꼼꼼히 분석하는 나 역시, 내가 봐도 참 해괴하다.

혹시 내가 착각하고 있을까? 이진경의 취지는 상식과 다를 바 없이 '나'의 얼굴과 거울상이 일치하는지 여부를 '나'가 알 수 없다는 것일까? 그렇다면 지금 앎의 주체는 거울이 아니라 '나'다. 이 상황은 주체로서의 '나'가 거울을 도구로 써서 객체로서의 '나'를 마주한 상황이다. 대체 왜 거울이 주체인가?

거울을 주체로 놓는 이진경의 해괴한 행마를 그나마 이해해볼 길은 추측하건대 그가 '나의 얼굴'과 거울상 사이의 관계를 대상과 '표상'(=관념) 사이의 관계로 간주한다고 보는 것뿐이지 싶다. 이미 언급했듯이 그는 진리를 일치로 규정하면서(근대철학이 그렇게 규정했다고 해석하면서) 일치하는 양편 중 하나를 '주체' '인식한 것' '판단' '개념'으로 변주하는데, 이 느슨한 어법이 나의 추측에 힘을 실어준다. '인식한 것'(곧 인식 내용) '판단' '개념' 등, 의식의 내용 일체를 뭉뚱그려 부르는 전통적인 명칭이 바로 '표상'이다. 이진경은 표상과 주체를 동일시하는 듯하다. 그러고보니 진리를 일치로 규정하는 것 역시 표상과 관련이 있지 싶다. 진리대응론이라는 가장 표준적인 진리 이론에서 진리란 대상과 표상(쉽게 말해서 '사실'과 '믿음')의 대응이다. 이것이 이진경의(이진경이 이해한 근대철학의) 진리관이 유래한 출처로 보인다.

요컨대 이진경이 거울을 주체로 설정할 때, 그의 진의는 표상(거울상)을 주체로 설정하는 것으로 보인다. 그럼 이 설정은 타당할까? 아니, 타당하지 않다. 표상 역시 기본적으로는 주체가 마주한 대상이다. 다만, 물리적 공간 속의 물체와 달리 주체의 내면('내면'의 의미는 상식선에서 이해하기로 하자)에 들어앉아 있다는 점에서 표상은 말하자면 주체가 손 안에 쥐고 아직 내려놓지 않은(혹은 내려놓았다가 다시 거둔) 대상이다. 그래서 '표상'을 '주체'와 동일시하는 것은 상대적으로 덜 억지스럽게 느껴진다. 그러나 잊지 말아야 할 것이 있다. 이 동일시의 정당성은 오로지 '주체'가 표상을 대하는 태도에서 유래한다. 즉, 표상의 주체성은 오로지 표상을 품은(혹은 마주한) 주체에서 유래한다.

관건은 표상이 아니라 주체다. 주체는 주체 자신이 흠뻑 스며들어 있는 표상을 품기도 하고, 내려놓기도 하고, 다시 거두기도 한다. 이를테면 특정한 주장을 제시하면서 그냥 내 의견일 뿐이라고 말하기도 하고, 객관적 진리라고 단언하기도 하고, 객관적 진리로 단언했던 주장을 철회하기도 한다. 엄밀한 의미의 주체는 이런 활동 그 자체다. 활동으로서의 주체, 자기 자신을 마주하고 있는 이중구조로서의 주체가 근대철학의 주춧돌이다. 이진경은 이런 주체를 그저 표상으로, 혹은 그저 '인간'(호모사피엔스라는 사회학적·생물학적 대상)으로 이해하는 듯한데, 이것은 근대철학을 근본적으로 오해하는 지름길이다.

4

이진경이 '거울로 자기얼굴 보기'라는 예에 이어 내놓는 '굴뚝청소부 일화'(57쪽)는 더욱 혼란스럽다. 굴뚝청소부 주인공이 동료와 함께 굴뚝에 들어가 청소를 하고 나왔다. 그런데 주인공이 동료의 얼굴을 보니 새까맸다. 그래서 자기얼굴도 새까마려니 짐작하고 세수를 했다. 그러나 그는 동료와 달리 얼굴이 새하얀 상태였다. 그러니 그는 자기얼굴의 상태를 잘못 알고 바보짓을 한 셈이다. 여기까지가 일화의 줄거리다. 이진경은 이 일화를 통해 무슨 말을 하려는 것일까?

"이 두 사람(인식주체/대상)만으로는 내 얼굴이 어떻다는 판단과 실제 내 얼굴의 상태가 일치하는지 아닌지 확인할 수 없다는 것"(59쪽)이다. "얼굴이 더럽다는 판단을 한 게 사실과 정반대일 수도 있다는 것"(같은 곳)이다.

"이 두 사람"이란 굴뚝청소부들인 주인공과 동료를 말한다. 두 번째 문구는 쉽게 이해가 간다. 주인공의 판단과 사실이 엇갈렸다. 세상에 이런 일은 비일비재하다. 문제는 첫번째 문구, 특히 "이 두 사람(인식주체/대상)"이라는 대목이다. 주인공과 동료가 인식주체와 대상이라는 뜻일까? 더이상의 설명이 없으니 나로서는 그렇게 이해할 수밖에 없는데, 지금 문제가 되는 것은 주인공(=인식주체)이 동료(=대상)를 아느냐 마느냐가 아니지 않은가! 이 일화에서 인식주체는 주인공, 인식대상은 주인공의 얼굴이라고 해야 맞다. 주인공은 일치하려니 짐작했지만 실제로는 일치하지 않은 두 항은 주인공의 판단("내 얼굴이 어떻다는 판단" "얼굴이 더럽다는 판단")과 주인공의 얼굴("내 얼굴의 상태" "사실")이다. 거듭되는 말이지만 이런 두 항(믿음과 사실)이 불일치하는 일은 그냥 다반사다. 이진경이 지적하는 근대철학의 주체/대상 분리와 굴뚝청소부 일화는 아무 상관이 없다.

이 일화에 대한 나의 해석은 간단하다. 주인공은 동료의 얼굴(대상1)을 보고 자기얼굴(대상2)을 추론했다. 그런데 그 추론이 틀렸다. 이게 다다. 한 대상을 보고 다른 대상을 추론하는 것은 자연스럽고 합리적인 활동이며 때로는 오류로 귀결될 수 있다. 누구나 뻔히 아는 얘기다. '내 얼굴'이라는 약간 특별한(왜 그런지 곧 이야기하겠다) 대상을 거론하기 때문에 언뜻 지혜의 향기 비슷한 것을 풍기지만, 이 일화의 논리적 줄거리는, 대상1을 근거로 대상2에 대해서 판단했는데 틀렸다는 것이다. 그 이상도 이하도 아니다.

이를테면 '실험실에서 하얀 생쥐 두 마리가 검댕이 잔뜩 낀 관 속으로 들어가서 한참 기어다녔는데, 한 마리(대상1)가 검댕을 새까맣게 뒤집어쓰고 나왔다. 아직 안 나온 한 마리(대상2)는 어떨까?'라는 수수께끼와 다를 바가 없다. 이 수수께끼를 받고, 아직 안 나온 놈도 '새까맣다'라고 대답하는 것은 자연스럽고 합리적이다. 유사한 대상 두 개가 같은 조건 아래 놓이면 같은 상태를 취하기 마련이라는 원리와 명백한 증거(대상1의 상태)가 이 추론을 떠받치는 두 기둥이다.

하지만 합리적인 추론과 대답조차도 때로는 틀릴 수 있다. 조금 억지스럽긴 하지만, 대상2가 특수한 유전자를 보유한 생쥐여서 날 때부터 털가죽에 오염방지 기능이 내장되어 있다면, 혹은 누군가가 미리 녀석의 털가죽에 최첨단 오염방지 처리를 해놨다면, 녀석은 새하얀 털가죽을 뽐내며 관에서 나올 테고, 수수께끼의 답변자는 한편으로 놀라면서도 흔쾌히 자신의 오류를 인정할 것이다(이 경우에 대상1에서 대상2로 진행하는 추론의 오류는 두 대상이 유사하다는 전제가 틀린 것에서 비롯된다). 물론 성격에 따라, 또 수수께끼에 판돈이 얼마나 걸렸느냐에 따라, 답변자가 이렇게 반발하며 펄펄 뛸 수도 있겠다. "이거 뭐야? 어떤 놈이 마우스 가지고 장난쳤어?" 하지만 이 모든 이야기가 주체/대상의 분리와 무슨 상관이란 말인가?

'거울로 자기얼굴 보기'와 '굴뚝청소부 일화'의 공통점은 둘
다 '나 자신의 얼굴'이 대상으로 등장하는 사례라는 점이다. 이
사례들이 왠지 오묘하고, 심지어 아래와 같은 이진경의 어마어마
한 주장과도 어울릴 법하다고 많은 사람들이 느낀다면, 내가 보
기에 그 이유는 단 하나, 그 이야기들이 '나 자신의 얼굴'을 거론
하기 때문이다. 결정적인 대목이어서 조금 길지만 그대로 인용하
겠다.

위의 두 가지 이야기['거울로 자기얼굴 보기'와 '굴뚝청소부 일화']
는 똑같은 딜레마를 보여주고 있습니다. 이 딜레마는 인식주체와 인
식대상을 나누고, 양자가 일치하는 게 진리라고 한다면, 어떤 지식이
나 인식이 진리인지 아닌지는 결코 확인할 수도 없고 보증할 수도 없
다는 난점을 가리킵니다. 그게 일치하는지 아닌지 확인해주는 제3
자—예를 들면 신—가 없다면 근대철학으로선 이 딜레마를 벗어나는
게 불가능합니다. 주체가 신에게서 벗어남으로써 발생한 근대철학의
'원죄'인 셈입니다. (59쪽)

이진경이 누차 말하고 싶어하는 것이 이 딜레마라는 점은 충분히
알겠다. 그러나 이 딜레마가 "위의 두 가지 이야기"와 무슨 상관인
지 나는 도통 모르겠다. 더 나아가 과연 이런 딜레마가 존재하기는

하는지, 심지어 논리적으로 말이 되는지조차 몹시 의심스럽다.

'나 자신의 얼굴'은 과연 특별한 구석이 있다. 간단히 말해서 나의 얼굴은 나와 가장 강하게 동일시되는 대상들 중 하나다. 특히 평범한 사람들이 가장 일상적인 환경 가운데 깊은 숙고 없이 취하는 세계관에서 '나 자신의 얼굴'은 무엇보다도 강하게 '나'와 동일시된다. '나의 얼굴'에 뱉는 침은 곧 '나'에게 뱉는 침이다. 그래서 내 컴퓨터에 뱉는 침, 내 어깨에 뱉는 침보다 훨씬 더 모욕적이다. 게다가 더욱 오묘한 것이, '나'와 그토록 가까운 '나의 얼굴'이(이진경이 강조하듯이!) '나'의 눈에는 (어떤 도구도 사용하지 않는다면) 안 보인다. '굴뚝청소부 일화'는 『탈무드』에도 나온다던데, '나의 얼굴'이 가진 이같은 특별함을 생각하면 그럴 만도 하다.

그러나 철학은 감이 아니라 논리로 하는 활동이다. '나의 얼굴'은 흔히 '나'를 대표한다는 점에서 특별하긴 하지만 그래도 결국 대상일 뿐이며, 이 특별함도 따지고 보면 제한적이다. 첫째, 어느 분야에서든 일가를 이룬 인물은 흔히 그의 '얼굴'이 아니라 '작품'과 동일시된다. 발레리나 강수진을 대표하는 것이 그녀의 얼굴인가, 아니면 춤인가? 당연히 춤이다. 무대 위에 선 그녀의 온몸에서 배어나오는 춤, 그 숨결이 곧 강수진이다. 소설가 조정래를 대표하는 것은 『태백산맥』을 비롯한 그의 대하소설들이다. 얼굴? 옛날에 물지게 지고 언덕을 오르던 정래 오빠를 흠모한 동네 소녀가 혹시라도 있었다면, 그 소녀에게는 조정래의 얼굴이 곧 조정래였을 수도 있겠다. 하지만 지금 나를 비롯한 훨씬 더 많은 사람들에게 조정래는 곧 『한강』이요, 『아리랑』이다.

둘째, '나'가 '나의 얼굴'에 접근하기 어렵다는 특수성은 시각을 통한 접근에만 국한해서 성립한다. 촉각과 후각과 미각을 통해 얼마든지 '나의 얼굴'에 접근할 수 있다. 내 손으로 내 얼굴을 만지고 주무르면서, 난로의 열기에 뺨이 달아오르는 것을 느끼면서, 내 얼굴에 묻은 화장품 냄새를 맡으면서, 혀를 내밀어 입 주변을 핥으면서 나는 내 얼굴에 관한 정보를 얻을 수 있다. 또한 시각을 통한 접근도 도구(거울, 사진기 등)를 사용하면 얼마든지 가능하다. 더 나아가 만약에 내가 동아시아인의 얼굴 형태를 조사하고 분석하는 학자라면, 또한 온전히 그런 학자의 마음가짐으로 나의 얼굴을 대한다면, 나의 얼굴은 수많은 예들 중 하나일 뿐이다. 요컨대 한걸음 물러나서 생각해보면, '나의 얼굴'은 그다지 특별할 것 없는 대상이다.

그러므로 '거울로 자기얼굴 보기'라는 상황과 '굴뚝청소부 일화'의 오묘함과 의미심장함은 기껏해야 표피적이다. 이 사례들로 저 위에 인용한 이진경의 어마어마한 주장을 뒷받침하거나 예증한다는 것은 아무리 봐도 무리수다. 이쯤 되면 그 주장 자체가 타당한지, 심지어 유의미한지도 되짚어봐야 하지 않을까?

나는 이진경이 '주체'를 영 오해하고 있다고 강하게 의심한다.

따지고보면 이것은 이진경만의 실수가 아니다. 근대철학의 창시자인 데카르트도 유사한 실수를 범했다. 아뿔싸, 그는 주체를 '실체'로 간주하고 말았다. '정신'이라는 실체, 혹은 '영혼'이라는 실체로 말이다. 이것은 큰 실수이며 17세기 형이상학이 공유한 한계다. '실체'라는 개념은, 항상 이미 자기거리를 품은 자기관계로서 살아가는 주체의 '이중구조'를 담기에 턱없이 부족한 그릇인데, 그 시절의 시대정신을 대표하는 형이상학자들(데카르트, 스피노자, 라이프니츠)은 이걸 잘 몰랐다. 그럼 주체를 어떻게 이해하고 진술해야 할까? 칸트의 문장을 하나 인용하겠다.

> 나의 모든 표상에 '내가 생각한다'(Das: Ich denke)가 따라붙을 수 있어야 한다. (『순수이성비판』, B131)

많은 독자에게 암호나 마찬가지일 독일어 원문을 굳이 병기한 것은 거기에 칸트의 지혜가 오롯이 담겼기 때문이다. 나의 표상에 항상 "따라붙을"(begleiten) 수 있어야 하는 놈, 바로 그놈이 주체다. 그런데, 잘 보라! 칸트는 그놈을 낱말로 지칭하기를 거부한다('Das: Ich denke'는 '내가 생각한다'[Ich denke]라는 문장을—상당히 억지스러움을 무릅쓰고—그대로 명사화한, 다른 어디에서도 볼 수 없는 표현이다). 낱말로 주체를 가리키는 순간, 주체는 대상화하고 나아가 실체화할 것임을 잘 알기 때문이다.

그럼 그놈을 '내가 생각한다'라는 문장으로 가리키면 상황이 달라질까? 무척 달라진다. 우리말에서 표상에 따라붙은 '내가 생각한다'는 '내가 생각하기에'(더 일반적인 표현으로는 '내가 보기에')라는, 뒤이은 문장 전체에 걸리는 부사구로 표현된다. 가장 기본적인 문장 형태를 '무엇은 어떠하다'라고 한다면, 이 부사구는 '내가 보기에 무엇은 어떠하다'의 꼴로 활용된다. 바로 이 구절, 그러니까 사태(혹은 대상)에 드리운 '관점'을 나타내는 이 부사구가 '주체'를 가리키는 가장 적절한 표현이다.

'내가 보기에'가 인식주체의 참모습이라면, 인식주체의 분리나 독립은 애당초 배제된다. '내가 보기에'는 그 자체로 완결된 말이 아니고 항상 '무엇은 어떠하다'에 붙어서 구실을 한다. 이와 마찬가지로 인식주체는 항상 이미 인식대상에 스며들어 있다. 또한 다른 한편으로, '내가 보기에'가 '무엇은 어떠하다'에 쏙 들어가서 숨지 않고 별도로 노출되어 있는 것처럼, 인식주체는 항상 이미 인식대상과 거기에 스며들어 있는 자신으로부터 거리를 둔다. 이로써 주체 이중구조가 대상과 더불어 완성된다. 진리는 평범하다. '내가 보기에 무엇은 어떠하다'라는 평범한 문장틀 하나가 근대적 주체와 근대철학 전반을 이해하는 열쇠다.

이진경은 이런 '주체 이중구조'를 아예 몰랐거나 처음부터 무관심했던 것으로 보인다. 그가 "근대철학의 딜레마"를 설명하기 위해 내놓는 예들을 더 검토해보자. 꼬치꼬치 따지는 일은 내 취향이 아니지만, 어쩌겠는가. 살다보면 내 취향뿐 아니라 심지어 대세도 거슬러야 할 때가 있는 법이다.

5

『철학과 굴뚝청소부』 2001년 개정판을 내면서 이진경은 "인식주체와 인식대상을 나누고, 양자가 일치하는 게 진리라고 한다면, 어떤 지식이나 인식이 진리인지 아닌지는 결코 확인할 수도 없고 보증할 수도 없다는 난점… 근대철학의 '원죄'"(59쪽)와 관련하여 벨라스케스의 그림 한 점을 삽입했다. 「거울 앞의 비너스」라는 작품인데, 제목에서 짐작할 수 있듯이, 또 거울을 보는 여인이 등장한다. 그리고 거울을 붙들고 있는 날개 달린 꼬마가 등장한다.

　그림 아래에 붙인 설명에서 이진경은 작품 속 여인이 거울 속 얼굴과 자기얼굴이 일치하는지 여부를 모른다고 말한다. 거듭되는 말이지만, 참 해괴한 설정이다. 그러더니 "벨라스케스는… 거울 옆에다 천사를 한 명 앉혀두었다"라는 해석을 제시한다. 이어서 상상력을 발휘한다. "아마도 그 천사가 말하겠지, '이게 네 얼굴이야.'" 이진경이 하고 싶은 말이 곧 이어진다. "비너스의 얼굴도 볼 수 있고, 거울에 비친 것도 볼 수 있는 자만이 진실을 알 수 있다… 결국 거울을 보는 우리에겐 항상 천사나 '신'이 필요

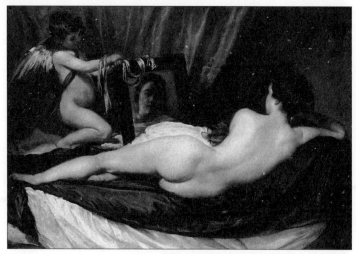

디에고 벨라스케스 「거울 앞의 비너스」, 내셔널 갤러리

하다… 내가 아는 게 진리인지 대체 누가 확인해줄 것인가? 그래서… 지금도 많은 사람이 신이 없으면 불안해하며, 신을 대신할 무언가를 끊임없이 찾는 게 아닐까? '진리' '돈'…"(58쪽)

처음엔 나도 '어, 재미있네. 어떻게 벨라스케스가 이진경의 생각에 꼭 들어맞는 그림을 그렸지?' 했다. 그런데 제목을 다시 보니 그 여인은 인간이 아니라 여신 비너스다. 그렇다면 거울을 들고 있는 꼬마는 당연히 큐피드, 서양회화에서 비너스와 흔히 짝을 이루는 또다른 신이다. 천사가 아니다! 더 나아가 큐피드와 비너스의 관계는 하인과 마님의 관계쯤 된다(큐피드가 비너스의 아들이라는 설도 있긴 하다. 하인이든 아들이든, 상하관계를 따지면, 비너스가 위고 큐피드가 아래다). 실제 그림에서도 큐피드는 거울 옆에 그

냥 앉아 있는 것이 아니라, 한 무릎을 꿇고 다른 무릎도 거의 꿇은 채로 비너스를 위해 거울을 들어주고 있다. 이런 상황에서 비너스는 거울 속 얼굴이 자기얼굴인지 심각하게 의심하고, 큐피드는 "이게 네 얼굴이야"라는 말로 그 의심을 풀어준다? 무척 독특한 상상이다. 나의 상상력으로는 "마님, 오늘도 역시 아름다우십니다. 어서 나갈 채비를 하셔야죠." 정도가 큐피드의 대사로 적합하지 싶은데, 나는 역시나 평범한가보다.

솔직히 나는 죽어서 말을 못하는 벨라스케스의 의도("나르키소스의 비극을 피하기 위해")까지 대신 거론해가면서 이진경이 큐피드를 "천사"로(작품 속 여인 위에 군림하는 절대자로) 둔갑시킨 것을 어떻게 받아들여야 할지 잘 모르겠다. 이진경이 절실히 하고 싶은 말이 있다는 것은 알겠는데, 그 말을 이런 식으로 하는 것은 반칙에 가깝다는 느낌이 못내 남는다.

내친 김에 그림을 한 점 더 보자. 역시 벨라스케스가 그린 「시녀들」이라는 너무나 유명한 작품이다. 이진경은 "자아, 새로운 절대자"(12쪽 일러두기)와 유관한 일련의 미술품들 중 하나로 이 작품을 골라 삽입하고 이런 설명을 달았다.

벨라스케스는… 소실점이 있는 자리, 무한한 공간을 통일시키는 그 자리에 거울을 갖다놓았다. 그 거울에는… 인물이 슬며시 비쳐져 있는데… 왕과 왕비가 그들이다. 바로 그 자리가… 왕의 자리라는 걸 보

디에고 벨라스케스 「시녀들」, 프라도 미술관

여주려는 것이었을까? 소실점은 우주를, 모든 대상을 보고 사유하는 주체의 자리다. 우주 전체를… 영유하고 장악할 수 있는 자리. 데카르트나 파스칼이… 확실한 지식의 기초는 바로 '나'라고 믿었던 것은… '생각하는 나'가, 그 자리에 서 있다는 확신 때문은 아니었을까? 주체, '사유하는 나', 이것은 적어도 근대철학 안에서 '왕의 자리'임에 틀림없었다. (40쪽)

흔히 듣는 말이다. 근대철학에서 주체가 '왕'에 해당한다는 것이다. 인간의 오만, 자연파괴, 과도한 이기심 추구 따위의 부정적 현상들이 근대적 주체의 개념에서 비롯된다는 이야기를 들으며 고개를 끄덕여보지 않은 사람은 아마 드물 것이다. 물론 나는 고개를 가로젓는 드문 사람이다. 나는 근대적 주체가 왕이 아니라 민주사회의 시민이라고 본다. 하지만 지금 내가 문제삼으려는 것은 이진경이 말하고자 하는 바가 아니다. 누구나 하고 싶은 말은 해야 하고, 상대는 경청해야 한다. 문제는 "소실점"이다. 이 작품 「시녀들」의 소실점은 왕과 왕비가 비친 거울의 자리가 아니다!

화면 우상귀에서 중앙 쪽으로 뻗은, 천장과 벽이 맞닿아 이룬 직선을 연장해보라. 거울의 위치는 그 직선을 넉넉히 벗어나 있다. 따라서 소실점(vanishing point)일 수 없다. 이 작품의 소실점은 거울 오른편의 문에 서 있는 사내 근처다. 위키피디아 영어판에서 "las meninas"(「시녀들」의 원제) 항목을 읽어보라. 또 구글에서 "las meninas vanishing point"를 검색해보라. 여러 보조선을 그어 소실점의 위치를 콕 찍어주는 이미지들이 많이 뜬다.

이진경은 틀림없이 알 테고, 푸코에 관심이 많은 사람이라면 대개 알 테지만, 푸코는 『말과 사물』이라는 저서의 첫 장 전체를 「시녀들」에 대한 해석에 할애했다. 난해하면서도 매혹적인 그 해석에서 푸코는 왕과 왕비가 비친 그 거울을 대단히 중시한다. 그러나 그 자리가 소실점이라고 말하지는 않는다. 적어도 한국어판(이광래 역, 1987)에는 '소실점'이라는 단어 자체가 등장하지 않는다. 물론 그의 난해한 해석을 꼼꼼히 들여다보면, 그도 거울의 자리를 소실점으로 보지 않았나 추측하게 되는 것은 사실이다. 만약에 정말로 푸코가 거울의 위치를 소실점으로 보았다면, 푸코도 틀렸다. 소실점이 어디냐 하는 문제는 명석판명(明晳判明)한 기하학의 문제여서 이론의 여지가 없다.

이진경의 그림 활용이 대단히 독특함을 보여주는 또다른 예가 있다. 그는 『수학의 몽상』(2012년 개정판)의 3장 "수학의 마술사, 혹은 마술사의 수학"(93쪽 이하)의 서두에 파우스트를 잠깐 언급하더니 곧장 "캘큘러스"('계산'이라는 뜻)라는 가상인물을 지어낸다. 이런 '허구 동원하기'는 이 책 전체에 일관된 전술이다. 숱한 허구의 인물들이 등장한다. 3장에만 해도 캘큘러스, 아날리스, 가날리스, 나날리스, 그리고 괴테의 『파우스트』에도 나오는 유명한 악마 메피스토가 등장한다. 3장의 대부분이 이들의 가상 대화로 구성된다.

요컨대 이진경은 자기가 하고 싶은 말을 하기 위해 허구의 인물들에게 연극을 시킨다. 좋다, 경직된 학계에는 어울리지 않지만, 대중을 상대하는 저자로서 충분히 시도해볼 만한 서술 방식이다. 그런데 문제는 그가 렘브란트의 에칭 한 점을 삽입해놓고 이런 설명을 붙인다는 점이다.

"캘큘러스 박사의 초상: 아무도 캘큘러스 박사를 기억하지 못한다.

이 그림을 그린 렘브란트도 예외는 아니었기에 그림 제목을 '파우스트'라고 써놓았다."(135쪽)

삽입된 그림은 렘브란트가 1650년경에 제작한 에칭 작품(위키피디아 영어판 'Faust' 항목에도 삽입되어 있음)이며, 이 작품의 제목은 엄연히 '파우스트', 따라서 작품 속 인물은 렘브란트가 상상한 파우스트다. 그럼에도 이진경은, 렘브란트의 망각 때문에 '파우스트'라는 제목이 붙었을 뿐이지, 사실 그 인물은 자신이 지어낸 연극의 등장인물 캘큘러스라고 말한다. 이런 그림 활용을 어떻게 이해해야 할까? 허구의 인물들을 꾸며내서 저자 마음대로 부리는 것은 괜찮지만, 엄연한 역사 속 인물인 렘브란트와 그의 작품까지 연극 속에 끌어들여 마음대로 부리는 것은 좀 지나치지 않을까?

혹자는 내가 너무 고지식해서 이진경의 자유분방한 서술, 허구와 실재를 뒤섞는 참신한 기법을 못 알아본다고 나무랄지도 모르겠다. 이진경의 멋진 유머라고, 그걸 못 알아보는 내가 촌스럽기 그지없다고 손가락질하는 사람도 꽤 있을 것이다. 정말 그럴까? 지금 나는 웃자고 한 이야기에 죽자고 덤비는 촌놈일까?

주목해야 할 것은 이진경이 이 유머를 통해 넌지시 내놓는 주장, 곧 파우스트와 캘큘러스의 동일성(혹은 유사성)이다. 이진경의 캘큘러스는 계산적 합리성의 화신, "탈주술화"(막스 베버의 개념)로 대표되는 근대화의 화신이다. 파우스트는 16세기 이래 유럽의 설화에 가장 널리 등장하는 인물의 하나이며, 독일의 유랑 치료사, 연금술사, 마법사, 점성술사, 예언자인 요한 게오르크 파우스트 (Johann Georg Faust, 약 1480~1540)가 그 모델로 추정된다. 물론 우리에게 가장 익숙한 파우스트는 괴테가 쓴 희곡『파우스트』의 주인공이다. 이 파우스트는 앎을 향한 열정에 이끌려 악마와 계약을 맺는 인물이다.

이런 파우스트와 캘큘러스가 서로 유사하다고? 나는 노력하기에 방황하는 낭만주의자 파우스트를 사랑한다. 또한 얼음보다 더 차갑고 수정보다 더 깨끗하며 칼날보다 더 예리한 계산을 그에 못지않게 사랑한다. 그러나 파우스트와 캘큘러스를 대뜸 동일시하는 이진경에게는 동의하기 어렵다. 왜 그런지 설명하다보면, 수학과 과학에 대한 우리의 입장 차이가 드러날 것이다. 이 차이는 근대적 주체의 본질과 직결되므로 은근슬쩍 유머로 넘길 문제가 아니다. 촌놈 소리를 듣더라도 따질 건 따져야 한다.

6

이진경은 미적분학에서 모순을 본다("그것[미적분학]은 수학적으로 받아들일 수 없는 모순적인 개념이지만…", 『수학의 몽상』, 135쪽). 그가 콕 찍어서 문제삼는 것은 17세기 미적분학의 주춧돌이라고 할 만한 '무한소' 개

념이다. 그의 연극 속에서 '무한소'는 메피스토가 캘큘러스에게
알려주는 "악마적인 개념"(127쪽)이다.

> 메피스토: …한없이 작아서 0에 가깝지만, 결코 0은 아닌 이 값을
> '무한소'라고 함매. (106쪽)

나는 이 '무한소'의 개념이 왜 모순인지 도통 모르겠다. 이것이
모순이라면, 어째서 모순인지 명석판명한 증명을 보고 이해했으
면 좋겠다. 물론 "어떤 수가 0인 동시에 0이 아니라는 것"(134쪽)은
확실히 모순이다. 그러나 이 모순적인 진술과 위 대사 속의 '무한
소' 정의는 엄연히 다르지 않은가! 다만 "한없이 작아서"라는 표
현이 무슨 뜻인지 불명확한 것은 사실이다. 그리고 이 불명확성
은, 이진경도 잘 알듯이 "19세기 프랑스 수학자 코시" 등이 발전
시킨 "극한의 개념"(178쪽)에 의해 대폭 개선되었다. 요컨대 '무한
소'에 담긴 생각을 더 명확하게 다듬은 산물이 '극한'이다. 그러
므로 만약에 '무한소'가 악마의 선물이라면, '극한'도 그렇다. 극
한이 모순적인 개념인가? 이 주장을 진지하게 하려면, 무척 깊은
연구가 필요할 성싶다.

자세히 뜯어보면, 여기에서도 이진경은 특유의 느슨한 어법을
구사한다. "모순적인" "악마적인" "매우 수학적으로 취약한"(134
쪽) "불안정성"(177쪽) 등이 적당히 혼용된다. 적어도 수학을 논하

는 저자가, 몇백년의 수학사를 들었다났다 하는 저자가 이런 어법을 구사하는 것은 좀 곤란하지 싶다. 취약하거나 불안정한 요소는 미적분학뿐 아니라 수학 전체(나아가 과학 전체)에 예나 지금이나 수두룩하게 널렸다. 숱한 수학자가 밥 벌어먹고 산다는 것이 그 증명이다. 또한 거의 확실히 예언하건대, 미래에도 수학자들은 밥벌이를 잘 할 것이다.

반면에 모순적이거나 악마적인 요소는 어떨까? 일단 "악마적인"은 수학에서 무의미한 표현이니 제쳐두고, 모순적인 요소가 수학에 존재하느냐 하는 문제는 아무 근거 없이 판정할 사안이 아니다. 일단 원리적인 수준에서 대답한다면, 현재 대다수의 수학자들이 받아들이는 다양한 이론에 모순이 내재할 가능성은 열려 있다. 누군가가 연구를 통해서 그런 모순을 밝혀낸다면, 즉 이 이론에 이런 모순이 들어 있음을 '보여준다면', 그것은 정말 중요한 업적이요 수학의 진보일 것이다.

그런데 이 경우에도 '보여주기'는 반드시 '모순 없는 증명을 통해 명석판명하게 보여주기'여야 한다. 예컨대 괴델은 힐베르트 프로그램이 실현 가능하다는 생각에 모순이 있음을, 모순 없는 증명을 통해 깨끗하게 보여주었다. 이런 것이 내가 아는 수학의 참모습이다. 수학에 모순적인 요소가 있는지 여부에 대해서 나는 판단을 유보한다. 그러나 이것만큼은 단언할 수 있다. 수학, 더 나아가 과학의 본질은 모순 없는 증명이다.

반면에 이진경은 수학을 비롯한 과학(적어도 "근대 이후 서구과학 전체", 『수학의 몽상』, 137쪽』)의 본질을 '계산'으로 규정한다. 그에 따르면 "과학이라는 말이… 어떤 태도를 가리키는 것이라면, 그것은 '계산 가능성'이라는 한마디로 요약할 수 있다."(같은 곳) "수학화하고 계산할 수 있게 만드는 것, 이것이 근대과학의 핵심이었다."(같은 책, 47쪽) 더 나아가 그의 규정은 근대문명 전체를 싸잡는다. "계산하는 생활, 모든 것을 계산하려는 문명, 그것이 근대문명의 특징"(같은 책, 6~7쪽)이다. "계산은 근대적 삶의 바탕에 있다."(『뻔뻔한 시대, 한줌의 정치』, 218쪽)

근대적 문명과 삶은 일단 제쳐놓고, 과학에서 계산이 중요하다는 말은 백번 옳다. 계산을 동반하지 않은 주장으로는 과학자들의 대화판에 끼기 어렵다. 계산을 동반하지 않은 실험 데이터는 무작위한 수열과 다름없다. 우주배경복사를 엄청난 정밀도로 측정해서 데이터를 산더미만큼 쌓아놓았다 하더라도, 계산과 분석이 없으면 그 산더미 속에 무슨 보물이 들어 있는지 전혀 모른다. 최근에 우주배경복사 관측 데이터에서 오래전 인플레이션 기간(빅뱅 직후 우주가 유난히 급격하게 팽창한 극히 짧은 기간)에 발생한 중력파의 흔적을 발견했다는 보도가 있었는데, 이 발견은 초인적인 시력을 가진 사람이 데이터를 벽에 붙여놓고 뚫어지게 바라봐서 이룬 것이 아니라, 계산을 통해 이룬 것이다. 그렇다, 칸트의 말마따나 "개념[계산] 없는 직관[데이터]은 맹목이다."(『순수이성비판』, B75)

그럼 거꾸로, 데이터 없는 계산은 어떨까? "내용[데이터] 없는 생각[계산]은 공허"하다는 것이 칸트의 대답이다. 이로써 칸트의 명언 "내용 없는 생각은 공허하고, 개념 없는 직관은 맹목이다"(같은 곳)가 완성된다. 역시나 진리는 평범하다. 우주배경복사 데이터가 없다면, 또한 다른 증거들도 전혀 없다면, '인플레이션'도 '빅뱅'도 일반상대성이론에서 귀결되는 희한한 이야기에 불과하다. 애당초 일반상대성이론도 에딩턴의 관측 자료로 입증되지 않았다면, 그냥 앞뒤가 맞는 이야기에 불과했을 것이다. 데이터는 필수다.

과학에서 계산과 데이터, 둘 중에 어느 것이 더 중요할까? 라고 누가 묻는다면, 나는 '과학에서 중요한 것은 과학이다'라고 단호하게 대답하겠다. 과학이란 '증거 대기' 곧 '증명'을 필수 규칙으로 삼은 대화다. 과학에서 중요한 것은 어떤 주장을 내놓느냐가 아니라, 그 주장을 대화 규칙에 맞게 증거를 대면서 내놓느냐다. 이때 '증거 대기'는 계산을 통해서도 할 수 있고, 대화판에서 실물 증거를 꺼내놓는 방식으로도 할 수 있으며, 대화 상대들을 아프리카 밀림으로 데려가서 대상을 함께 관찰하는 방식으로도 할 수 있다. 이 모든 활동이 어우러져 과학을 일군다. 그러므로 데이터와 아예 무관한 수학도 과학의 일종이다. 수학에도 '증명'이, 그것도 가장 탁월한 의미의 '증명'이 있지 않은가. 수학을 비롯한 모든 과학 분야의 본질은 증명이다.

그럼 계산은 뭘까? 계산은 가장 단순한 형태의 증명이거나, 증명을 위한 수단이다. 그런데 어쩌면 이 땅의 주입식 과학교육 때문일까, 이진경은 굳이 계산에 방점을 찍는다. 그에 따르면 "수학은 근대과학의 중심에 자리잡고 있다고 할 수 있다."(『수학의 몽상』, 47쪽) "어떤 주제여도… 수식이나 문자식으로 표현되고, 계산할 수 있는 공식을 통해 설명되면 분명히 과학이라고 보아 틀리지 않는다."(같은 곳) "이제 마술사를 과학자로 만드는 법에 대해서도 말할 수 있다. 그건 마술사가 외우는 주문을 수학적인 공식으로 바꾸면 된다. "에프이퀄엠에이, 이이퀄엠시스퀘어, 에프이퀄엠에이 이이퀄엠시스퀘어…"(같은 곳)

나는 과학에서 계산이 중요함을 인정한다. 그런데 무조건 중요한 것이 아니라, 중요한 이유가 있다. 계산은 증명에 이르는 강력한 수단이거나 그 자체로 가장 단순하고 선명한 증명이기 때문에 중요하다. 그리고 증명은 대화라는 더 큰 맥락 안에서 제 구실을 한다. 쉽게 말해서 과학은 대화판, 엇갈리는 주장들이 난무하고 증거들이 오가는 판이다. 이 판에서는 목소리 큰 놈이나 혈통 좋은 놈, 주먹 센 놈, 돈 많은 놈, 잘생긴 놈이 이기는 것이 아니라 명석판명한 증거를 내놓는 놈이 이긴다. 이런 판에서 왜 계산이 중요할까? 하늘이 두 쪽 나도 누구나 인정할 수밖에 없는 증거를 내놓아 승자가 되려는 사람이 가장 확실하게 동원할 수 있는 수단이 바로 계산이기 때문이다.

이진경은 수학과 계산이 무슨 마술사의 주문인 것처럼 이야기하는데(농담삼아 하는 얘기 같기도 하다), 나는 전혀 동의할 수 없다. 마술사와 과학자는 계산을 하느냐, 수학 공식을 활용하느냐, 숫자를 들먹이느냐에 따라 구분되는 것이 아니라, 기본적으로 과학이라는 대화판에 나선 놈이냐 아니냐에 따라 구분된다. 마술사의 주문은 도통 알아들을 수 없는 말이어야 적당하다. 어차피 바람소리나 작은북소리, 천둥소리 같은 효과음향이지 알아들으라고 하는 말이 아니기 때문이다. 마술사도 이런저런 이야기(이를테면 '이 몸이 해남 달마산 토굴에서 지네만 먹고 이십년, 계룡산 너럭바위에서 이슬만 먹고 삼십년…')를 풀어놓겠지만, 어차피 그의 한방은 모자 속에서 뿅! 하고 나타나는 토끼지, 명백하게 진위를 가릴 수 있는 주장과 이를 뒷받침하는 증거가 아니다. 반면에 과학자의 한방, 나아가 본분은 그런 주장과 증명이다. 모자 속에서 토끼를 수백 수천 마리 꺼내고 심지어 공룡을 꺼내더라도, 이 한방이 없으면, 어디 마술사 일자리를 알아봐야지, 과학자로 밥 벌어먹기는 글렀다고 봐야 한다.

거듭되는 말이지만, 내가 보기에 과학에서 계산이 중요한 것은 기본적으로 과학이 대화판이기 때문이다. 반면에 이진경이 근대 과학의 중심에 수학과 계산을 놓는 이유는 전혀 다르다. 그는 숫자와 계산에서 자본주의를 본다. 그에 따르면 "숫자와 계산은 비교할 수 없는 어떤 것들을 비교할 수 있게 하고, 전혀 다른 종류의 것들을 숫자들의 질서, 수학적인 질서(!) 속으로 끌어들인다. 이는 '자연의 수학화'와 비교해서 '사물의 수학화'라고 말할 수 있겠다. 이는 사물이 상품화되는 것이고… 자본주의의 역사가 그것이다."(『수학의 몽상』, 69쪽) 이진경은 수학화에서 상품화를 보며, 숫자에서 화폐를 본다. "모든 사물을 계산 가능한 관계 속으로 끌어들이는 화폐, 그 화폐가 만드는 계산 공간…"(같은 책, 137쪽) "… 안에서 모든 것을 지배하는 것은 바로 이 숫자—화폐—이다."(같은 책, 73~74쪽)

실로 대단하다. 이진경은 지금 근대적 과학-계산-자본주의를 엮는 신묘한 솜씨를 발휘하고 있다. 게다가 그가 보기에 "과학혁명"은 "신에게서 독립하려는… 근대철학자들에겐 등대불 같은 하나의 희망"(60쪽)이었고 "신에게서 벗어난 주체(인간)에게 가장 필요했던 것은 바로 이 과학"(같은 곳)이었으므로, 그의 신묘한 엮기는 근대철학과 그 주춧돌인 주체에까지 미쳐, 근대적 '주체-과학-계산-자본주의'라는 두름을 낳는다. 그러고보니 아까 그가 파우스트와 캘큘러스를 넌지시 동일시했던 것도 주체-과학-계산-자본주의가 본래적으로 띤 "악마적인" 색깔을 보여주기 위해서였던 듯하다.

이것은 뛰어난 통찰일까? 한편으로 나는 이 엮기에 상당한 정도로 동의할 수 있다. 과학과 계산 사이의 밀접한 관계에 대한 나의 견해는 이미 충분히 밝혔다. 또한 나는 주체와 과학 사이에도 뗄 수 없는 관계가 성립한다고 본다. 간단히 말해서, 근대적 주체의 본질은 대화이고, 그 대화의 한 모범이 바로 과학이기 때문이다. 또 계산과 자본주의도, 바탕에 대화를 깔지 않으면 둘 다 기괴한 짓거리가 된다는 점에서, 강하게 연결되어 있다고 할 수 있다.

계산은 대화를 위한 수단이거나 단순한 대화다. 심지어 혼자 계산할 때에도, 계산하는 사람은 자신과 대화하면서 다른 사람과의 대화를 준비한다. 자본주의 기업에서도 노조와 고용자 사이의 대화는 필수다. 이 대화가 없으면, 자본주의가 아니라 야만이다. 소비자와 판매자, 투자자와 경영자, 각종 계약의 쌍방 당사자 사이에서도 계산(회계)에 기초한 대화는 필수다. 그래서 회계장부를 가지고 장난을 치면, 적어도 투명한 계산과 대화에 기초한 자본주의가 뿌리내린 사회에서는, 아무리 큰 기업이라도 엄벌에 처해지지 않는가.

요컨대 근대적 주체-과학-계산-자본주에 항상 이미 대화가 숨결처럼 스며들어 있음을 전제한다면, 나는 하나같이 거대한 이 논제들을 이렇게 한 두름으로 엮는 것에 학자로서의 조심성을 무릅쓰고 과감히 동조하겠다. 그러나 이진경이 엮은 주체-과학-계산-자본주의 두름은 대화와는 상극에 가까워 보인다. 아무래도 그의 두름에는 '단절'과 '독단'과 '지배'라는 "악마적인" 원리가 스며들어 있는 듯하다. 그가 주체-과학-계산-자본주의를 맹렬히 비판하는 것은 아마도 이 때문이지 싶다.

그러나 과연 단절과 독단과 지배가 근대정신의 참모습일까?

'내가 보기에 무엇은 어떠하다'라고 말하는 사람이 당신의 눈에는 단절과 독단과 지배를 노리거나 누리는 놈으로 보이는가? 단절을 원하는 자는 아예 말을 안 할 테고, 독단하려는 자는 그냥 '무엇은 어떠하다'라고 단언하고 돌아설 것이며, 지배하려는 자는 '무엇은 어떠하다'라고 말하고 나서 상대가 대들면 온갖 수단으로 윽박지를 것이다. 이들은 구질구질하게 '내가 보기에'를 붙일 까닭이 없다. 근대인이란 '내가 보기에 무엇은 어떠하다'를 자기를 포함한 모든 각자의 진술이 공유한 기본틀로 여기는 사람이다. 이 기본틀은 '당신이 보기에는 어떠한가?'라는 질문을 항상 이미 품고 있다. 근대인은 단절자, 독단자, 지배자이기는커녕 오히려 대화를 향해 열린 개인이다.

대화판을 전제하지 않으면, 근대철학, 근대과학, 근대적 주체의 참모습을 이해할 수 없다고 나는 믿는다. 그런데 잘 보면, 이진경은 대화가 끼어들 여지를 철저히 봉쇄하면서 근대철학을 해석한다. 굴뚝청소부 주인공과 동료는 웬일인지 전혀 대화하지 않는다. 거울을 보는 '나'도 외톨이인 데다가 혼잣말이라도 하면 좋으련만 입도 뻥긋 안 한다. 큐피드(이진경의 "천사")가 비너스에게 하는 말("이게 네 얼굴이야.") 역시 진리 판정권을 독점한 "천사"의 일방적인 통보이므로 대화와 거리가 한참 멀다.

다음 절의 주제는 마지막 사례에서 두드러지는 진리 판정의 문제, 혹은 진리 "보증"의 딜레마다. 이 문제를 논하다보면, 이진경이 근대적 주체를 어떻게 이해하고 있는지, 또 그 이해가 나의 이해와 얼마나 다른지 잘 드러날 것이다. 그 다름의 드러남이 곧 보완이기를 바란다.

7

참 흥미롭게도 이진경은 근대적 주체가 처한 곤경을 진리 "보증"의 딜레마로 규정한다. 즉, 근대적 주체가 '진리에 도달할 길이 없다'는 것이 아니라 '자신이 진리에 도달했는지 아닌지 확인할 길이 없다'는 것이 치명적인 문제다. 그러면서 그는 "제3자"의 판정이 필요함을 거듭 강조한다. "어떤 절대적 존재로서 제3자가 없다면 양자[주체와 대상]의 일치(진리)를 보증할 수 없다는 것"(61쪽)이 문제다. 왜 굳이 진리 보증(사실상 진리 판정)을 중심으로 판을 짜는 것일까? 왜 '진리에 도달할 능력'을 문제삼는 것이 아니라 '진리에 도달했는지 확인할 능력'을 문제삼는 것일까?

나는 끙끙거리며 머리카락을 쥐어뜯고 끝내 연필까지 굴려가며 답안을 작성하여 제출하고 채점 통보를 기다리는 학생을 상상해본다. 운 좋게 정답을 맞혔다면, 이 학생은 진리에 도달하기는 했으나 진리에 도달했는지 아직 확인하지 못한 처지다. 그래서 조바심할 테고, 선생이 빨간 동그라미를 쳐줘야 비로소 '만세! 내가 진리에 도달했구나' 할 것이다. 진리의 판정권은 오로지 선생에게 있고, 학생은 선생이 손에 쥔 빨간펜의 궤적 하나에 울고 웃는다.

학생이 그 답안에 도달하기 위해 쏟은 진한 땀, 아! 누가 모르겠는가, 머리에 쥐가 나고 창자가 꼬이는 그 처절한 몸부림, 마침내 던진 건곤일척의 승부수는 한낱 물거품이다. 중요한 것은 오로지 빨간 동그라미, 심지어 선생이 무슨 생각으로 펜을 놀리는지조차 중요하지 않다. 무조건 빨간 동그라미가 그려지면 그것으로 끝, 학생은 외친다. '만세! 내가 진리에 도달했다!'

이진경은 이런 상황이 '진리'를 둘러싼 전형적인 맥락이라고 생각하는 것일까? 설마 그럴 리 없을 것이다. 아마도 그는, 진짜 진리와 그 맥락은 전혀 이렇지 않은데, 데카르트를 위시한 근대 철학이 이런 터무니없는 상황을 빚어냈다고 해석하는 것이리라. 정말로 그렇다면, 이진경의 접근법 자체가 부적절하다고 할 수밖에 없다. 알다시피 데카르트는 외부의 판정권자에게 기대지 않겠다는 굳은 다짐을 제일원리로 삼은 사람이 아닌가. 『방법서설』에 나오는 첫째 규칙을 보라.

첫째는 내가 명증적으로 참되다고 한 것 외에는 어떤 것도 참된 것으로 받아들이지 않을 것, 즉 속단과 편견을 조심하여 피할 것, 그리고 의심할 여지가 조금도 없을 정도로 아주 명석하게 또 아주 판명하게 내 정신에 나타나는 것 외에는 아무것도 내 판단 속에 넣지 않을 것.

(최명관 역, 『방법서설, 성찰, 데까르뜨연구』, 20쪽)

한마디로 무릇 진리 판정에 '내가 보기에'를 붙이겠다는 다짐이다. 이런 사람 앞에서 '당신에게는 제3의 판정권자가 필요해!'라고 지적하는 것은 해석도 아니고 비판도 아니고 그냥 딴 얘기다. 차라리 '당신의 방식으로는 진리에 도달할 수 없어!'라고 지적한다면, 이것은 그나마 들어볼 만한 비판일 수 있겠지만 말이다.

비유하건대 데카르트가 말하는 근대적 주체(위 인용문에서 '나', 곧 데카르트 자신)는 항상 이미 선생과 대등한 학생이다. 그런 학생이 세상에 어디 있냐고 묻고 싶다면, 주위를 둘러보라. 똘똘한 학생들은 자신의 답안이 확실한 정답인지 아닌지 스스로 알 때가 많다. 심지어 때로는 선생이 빨간색으로 사선을 쭉 긋더라도, 뭔가 착오가 있는 모양이라고 이의를 제기하면서, 나는 이러이러한 근거로 답안을 작성했다고 설명한다. 만약에 이런 학생의 능력을 문제삼고 싶다면 그냥 '진리에 도달할 능력'을 문제삼으면 된다. 굳이 '진리에 도달했는지 확인할 능력'을 따로 떼어서 문제삼을 필요가 없다.

요컨대 '진리에 도달할 능력'과 '진리에 도달했는지 확인할 능력'은 근대철학의 관점(근대정신)에서는 사실상 동의어다. 아주 옛날, 고대 그리스보다 더 옛날에는 사정이 달랐을 수 있다. 이른바

'진리'를 신진에, 신전에서도 가장 성스럽고 은밀한 곳에 모셔두고 오로지 최고위 성직자만 거기에 접근하던 시절이 있었다고 들었다. 그런 '진리'에는, 자격 없는 자가 그것을 보면 죽는다거나 성불구자가 된다거나 돌덩이로 변한다거나 아무튼 혹독한 벌을 받는다는 위협도 따라붙었다.

그 시절에 한 젊은이가 그믐밤을 틈타 신전에 잠입한다고 해보자. 쥐도 새도 성직자도 모르게 지성소의 휘장을 걷고 진리의 궤짝에 다가가 뚜껑을 연다고 해보자. 그는 무엇을 보게 될까? 먼지와 거미줄, 새까맣게 고여 있는 어둠, 쥐의 배설물과 좀벌레의 허물. 그리고 또 무엇이 있을까? 아무튼 그는 진리에 도달한 셈이고, 혹시라도 궤짝 안에 묵직한 물건이 있어서 움켜쥐었다면, 진리를 움켜쥐기까지 한 셈이다. 그러나 그는 자신이 정말로 진리에 도달했는지 확인할 길이 없다. 정말로 여기가 지성소인지, 이것이 진리의 궤짝인지, 혹시 이 물건이 아니라 오히려 먼지가 진리인 것은 아닌지 알 길이 없다.

이진경은 이런 유형의 '진리'를 진리의 전형으로, 혹은 근대적 진리로 생각하는 것일까? 나는 그가 이런 터무니없는 시대착오에 빠져 있을 리 없다고 믿는다. 하여 그가 굳이 '진리 확인 능력'을 문제삼는 것은, 제3의 판정권자를 게임에 끌어들이기 위한 사전 포석이라고밖에 이해할 길이 없다. 그러나 이 포석은 이미 말한 대로 부적절할뿐더러 어떤 의미에서는 데카르트와 근대철학의 뺨을 다짜고짜 후려갈기는 폭력에 가깝다.

근대철학에서 말하는 '주체'란 다른 무엇보다도 먼저 '진리의 판정권자'다. '주체', 곧 '자신을 나라고 부르는 모든 각자'가 진리를 판정할 능력을 동등하게 지녔다는 선언, 바로 이것이 근대정신이다. 혹시 당신은 이런 당당한 근대인으로 자처하려니, 당신이 범할 수도 있는 오류가 걱정되는가? 정신 차려라, 당신은 답안지를 제출한 학생이 아니다! 진리 판정의 권한과 책임을 짊어진 근대인이다! 무릇 진리주장은 얼마든지 틀릴 수 있다. 더 나아가 오류는 삶의 필수 영양분이다. 진리주장을 내놓고, 오류를 범하고, 수정하고, 다시 진리주장을 내놓으며 성장하는 주체—바로 이것이 근대인이다.

혹시 '모든 각자'가 진리의 판정권자라면, 세상이 아수라장이 될 것 같은가? 이른바 "유아론의 딜레마"(61쪽)가 발생할 것 같은가? 걱정 붙들어 매라. 우리 각자가 사용하는 언어는 항상 이미 개인의 것인 동시에 모두의 것이다. 바꿔 말해서 우리 각자는 항상 이미 대화중이다. 물리학계, 수학계, 생물학계를 보라. 민주사회를 보라. 참된 대화가 우리의 안팎에서 비록 힘겨울지라도 이미 작동하고 있다.

제3자의 보증을 들먹이는 무리수까지 두어가며 이진경이 진리의 문제에 천착하는 것은 아마도 데카르트의 실체이원론과 관련이 있는 듯하다. 두 가지 실체, 곧 정신과 육체(물체)가 별개로 존재한다는 견해 말이다. 이 실체존재론이 함축하는 정신과 육체 사이의 관계설정 문제가 진리의 문제에까지 미친다는 것이 이진경의 해석으로 보인다.

데카르트가 실체이원론자라는 지적은 백번 옳다. 그는 분명히 정신과 육체를 전혀 이질적인 두 실체로 규정했다. 그래서 데카르트에게는 정신과 육체 사이의 '상호작용'이 어떻게 가능한가라는 문제가 지독한 골칫거리가 되었다. 이른바 "심신문제"(mind-body problem)로 불리는 이 골칫거리는 오늘날의 뇌과학에서도 거론되며, 영어권에서는 숱한 철학자가 이 문제로 먹고산다. 그러니 굉장한 문제임에 틀림없다.

하지만 분명히 명토 박아두는데, 심신문제는 존재론의 문제, 더 정확히 말하면, '실체'라는 개념을 주춧돌로 삼은 실체존재론의 문제다. 그런데 이진경은 이 문제를 '진리의 문제'로 변주한다. "(인식)주체와 (인식)대상의 일치, 혹은 정신과 육체의 일치라는 문제…"(56쪽)를 언급할 때 그는 암묵적으로 주체/대상 문제와 정신/육체 문제를 동일시한다. 인식론(진리)의 문제와 존재론(실체)의 문제를 한 두름으로 엮는 것이다. 이것이 타당한 동일시이고 깊은 통찰이 배어 있는 엮기일까? 나는 전혀 아니라고 본다.

이 엮기 신공은 17세기 실체존재론을('실체'라는 개념을) 궁극의 기반으로 전제한 사람만이 구사할 수 있다. 무슨 이야기를 하든 어차피 우리는 실체에 대해 이야기하기 마련이고, 심지어 우리가 아무 이야기 안 해도 결국 존재하는 것은 실체-속성-양태이니, 실체를 맨 위에 놓고 그 아래에서 인식과 진리와 윤리와 기타 모든 것을 논해야 한다는 입장에 쏙 빠져들어간 사람만이 이런 전술을 구사할 수 있다. 요컨대 이진경은 17세기 실체존재론으로 데카르트의 철학 전체를 덮는다. 그럼으로써 혁명가 데카르트를 가리고, 근대정신을 가리고, '주체'를 말소한다.

내가 주목하는 것은 근대철학을 연 혁명가 데카르트지, 실체존재론에 매인 17세기 형이상학자 데카르트가 아니다. 혁명가 데카르트는 '관점', 곧 '내가 보기에'를 발견했다. 아니 더 정확히 말하면, '관점' 혹은 '관점들의 엇갈림'은 그의 시대에 이미 돌이킬 수 없는 현실이 되어 있었고(똑같은 신을 섬기는 개신교와 가톨릭이 전쟁을 벌일 정도였다) 혁명가는 이 현실을 끌어안는 철학이 필요함을 깨달았다.

그러나 17세기 형이상학자 데카르트는 그 '관점'을 "생각하는 놈"(res cogitans)으로 규정하는 어리석음을 범했다. 안타깝게도 부사구 '내가 보기에'를 '정신'이라는 명사로 대체하고 말았다. 이렇게 되면 "생각하는 놈"이 "공간을 차지한 놈"(res extensa)과 맞서는 구도가 짜인다. 더 나아가 양자가 각각 존재론적·인식론적 자족성을 갖춘 실체로 규정됨에 따라, '등 돌린 맞섬'이라고 할 만한 퍽 이상한 구도가 짜인다.

원래의 통찰은 무릇 '대상'에 항상 이미 '관점'이 스며들어 있다는 것이었다. 여기에서 두 항, 곧 '대상'과 '관점'은 이질적이다! 아마도 데카르트는 이 이질성을 감지했기 때문에 이원론을 고집했던 것 같다. 그러나 '관점'과 '대상'이 이질적인 것은 빛과, 빛 아래에서 모습을 드러낸 물체가 이질적인 것과 유사하다. 빛은 물체와 맞서지 않고 물체에 드리운다. 실제로 데카르트는 우리 각자가 동등하게 지닌 양식 혹은 이성을 "자연의 빛"으로 칭하기도 했다. 사실은 이 비유가 최선이었다. 양식 혹은 이성, 곧 '주체성'은 우리가 마주하는 모든 대상에 항상 이미 드리워진 '빛'이다. 이 '빛'과 대상을 마치 흰 바둑돌과 검은 바둑돌처럼 맞세운 것, 이것이 데카르트의 결정적 패착이었다.

그러나 무릇 혁명과 혁명가에게는 한계가 있기 마련이다. 코페르니쿠스는 태양 중심의 우주 모형을 구성해놓고도 겁이 많아 죽기 직전까지 발표를 미뤘고, 거의 100년이 지난 뒤에도 갈릴레이는 그 모형을 옹호한다는 이유로 종교재판에서 유죄판결을 받았으며 콜럼버스는 신대륙을 발견하고도 자기가 인도에 도착했다고 착각했다. 심지어 지지난 갑오년에 전주성을 점령했던 농민군은 본격적인 벼농사 철을 맞아 자진 해산했다. 아무리 난리가 났어도 농사꾼이 논을 놀릴 수는 없는 노릇이었던 것이다.

근대를 연 데카르트에게 근대의 완성까지 요구하는 것은 부당하다. '관점'의 작동에서 '주체'라는 놀라운 이중구조를 읽어내는 일, 더 나아가 이 구조를 모든 존재와 대상과 개념에 박아넣는 일,

다시 말해 '관점을 내장한 존재론' 곧 '주체존재론'을 세우는 일은 데카르트의 몫이 아니라 후배 철학자들의 몫이다. 근대는 아직 완성되지 않았다.

우리말에서는 '근대'와 '현대'를 구분하고, 어떤 이들은 근대 너머의 탈근대를 소리 높여 외치지만, 나에게 근대철학은 아직 그 잠재력을 충분히 펼치지 못한 악기와도 같다. 수백년 된 바이올린으로도 윤이상을 연주하는 데 아무 지장이 없다. 더구나 그 바이올린이 스트라디바리우스라면, 혹은 "양식은 세상에서 가장 공평하게 분배되어 있는 것이다"라는 투박한 선언이 결국 철학의 시작이요 끝이라면, 이름도 생김새도 요상한 최신식 악기들에 매혹되는 것이 도리어 어리석은 짓일 수 있다.

중요한 것은 음악이다. 내가 보기에 이진경은 근대철학이라는 악기에 애당초 애정이 없었던 것 같다. 언젠가부터 그의 애정은 '근대 너머'의 악기와 음악에 꽂힌 듯하다. 그는 근대철학으로 아름다운 음악을 연주하기는커녕 주로 근대철학의 문제, 한계, 약점 같은 부정적인 면을 부각시키는데, 그마저도 내가 보기에는 현악기의 울림통을 두드리면서 이것이 타악기로서 영 신통치 않다고 지적하는 격이다. 하지만 그 자신이 사랑하는 근대 너머의 악기로는 이진경도 아주 좋은 음악을 연주하리라 믿는다. 나의 연주는 지금까지 충분히 들려준 셈이지만, 그 뼈대를 한참 앞에서 내가 요약한 이진경의 세 가지 해석과 비교하며 나열하면 아래와 같다. 1)', 2)', 3)'이 나의 해석이다.

 1) 근대철학은 주체를 신으로부터 분리함으로써 성립했다.

 1)' 근대철학은 주체를, 곧 '자기를 나라고 부르는 모든 각자'를 진리의 판정권자로 삼음으로써 성립했다.

 2) 근대적 주체는 대상으로부터도 분리되었다.

 2)' 근대적 주체는 대상과 거기에 스며들어 있는 자기 자신으로부터 거리를 둔다. 즉 '관점'을 의식한다.

 3) 이렇게 이중으로 분리된 주체는, 제3자의 판정이 없는 한, 자신의 앎이 진리인지 확인할 길이 없다.

 3)' 근대적 주체는 대화한다.

이어지는 마지막 절은 일종의 부록이지만 결코 사소하지 않다.

8

이제 '분리된 주체' '대상' '진리' '진리 보증' 같은 엄청난 개념들은 구석으로 밀어놓자. '관점' '주체 이중구조' '대화' "자연의 빛" 같은 더 엄청난 개념들도 제쳐두자. 그런 개념들 없이도 이진경과 나의 차이를 분명하게 보여줄 수 있다. 이진경의 근대를 대표하는 것은 자본주의인 반면, 나의 근대를 대표하는 것은 민주주의다.

내가 근대인으로 자처할 때 속으로 읊조리는 것은 이런 문장들이다. "모든 사람은 태어나면서부터 자유롭고, 존엄과 권리에 있어 평등하다. 모든 사람은 이성과 양심을 타고났으며 서로 동포의 정신으로 행동하여야 한다."(세계인권선언 1조, 조효제 역) "대한민국은 민주공화국이다. 대한민국의 주권은 국민에게 있고, 모든 권력은 국민으로부터 나온다."(대한민국헌법 1조)

내가 촌스러운가? 이런 이데올로기를 곧이곧대로 믿다니, 근대의 교묘한 통제에 길들여져 추악한 진실을 못 보는가? 단언하건대 나는 다음과 같이 말하는 데카르트와 함께 기꺼이 촌놈이고 싶다. "나로서는 내 정신이 보통 사람의 정신보다 어떤 점에서나 더 완전하다고 주제넘게 생각해본 적은 한번도 없다."(『방법서설, 성찰, 데까르뜨연구』, 10쪽)

나는 오늘의 민주주의가 완벽하다고 생각하지 않는다. 오히려 정반대다. 이 땅에서는 민주주의가 아직 번성하지 못했다고 생각한다. 그러나 민주주의에 근본적인 문제가 내재한다고는 생각하지 않는다. 이를테면 우리는 민주주의의 꽃인 선거가 본래의 뜻에 더 적합하게 실현될 수 있도록 제도를 개선하고 법을 개정하기 위해 노력해야 한다. 대의민주주의의 한계를 지적해야 하고 이를 보완하기 위한 대책도 마련해야 한다. 소선거구제를 혁파해야 하고, 비례대표도 대폭 늘려야 한다. 그러나 나는 선거제도 자체, 대의민주주의 자체를 거부하는 입장에는 동조하지 않는다.

이진경은 "근대사회로선 피할 수 없는 딜레마"(『맑스주의와 근대성』, 137쪽)를 지적한다. 그것은 "통제와 자유가, 사회적 질서와 그 근거인 개인의 자유로운 의지가 서로 이율배반에 빠지는 것이고, 그중 어느 하나만을 선택할 수 없다는 딜레마"(같은 곳)다. 간단히 말해서 "자유로운 개인에 기초하면서 동시에 사회적 질서가 유지되어야 한다는 딜레마"(같은 곳)다. 그에 따르면, 이 딜레마를 해결하기 위한 "근대적 전략은 '지배자 없는 지배'라는 역설로 요약할 수"(같은 곳) 있다. "즉 사람들이…. 자발적인 복종을 '이성에 따른 행동'으로 간주한다면… 이율배반에서 벗어날 수 있으리라는 것이다."(같은 곳) 암울하기 그지없는, 그런데 이상하게도 소위 지식인들 사이에서는 꽤 인기가 있는 시나리오다. 급기야 이진경은 선거에 대해서도 "'전체'의 이름으로 다수에 대한 소수의 복종을 요구하는 대표적 제도인 선거"(『뻔뻔한 시대, 한줌의 정치』, 10쪽)라고 일갈한다.

나는 이진경이 말하는 딜레마 따위는 존재하지 않는다고 본다. 다만 "자유로운 개인에 기초하면서 동시에 사회적 질서가 유지되어야 한다는" '과제'가 우리 앞에 놓여 있을 뿐이다. 인류는 이 과제의 해결을 위해 애쓰며 진보해왔다. 물론 어려운 과제다. 하지만 세상에 쉬운 일이 어디 있나?

이진경은 굳이 지배와 복종의 도식으로 근대사회를 재단하려하는데, 왜 그러는지 모르겠다. 동등한 주권자들의 공동체, 우리가 스스로 정하고 따르는 규칙과 제도와 법은 정녕 허상일까? 뛰어봐야 벼룩이라는 말처럼, 자유니 평등이니 아무리 떠들어도, 결국 '자본주의' 아래서는 오로지 "자발적인 복종"과 "지배자 없는 지배"만이 진실일까? 오히려 모든 각자가 주체로서 참여하는 대화가 '자본주의'를 제어할 수는 없을까?

그냥 간단히 내 입장을 밝히는 것으로 마무리하겠다. 나는 동등한 주권자들의 공동체, 곧 민주공화국의 현실성을 믿는다. 영화「변호인」에서 송강호가 연기한 주인공이 터무니없는 야만의 법정에서 대한민국헌법 1조 2항을 읊고 "국가란 국민입니다!"라고 개뿔도 모르고 외칠 때, 조금 유치하게도 나는 눈물이 찔끔 났다.

나는 국가이고 싶다. 세상을 둘러보며 이것이 내가 원한 세상이라고 말하고 싶다. 아니, 책임있는 주체로서 그렇게 말할 수 있어야 한다고 느낀다. 지금은 차마 아니더라도 언젠가는, 이 사회를 나와 동지들이 일궜다고 말할 수 있어야 한다고 느낀다. 그래서 열심히, 악착같이 선거에 참여할 것이다. 선거는 공적인 대화의 꽃이고, 나는 대화를 본분으로 끌어안은 근대인이기 때문이다.

3

무릇 하나임은
맞선 둘의 얽힘이다

김상환의 『철학과 인문적 상상력』에 담긴
헤겔철학 해석을 비판함

1

김우창의 저서 『궁핍한 시대의 시인』(1977)의 1부는 식민지시대의 작가들, 특히 한용운과 윤동주를 다룬다. 직접 체험하지 않았으나, 많은 사람들이 그 시대를 얼마나 암울하게 재구성하는지 생각하면, "궁핍한 시대"라는 표현을 거부하기 어렵다. 아마 저자는 이 표현을 독일 시인 횔덜린에게서 빌려왔을 것이다. "궁핍한 시대에 시인은 무엇을 위하여"(wozu Dichter in dürftiger Zeit)라는 유명한 구절이 그의 시 「빵과 포도주」(Brod und Wein)에 나온다. 시인으로 하여금 자신의 존재 의미마저 회의하게 한 그 "궁핍한 시대"는 1800년경이다. 당시 독일 땅은 비록 혼란스러웠지만 오래된 나라를 잃은 것도 아니요 오히려 곳곳에서 새로움이 움트는 중이었는데, 웬일인지 시인에게는 그 시대가 궁핍했던 모양이다.

　김우창의 책은 캄캄한 유신시대에 나왔다. 역시 궁핍한 시대? 아니나 다를까, 저자는 한용운의 시를 찬양하며 이렇게 말한다. "한용운의 시는 우리 현대사의 초반뿐만 아니라 오늘의 시대까지를 포함한 '궁핍한 시대'에서 아직껏 가장 대표적인 국화꽃으로 남아 있다."(147쪽) 젊은 김우창에게 당대는 궁핍했다. "궁핍한 시대의 시인"은 누구보다 먼저 그 자신이었다. 이것이 그가 식민지시대의 작가들을 호출한 주요 이유 중 하나로 보인다. 정신분석에서 말하는 투사가 일어난 셈이다.

　그러나 식민지시대의 작가들이 스스로를 "궁핍한 시대의 시인"으로 자리매김했을지는 모르는 일이다. 그저 짐작이지만, 다른 사람은 몰라도 한용운만큼은 그러지 않았을 성싶다. 당면한 시대에 자신을 던지는 사람에게 시대는 굴레라기보다 터전이다. 던져서 깨지고 주섬주섬 거두고 또 던지기를 몇번 반복하고 나면, 시대는 곧 '나'다. 농부는 절대로 땅을 탓하지 않는다. 한용운은 당대를 할 일이 아주 많은 시대로 보았을 가능성이 높다.

　젊은 김우창(당시 40세)과 횔덜린(당시 30세)이 "궁핍한 시대의 시인"으로 자신을 규정하는 모습을 흥미롭게 바라보며 나는 "비장한 수난자"(『궁핍한 시대의 시인』, 192쪽)의 이미지를 떠올린다. 이들 각자의 시대가 객관적으로 어떠했냐와 별개로, 중요한 것은 이들이 자신을 소개하면서 말하자면 난민촌에서 찍은 사진을 내민다는 점이다. 이런 자기규정의 바탕에는 어떤 마음가짐이 깔려 있을까? 그 마음가짐은 세상과 자기 자신을 대하는 모종의 태도일 텐데, 이것은 사람다움이나 지식인다움과 어떤 관계가 있을까? 질경질경 곱씹어볼 문제다.

휠덜린에게는 헤겔이라는 친구가 있었다. 이 친구는 휠덜린의 언어감각이나 또다른 친구 셸링의 명민함과는 영 인연이 없었지만 대신에 집요한 곱씹기의 달인이었다. 사라져버린 고대 그리스의 아름다움을 동경하며 창백하게 말라가는 휠덜린을 곁에서 보며 헤겔은 짜증도 나고 애처로움도 느끼다 아주 가끔은 덩달아 슬프기도 했으련만, 끝까지 냉정한 분석을 추구했다. '휠덜린은 어떤 태도로 세계를 대하는 것일까?' '자기와 세계의 관계를 어떻게 규정하는 것일까?' 헤겔은 냉정하다 못해 냉혹했다. 휠덜린은 극심한 불행을 호소하지만 어쩌면 그 불행을 애써 움켜쥐고서 어떤 특이한 단물을 빼는 것은 아닐까? 황금시대를 한참 지나 점점 더 타락해가는 세상에서 어쩔 수 없이 홀로 순결하게 고립된 학(鶴)인 양 굴지만, 혹시 그 더럽다는 세상과 은밀히 내통하고 있는 것은 아닐까?

『정신현상학』에서 헤겔은 사람이 세상과 자기 자신을 어떻게 대하느냐를 기준으로 삼아 갖가지 인물을 등장시키고 분석하는데, 그 내용이 시종일관 충격적이다. 겉과 속은 물론 처음과 끝이 같은 놈이 하나도 없다. 난해하기로 악명 높은 책이지만 '진실은 충격적이다'라는 교훈을 첫인상으로 얻었다면 『정신현상학』을 제대로 읽은 것이다. 헤겔의 서술 속에서 모든 인물("의식 Bewusstsein")은 이른바 "경험"을 하는데, 이 "경험"이라는 것이 당사자에게는 치명적인 외상에 가깝다. 자신이 아버지를 죽이고 어머니와 결혼했음을 깨달았을 때 오이디푸스가 빠졌을 공황의 깊이를 상상해보라. 헤겔이 다루는 인물들이 예외없이 빠지는 충격이 그 수준이다.

『정신현상학』에 김우창이 등장할 리야 없지만, 혹시 횔덜린이나 "궁핍한 시대의 시인"은 등장하지 않을까 기대해볼 만도 한데 아쉽게도 명시적으로 등장하지는 않는다. 그러나 해석을 가미해도 된다면, "궁핍한 시대의 시인"을 연상시키는 인물들을 지적할 수는 있다. 이른바 "불행한 의식"(『정신현상학』 4장 B절; 이하 같은 책은 4-B와 같이 장과 절로 표기)과 "아름다운 영혼"(6-C-c)이 그들이다. 상식 수준에서 봐도 그럴싸하지 않은가? 불행과 아름다움은 척박한 현실 속의 시인과 잘 어울릴 성싶다. 헤겔의 서술에서도 그렇다. 다만, 냉혹한 헤겔은 시인의 향기에서 또한 악취를 맡는다. "궁핍한 시대의 시인"을 곱씹으려는 사람은 저 두 인물이 무엇을 경험하는지 참조할 만하다. 당연히 그들의 경험도 순탄할 리 없다. 그들은 스스로 내세우고 수호하는 자기규정이 깡그리 무너지는 것을 경험한다.

김상환의 저서 『철학과 인문적 상상력』(2012)을 다루는 글의 첫 머리에서 『궁핍한 시대의 시인』과 『정신현상학』을 꽤나 장황하게 거론한 것은 두 가지 이유 때문이다. 첫째, 내가 김상환의 책에서 가장 주목하는 알맹이는 지금 여기에 사는 한 인문학자의 자기규정이다. 그는 "인문적 주체"(『철학과 인문적 상상력』, 109쪽 외, 이하 같은 책은 쪽수만 표기) 또는 "인문학자"(108쪽 외)란 어떤 인물인지 밝히고자 한다. 텔레비전 인기 프로그램 『나는 가수다』에 출연한 가수처럼 '나는 인문학자다'라고 선언하고 구체적인 내용으로 이 선언을 채우고자 하는 것이다. 둘째, 김상환은 인문적 주체를 『정신현상학』에 등장하는 세 인물, "불행한 의식" "성실한 의식"(5-C-a), "아름다운 영혼"의 조합으로 규정한다. 요컨대 내가 읽은 김상환의 책은 지금 여기에서 불행과 성실과 아름다움을 자처하는 한 영혼이 인문학자라는 직함을 걸고 쓴 자기고백서다.

　그런데 나는 그의 자기규정에서 오래 묵은 한국적 지식인의 체취를 맡았다. 궁핍한 시대의 건너편에서 겉도는 유학생의 체취. 식민지시대, 피난시대, 개발독재시대의 반대 짝으로서 절묘한 조화를 이뤄온 무력한 지식인의 체취.

　물론 약간 변이가 있기는 하다. 김상환은 현재를 "위대한 개혁을 기다리는 과도기… 대과(大過)의 시대"(183쪽)로 규정한다. 암울한 시기, "궁핍한 시대"와는 꽤 달라 보인다. 게다가 "불행한 의식"이나 "아름다운 영혼"과는 성격이 사뭇 다른 "성실한 의식"이 자기규정의 한 축으로 들어간 덕분에, 김상환의 인문적 주체는 나름대로 낙관과 의욕을 지녔다. 그러나 "대과의 시대"도 과도기이기에 영속적 터전일 수 없다는 점에서 "궁핍한 시대"를 닮았으며, 김상환의 최신형 인문적 주체 역시 세계로부터 자신을 떼어내기('나-세계 분열')를 자기규정의 핵으로 삼는다는 점에서 오랜 전통의 중력장 안에 있다.

김상환의 "인문적 주체는 타인이나 외적 현실에 충실하기보다 철저히 자기 자신에게 충실한 인간"(359쪽) "자기관계에 충실하되 대타관계에는 취약하다는 약점을 지닌… 특이체질의 인간"(437쪽) "자기 자신에 충실하고 정직한 나머지 기만에 빠지는… 유아론(唯我論)적 주체"(108쪽)다. 얼핏 자기비하로 들리지만, 김상환의 본뜻은 오히려 자기찬양에 있음을 이어지는 신비로운 반전의 주장에서 알 수 있다. "한 사회가… 추구해야 할 최후의 가치와 이상 등은 자신 안으로 잠수하여 극단적인 사고를 추구하는 이런 특이체질의 주체들 사이에서 비로소 예감될 수 있다."(404쪽) "인문학자는… 자신의 내면으로 잠수하는 주체다. 한 공동체가… 구조화되고… 조직화되는 원점은 그런 광적인 잠수의 경쟁 속에서만… 형성될 수 있다."(109쪽) "인문적 주체는 비사회성의 극치에서 사회성의 가능성을, 고립의 극치에서 소통의 가능성을 여는 역설적 주체다."(109쪽)

그렇다면 "자신의 내면으로 잠수한다"는 말은 무슨 뜻일까? 주체는 늘 타자를 상대하기 마련이므로, 내면으로의 잠수는 타자에 대한 특정 태도를 동반할 수밖에 없다. 쉽게 떠오르는 것은 타자와의 관계를 적극적으로 부정하는 태도다. 자신에게 충실하다보니 자연스럽게 타자와의 관계가 소원해진다는 식의 말들을 하지만, 자신에의 충실과 타자관계의 부정이 처음부터 동시에 발생한다고 보는 편이 훨씬 더 현실적이다. 내가 보기에 김상환의 "유아론적 주체"는 전혀 유아론적이지 않다. 그의 주체는 타자, 곧 세계(동물에게 세계는 자연환경이겠지만, 인간에게 세계는 일차적으로 지금 여기에서 같은 언어를 사용하는 타인들이다)를 적극적인 부정의 방식으로 상대하는 주체다. 관계 부인, 외면, 멀리 떠남 등의 방식을 생각해볼 수 있겠다.

이런 주체가 어떤 "경험"을 하게 되는지, 바꿔 말해 이런 주체의 진실이 무엇인지는 『정신현상학』 등을 참조하면서 꼼꼼히 분석해볼 문제일 텐데, 일단 김상환은 놀라운 긍정적 반전을 이야기한다. "인문학자"로 명명된 그의 "유아론적 주체"가 "고립의 극치에서 소통의 가능성을" 연다는 것이다. 처음에는 소통이 없었는데, 고립이 깊어지니 비로소 소통이 가능해진다? 나는 '관계 부정은 이미 적극적인 소통이다'라는 당연한 말로 이 극적인 반전의 주장을 일축하겠다. 불자라면 『반야심경』을 떠올릴지 모르겠지만, 애당초 고립도 없고 느닷없이 소통의 가능성이 열리는 일도 없다. 소통은 항상 이미 있다. 주체 자신이 아무리 부정하더라도, 무릇 주체는 곧 소통이다. 어떤 특별한("특이체질의") 자들이 고립의 극치에서 소통의 가능성을 열고 공동체의 기반을 마련한다는 얘기는 잠꼬대 같은 소리, 공상(空相)의 극치다.

김상환의 "유아론적 주체"가 "역설적 주체"인 것은 맞다. 그러나 그 이유는 이 주체가 놀라운 긍정적 반전을 비로소 일으키기 때문이 아니다. 오히려 이 주체가 항상 이미 작동하는 진실을 가리려다가 본의 아니게 누설하기 때문이다. 마치 달을 가리려는 구름이 달을 더 도드라지게 하는 것과 같다.

"자신의 내면으로 잠수한다"는 김상환의 주체에서 내가 식민지시대 "책상 도련님"(염상섭, 『만세전』)의 체취를 맡은 것은, 나 자신이 그 체취에 아주 익숙하기 때문일 가능성이 높다. 향기 같기도 하고 악취 같기도 한 그것은, 이 땅의 대다수 지식인과 마찬가지로 유학(留學)을 근본체험으로 겪은 나 자신에게서도 난다. 김상환의 『철학과 인문적 상상력』에서 그 냄새를 맡았다고 느낀 순간, 게다가 그 냄새가 그의 헤겔철학 해석에도 배어 있다는 생각마저 든 순간, 이 글을 쓸 의욕이 나의 추한 영혼에서 불끈 솟아났다(이 절의 문제제기와 곧장 연결되는 논의는 8절부터 시작된다. 다음 절부터 7절까지는 김상환의 헤겔 해석에 대한 비판이 주요 내용인데 매우 추상적이어서 충분히 이해하려면 상당한 주의집중이 필요할 성싶다).

2

일찍부터 왕성하고 독창적인 글쓰기로 학계와 문단을 넘나들며 활약해온 철학자 김상환이 10여 년에 걸쳐 완성한『철학과 인문적 상상력』은 만만하게 요약하고 비판할 작품이 결코 아니다. 본격적인 학술논문 16편을 모은 이 책은 600쪽에 가까운 분량도 버겁지만, 다루는 내용의 폭 역시 유례를 찾기 어렵다.

『주역』의 "대과(大過)" 괘를 논하는가 하면(183쪽 외) 한때를 풍미한 올드팝「스탠드 바이 유어 맨」(Stand by Your Man, 11쪽)에서는 인문학의 본질을 읽어낸다. 전문 철학자답게 들뢰즈의 사상을 "과격한 질료주의"(168쪽)로 해설하고 헤겔의 "성실한 의식"(340쪽)을 꼼꼼히 분석하는 한편, 신선하고 발랄하게 동요 "낮에 놀다 두고 온 나뭇잎배"(15쪽)나 "엄마, 엄마, 이리와, 요것 보셔요"(301쪽)를 심오한 철학적 텍스트로 추어올리기도 한다.

김상환은 온갖 경계에 아랑곳없이 동서고금을 두루 노니는 것도 모자라, 엄숙한 학계와 속된 세상 사이의 장벽마저 훌쩍 뛰어넘는다. 게다가 마지막 장은 지금 여기에서 한국 고유의 철학을 모색하는 박동환에게 할애한다. 서양철학에 매몰된 단계, 서양철학과 동양철학을 비교하는 단계를 넘어, 우리 곁에서 우리답게 철학하는 단계로 나아가겠다는 참한 의지가 엿보이는 대목이다. 한마디로 김상환은 철학판을 한바탕 대차게 휘젓기로 작정한 기색이다. '이 사람 전공이 뭐야?' 그를 처음 접한 독자라면 절로 품을 만한 의문이다.

전문화 시대에 안 그런 곳이 있겠느냐만, 오늘날 철학판의 불문율은 할거(割據)다. 각자 울타리를 두르고 한줌의 자기편과 함께 제 구역에 머문다. 동양철학과 서양철학이 갈릴뿐더러, 서양에서도 고대, 중세, 근대, 현대 철학이 갈리고, 프랑스, 독일, 영미 철학이 갈린다. 갈라진 채로 서로의 전문성을, 외면과 침묵으로 존중한다. 모르긴 해도, 이른바 독일철학 전문가 중에는 프랑스에서 박사학위를 받은 김상환이 칸트와 헤겔을 논한다는 것 자체가 마뜩지 않은 분도 꽤 있으리라 짐작한다. 칸트 전문가와 헤겔 전문가도 서로 말 섞기를 꺼리는 세태에서 김상환의 과감한 시도는 일종의 도발일 수 있다.

반대로 『정신현상학』의 흥미로운 대목들을 상당히 세부적인 수준까지 풀어헤쳐 공론장에 내놓은 김상환이 참 반갑고 고맙기까지 한 사람도 많을 것이다. 그가 헤겔을 얼마나 많이 언급하는지는 인명색인(590쪽)에서도 쉽게 알 수 있다. 언급 횟수에서 데리다, 칸트, 하이데거, 들뢰즈, 니체, 데카르트가 2위권을 형성하는데 반해 헤겔은 이들을 월등히 앞질러 단독 1위다. 게다가 책의 부제는 "헤겔 만가(輓歌)", 3부의 부제는 "헤겔의 추억"이다. 헤겔을 빌미삼아 사람들과 대화하고 싶은 나에게 이 책은 가히 선물이다. 고마울 따름이다. 지루한 탐색전만 이어지는 권투시합, 양쪽 다 꼼짝 않고 버티는 씨름판, 대체 뭐하자는 판인지 도통 모르겠는 할거의 국면에서 상대에게 긍정으로든 부정으로든 반응할 기회를 베풀었다는 점에서 『철학과 인문적 상상력』의 저자는 보살이나 다름없다. 모름지기 선물은 냉큼 받는 것이 도리다.

그런데 반응하기가 겁난다는 점이 문제다. 오해라지 마라, 내가 한 글자도 모르는 『주역』을 줄줄 읊는 김상환의 박식함 앞에 주눅이 들어서가 아니라, 내가 조금 안다고 자부하는 헤겔 때문이다. 난해하기로 악명 높은 헤겔의 글은 마치 프랙털 같다. 복잡함을 덜어보려고 배율을 높여 세부로 내려가도 여전히 미로가 펼쳐진다. 한 문장 안에도 아흔아홉 구비가 있다면 좀 과장이지만 심한 과장은 아니다. 이쪽인지 저쪽인지 양단간에 판단이 안 설 때가 허다하다. 남쪽으로 가는구나 하면 북쪽으로 가고, 찬양이로구나 하면 조롱이다. 아차, 조롱이로구나 하면 다시 연민이요 찬사다. 누구나 헤겔을 자기편으로 착각하기에 딱 좋다. '헤겔주의자 모이시오' 하기에 옳거니 하고 달려가면, 당신의 철천지원수가 벌써 와서 황당한 표정으로 당신을 맞이할 가능성이 높다. 아니, 연륜깨나 있는 헤겔주의자들이라면, 당신이나 그 원수나 이미 예상했기에 태연할 것이다.

사정이 이렇다보니 헤겔을 입에 올린다는 것, 특히 『정신현상학』을 세부적으로 해석한다는 것은 몹시 부담스러운 일이다. 심지어 헤겔 본인에게도 부담스럽지 않을까 짐작한다. 무슨 말이냐면, 『정신현상학』의 어느 한 대목을 뚝 떼어다가 헤겔의 코앞에 들이대고 설명해달라고 하면, 헤겔은 한참 고민한 끝에 몇마디 버벅거리다가 '그냥, 스스로 이해하시면 안 될까요?' 하며 난색을 표할 것 같다. 헤겔철학을 설명하느니 차라리 직접 하는 편이 더 수월할 성싶다는 얘기다. 헤겔을 알면 알수록 더 그렇다. 누구보다도 해석자 자신이 제일 잘 안다. 알량한 지식은 순식간에 바닥을 드러내고, 전문가의 우아한 활공이나 유영은커녕 횡설수설의 진창에서 허우적거리는 올챙이 한 마리만 남으리라는 것을.

3

솔직히 나는 헤겔을 언급하고 본전 찾는 사람을 거의 못 봤는데, 김상환도 예외가 아니다. 그의 헤겔 해석은 지나치게 '합일'과 '존재'를 향해 기울어 있다. 의식에 선행하는 존재, 주체에 선행하는 사회질서, 이항대립을 해소하는 "제3의 항"(152, 431쪽 외) 따위를 거듭 강조하는데, 이런 해석 방향은 아무리 좋게 봐도 가장자리로 치우쳤다. 왜냐하면 의식, 주체, 이항대립, 그리고 이항대립의 본질인 '부정성'이 헤겔철학에서 갖는 의미를 희석하기 때문이다.

　'부정성'은 헤겔철학의 생명과도 같다. 그런데 김상환은 '부정성'을 몹시 희석함으로써 헤겔을 칸트 이전에나 있을 법한 독단적 존재론자로, 혹은 부엉이와 사슴과 더불어 밤새 숲속을 헤매며 "세계영혼"(Weltseele)을 부둥켜안고 뒹구는 신비주의적 낭만주의자로 몰아가는 경향이 있다. 문제보다 해답에, 모순보다 모순의 해소에, 싸움보다 화해에 방점을 찍는 그는 근시안적 헤겔 추종자들을 강하게 연상시킨다. 지나친 호의가 오히려 왜곡을 불러오는 경우라 하겠다.

　특히 이항대립에 대한 헤겔의 태도를 어떻게 이해하느냐가 중요하다. 김상환은 "극복"에 방점을 찍는다. 그가 보기에 "횔덜린, 셸링, 헤겔의 철학적 우정과 경쟁을 촉발한 뜨거운 문제[는]… 주객 대립을 비롯한 모든 이론적 이항대립을 극복하는 문제"(156쪽)였다. "극복"이란 정확히 무슨 뜻일까? "모순은 이런 이행의 운동을 낳으면서 해소된다"(313쪽)와 같은 문장에서 보듯이, 김상환이 말하는 "극복"은 "해소"와 맥이 닿는다. 사실 이런 해석은 김상환만의 것이 아니라 압도적인 대세다. 헤겔을 조금 안다고 자부하는 사람은 거의 누구나 이항대립의 극복, 모순의 해소를 운운한다.

　그러나 성숙한(『정신현상학』으로 자신의 성숙을 알린) 헤겔이 이항대립을 앞에 놓고 하려는 일은 더도 덜도 아니라 '더 깊이 이해하기'다. 그는 이항대립을 떠날 생각이 없다. 오히려 헤겔이 문제삼는 것은 한편으로는 이항대립에 대한 (칸트의 정신은 빼먹고 문자만 계승한 이들의) 무기력한 이해, 다른 한편으로는 이항대립을 훌쩍 뛰어넘겠다는 낭만주의적 포부의 허망함이다. 더구나 헤겔은 전자보다 후자를 훨씬 더 모질게 공격한다.

물론 김상환이 말하는 "극복"에도 '이해'의 의미가 들어 있는 것으로 보인다. 예컨대 그는 "이항대립의 발생과 분화 자체를 설명하는 상위의 논리를 수립"하는 것이 "독일관념론의… '유일한 관심'"이었다고 본다(157쪽). 그러나 관건은 그 "상위의 논리"가 어떤 모습이냐는 것이다. 좁혀 말하면, 그 논리가 이항대립을 벗어나느냐가 문제다. 나는 그 어떤 논리도 이항대립을 벗어날 가능성도 없고 필요도 없다고 보며, 헤겔이 이 사실을 누구보다도 잘 안다고 해석한다. 거듭되는 말이지만, 헤겔은 이항대립을 벗어날 생각이 없다. "이항대립의 발생과 분화 자체를 설명하는 상위의 논리"라는 김상환의 표현에 빗대어 설명하면, 헤겔의 논리학은 '항상 이미 있는 이항대립의 운동(삶)을 서술하는 학문'이다. 근원적인 이항대립의 자기표현을 슬픔도 기쁨도 없이 묵묵히 바라보기—바로 이것이 철학자로서 헤겔이 취하는 태도다. 어떤 단순한 놈(이를테면 횔덜린이 갈구한 "존재")에 기대어 이항대립을 극복하거나 설명하려는 것은 결코 헤겔적인 태도가 아니다. 오히려 이항대립을 고스란히 끌어안는 편이 헤겔답다.

헤겔철학에서 이항대립이 어떤 취급을 받느냐 하는 문제는 '부정성'과 '주체'의 지위가 어떠하냐 하는 문제와 직결된다. 김상환은 방금 언급한 대목에 이어 이런 괄목할 만한 해석을 내놓는다.

  "이런[상위의 논리를 수립하려는] 사변적 전회는… 의미의 구성이나 발생의 원천을 주체에서 찾기를 포기한다는 것과 같다." (157쪽)

김상환이 "독일관념론"의 대표자로 셸링을 염두에 두고 이런 해석을 내놓는 것이라면 그나마 다퉈볼 여지가 있겠지만, 혹시라도 헤겔철학에 대해서 하는 말이라면, 이것은 도를 넘어도 한참 넘은 해석이다.

  헤겔에게 '주체'는 '진실' 혹은 '전체'와 같다. 『정신현상학』과 『대논리학』은 처음부터 끝까지 오로지 주체의 삶을 서술한다. 주체의 삶이 전부이며, 그 바깥은 없다. 아니, '바깥은 없다'는 말이 답답함을 불러일으킬 위험이 있으니, '바깥은 따로 없다'는 표현이 더 적절하겠다.

  놀랍게도 헤겔은 주체의 정수를 '부정성'으로 설정함으로써(주체란 타자를 거두듯이 자신을 거두고, 자신을 거두듯이 타자를 거두는 놈이라고 정의함으로써), 애당초 바깥을 주체의 한복판에 심어놓았다. 처음부터 외부는 내부에, 너머는 여기에 있다. 이항대립이 발생하기 이전의 단순한 '하나'는 없다. 아니 정확히 말하면, 그런 '하나'는 따로 없고 지금 여기에, 자기표현을 끝없이 이어가는 이항대립으로서 있다. 마찬가지로 의식 이전의 존재는 따로 없고 의식 안에 깃들어 있다. 주체의 원천은 주체 안에 거둬져 있다. 누구나 알다시피, 헤겔은 관념론자다!

헤겔이 "원천을 주체에서 찾기를 포기"하고 어딘가 다른 데를 물색했다는 말을 헤겔 본인이 들으면, 말도 안 되는 왜곡이라면서 펄펄 뛸까? 천만에, 헤겔은 속이 보통 넓은 사람이 아니다. 그에게는 모든 다른 데가 어차피 주체의 내부이므로, 이 말을 들으면, 그 자신이 원천을 찾아 주체의 중심으로, 중심에 자리잡은 '부정성'과 그것의 정태적 표현인 '이항대립'을 향해 나아갔다는 뜻으로 이해하고 고개를 끄덕일 것이다.

해석이라는 것이 다 그렇듯이 김상환의 헤겔 해석에도 당연히 해석자의 철학이 스며들어 있다. 주체가 아니라 어떤 다른 장소에서 원천을 찾으려는 철학자는 헤겔이 아니라 김상환 본인이다. 그는 책의 곳곳에서 어떤 특별한 장소를 거론한다. "인문적 사유는… 자기 자신보다 더 친근한 어떤 장소에 자리해야 한다."(94쪽) 거기는 "독특한 장소"(같은 곳) "엄마 곁과 [같은]… 어떤 원초적인 장소"(24쪽)다. 김상환이 "영점(零點)"(109, 152, 213쪽 외)으로도 부르는 그 장소는 "대립하는 두 항을 매개하는 세번째 항"(422쪽: 혹은 "제3의 항", 152, 431쪽 외)과 밀접한 관련이 있다.

"제3의 항, 그 만질 수도 볼 수도 없는 영점…은… 본래의 존재 그 자체"(152쪽) 같은 대목을 보라. 김상환에게 "엄마 곁" "영점"

"제3의 항" "존재"는 대략 같은 의미다. 일단 장소로 상정되었으나 또한 매개자의 성격도 띤 이 제3자는 김상환에게 엄청나게 중요하다. 그에 따르면 "그 세번째 항이 바로 낭만주의 시대의 기초 개념인 이념, 절대자, 혹은 (절대)정신 등에 해당한다."(422쪽) 보다시피 제3의 매개자가 무려 절대자로 등극했다. 그렇다면 대립하는 두 당사자의 지위는 불가피하게 낮아지지 않을까? 그렇다. 김상환은 맞선 두 당사자가 제3자에게 복속하거나 귀의하여 화해해야 한다고 본다.

예컨대 『정신현상학』에 나오는 "불행한 의식"을 해석하면서 김상환은 "개별자와 보편자의 직접적 관계"(396쪽)가 문제를 부른다고 지적한다. 그에 따르면 "개별자로서의 의식은 어떤 특수자를 매개로 보편자와 관계할 때만 [병적인] 증상에서 벗어날 수 있다." "어떤 특수자"란 누구, 혹은 무엇일까? 김상환의 해석에 따르면, "불행한 의식"이 처한 이항대립(개별자-보편자 대립)의 "비참한 결과"에서 벗어나는 길은 "제3의 항으로서 신부와 교회"를 "받아들이는"(이상 같은 곳) 것이다. 매개자란 예컨대 중세의 '교회'다. 김상환의 해석은 더 멀리 나아간다. "헤겔의 정신철학에서 교회는 근대적 의미의 국가를 예상하고, 교회를 인도하는 성령은 근대적 민족정신의 역사적 뿌리다."(397~98쪽) 교회와 성령의 뒤를 이어 매개자의 세련된 형태로 '국가'와 '민족정신'이 꼽혔다.

한국적 지식인의 관점에서 보면, 꽤 그럴싸한 해석일 수 있겠다. 개별자-보편자 이항대립은 아무튼 나쁘니까 벗어나야 할 텐데, 양쪽 당사자의 깜냥으로는 어찌할 도리가 없지만, '교회'나 '국가'나 '민족정신' 같은 강력한 제3자가 나서서 매개한다면 활로가 열릴 성싶다. 그러나 문제가 하나 있다. 이 해석은 전혀 헤겔적이지 않다. 헤겔의 취지에 철저히 반하는 해석이다.

헤겔의 텍스트를 구체적으로 짚는 것은 일반 독자에게 고문과 다름없겠기에 되도록 피하려 하나, 『정신현상학』 가운데 "불행한 의식"을 다루는 대목에서 "중간"(Mitte)이라는 명칭으로 "제3자"가 등장하여 이항대립이 삼항관계("맺음관계Schluß")로 변형되는 곳을 조금만 인용하겠다.

이 맺음관계에서, 처음에 자신을 그-자체(Ansich)에 맞선 놈으로 고정시키는 개별자는 오로지 제3자를 통해 이 반대쪽 극단[그-자체]과 함께 맺어진다. 비본질적인 의식[개별자]은 이 중간을 거쳐서 반대쪽 극단인 불변적인 의식[그-자체]을 마주한다. 또한 비본질적인 의식 안에는, 저놈[불변적인 의식]도 오로지 이 중간을 거쳐서 자신[비본질적인 의식]을 마주한다는 것, 따라서 이 중간은 양쪽 극단을 서로에게 대변하는, 각 극단의 곁에 있는 반대쪽 극단의 하인(Diener)이라는 것도 있다. (4-B의 31번째 문단, 이하 4-B-31; 임석진 역, 『정신현상학1』 259~60쪽, 이 글의 헤겔 인용문은 모두 필자의 번역임)

내가 주목하는 것은 "중간" 곧 제3자가 "하인"이라는 점, 더구나 이를 개별자가 의식한다는("비본질적인 의식 안에는 …이라는 것도 있다") 점이다. "하인"이라는 표현은 곧이어 32번째 문단("중간 혹은 하인")과 이 절의 마지막인 34번째 문단("매개하는 하인")에도 나온다(아쉽게도 임석진의 우리말 번역본은 원문의 문단 구분을 보존하지 않았다). 번역자 임석진은 이 표현을 "봉사하는 것"으로 뭉치거나(위 인용문에 해당하는 대목) "성직자"로 과감하게 의역했다. 아마도 "성직자"가 "신의 하인"(Diener Gottes)이라는 점에 착안한 모양인데, 위 인용문에서 보듯이, 매개자는 양쪽 극단 모두의 하인이다. 그러므로 (나로서는 이런 거추장스러운 해석이 과연 필요한지 의문이지만) 여기에서 양극단을 신과 개인으로, 중간을 교회로 해석한다면(임석진과 김상환은 자명한 듯이 교회를 언급하지만, "불행한 의식"을 다루는 원문을 보면 "무덤"과 "피안"은 나올지언정 '신'이나 '교회'에 대한 언급은 전혀 없다!), 교회는 신의 하인인 만큼 또한 개인의 하인이라는 것, 또한 개인이 이를 의식한다는 것이 헤겔이 서술하는 바다.

앞에서 나는 매개자를 '교회' '국가' '민족정신'으로 보는 김상환의 해석을 반헤겔적이라며 비판했는데, 만약에 그가 교회와 국가와 민족정신을 개인이 부리는 하인으로 간주하면서 그런 해석을 제시한 것이라면, 나는 기꺼이 그 비판을 철회하겠다. 그러나 아무래도 그의 취지는 달라 보인다.

거듭 강조하지만, 이 대목에서 제3자는 하인이다. 이는 독일어에서 '중간'(Mitte)이 '수단'(Mittel)과 아주 비슷한 꼴이라는 점과 무관하지 않다. 헤겔은 이런 말꼴의 유사성을 예민하게 포착하여 활용하는 철학자라는 점을 유의할 필요가 있다.

춘향전에서 몽룡은 춘향에게 접근하기 위해 매개자로 방자를 끌어들인다. 매개하는 제3자의 예를 대라면, 나는 대표적으로 방자를 꼽겠다. 그러므로 김상환이 매개자를 자그마치 "절대자"로 추어올린다면, 이는 중간에서 열심히 발품만 판 방자에게 느닷없이 곤룡포를 뒤집어씌우는 만행이다. 방자의 수난이다. 제발 방자를 방자로 놔둬라!

여기에서 논의되는 개별자-중간-보편자 삼항관계를 몽룡-방자-춘향 삼항관계에 빗대는 것은 억지라고 반발할 분도 있을지 모르겠다. 일리 있는 지적이다. 상식적으로 몽룡과 춘향은 동등한 개인과 개인이니까. 그러나 춘향전의 실제 내용과 상관없이, 만약에 몽룡이 연애 한번 못해본 애송이여서 춘향을 한 동네 사는 예쁜 소녀로 보지 못하고 "가까이 하기엔 너무 먼 당신"으로, 혹은 누대의 문사들이 그려온 '님'으로, 심지어 선녀로 본다면, 몽룡-춘향 관계는 개별자-보편자 관계와 퍽 유사해진다. 여담인데, 다들 알다시피 이런 구도의 남녀 관계는 방자가 아니라 공자, 맹자, 노자, 장자가 다 나서서 매개해도 맺어지기 어렵다.

그러고보니 개별자-보편자 관계의 예로 더 적절한 것은 나무꾼과 선녀일 성싶은데, 이들 양극단을 맺어주는 매개자는 사슴이다. 어떻게 사슴이 절대자란 말인가? 그 사슴이 알고보니 산신령이더라는 따위의 허무맹랑한 얘기는 하지 말아다오. 차라리 나무꾼도 선녀도 사슴도 다 절대자라고 말해다오. 사슴은 풀을 뜯고 싶다. 제발 사슴을 사슴으로 놔둬라!

4

물론 매개자의 등장으로 이항대립이 삼항관계로 변형되는 것은 진실이 더 선명하게 드러나는 과정일 수 있다. 이를 설명하려면 이항대립의 '앞면'과 '뒷면'을 이야기할 필요가 있다. 우리가 이항대립을 마주할 때 단박에 보이는 앞면 혹은 액면은 '분열'이다. 맞선 둘은 일단 갈라져 있다. 하지만 이것이 전부라면 둘은 갈라져 따로 노는 둘이지 맞선 둘일 수 없다. 다시 말해 이항대립은 뒷면도 가지고 있다. 그것은 '합일'이다. 맞선 둘은 맞물려 있다. 맞선 둘은 맞물림의 방식으로 합쳐진 하나이기도 하다. 보라, 몽룡과 춘향, 나무꾼과 선녀가 하나 되어 뒹굴지 않는가.

　만일 당신이 이항대립의 앞면만 본다면, 당신은 진실의 절반만 보는 것이다. 그런 당신의 눈앞에서 이항대립이 삼항관계로 변형되면, 당신의 시야는 더 넓어지고 선명해질 것이다. 왜냐하면 이 변형의 요체는 매개하는 "중간"이 등장함인데, 이는 이항대립의

'뒷면'이 나타남과 같기 때문이다. 매개자는 이항대립의 뒷면, 곧 '합일'을 대표한다. 따라서 삼항관계는 이항대립의 앞면과 뒷면이 둘 다 앞으로 나와 있는 형국에 해당한다. 삼항관계에서 당신은 '분열'을 대표하는 양극단과 '합일'을 대표하는 매개자가 나란히 놓인 것을 본다.

이것은 대단한 진보일까? 그럴 수도 있겠다. 이항대립의 액면만 보고 뒷면을 상상조차 못하던 사람에게 매개자의 출현은 천지개벽에 빗댈 만한 대반전이요 진실의 드러남일 수 있겠다. 그런 사람은 매개자의 출현에 감격한 나머지, 바로 이 매개자가 진실이라고 섣불리 외칠지도 모른다. 그러나 헤겔이 누누이 강조하듯 진실은 전체다. 양극단이 진실이 아니라면, 매개자도 진실이 아니다. 홀로 전체일 수 없기는 앞면이나 뒷면이나 마찬가지다. 이항대립의 앞면인 분열이 온전한 진실이 아니라면, 뒷면인 합일도 온전한 진실이 아니다. 그러므로 온전한 진실을 보려면, 시선을 매개자에 고정하지 말고 매개자와 양극단을 함께 봐야 한다. 즉, 삼항관계 전체를 봐야 한다.

그러면 무엇이 보일까? 방금 전의 감격이 무색하게도, 다시 이항대립이 보인다. 이번에 맞선 두 항은 '합일'과 '분열'이다. 즉, 매개자(방자)가 양극단(몽룡-춘향)과 맞선 것이 보인다. 요컨대 이항대립이 삼항관계로 변형됨은 하나의 이항대립(몽룡 대 춘향)이 또 다른 이항대립(방자 대 몽룡-춘향)으로 탈바꿈함과 다르지 않다. 그리고 기존의 이항대립보다 새로운 이항대립이 더 복잡하다는 의미에서, 이 탈바꿈은 진실, 곧 복잡한 전체가 더 선명하게 드러나는 과정이라고 할 수 있다.

거듭되는 말이지만, 삼항관계는 이항대립의 앞면과 뒷면이 둘 다 앞에 나와 나란히 놓인 구조라는 점에서 그 앞면과 뒷면의 이항대립이다. 이 새로운 이항대립의 앞면은 '합일과 분열의 분열', 뒷면은 '합일과 분열의 합일'(헤겔이 말하는 "동일성과 비동일성의 동일성")이다. 굳이 덧붙일 필요가 있을까마는, 여기에서도 오로지 뒷면, 곧 '합일과 분열의 합일'만이 진실이라는 생각은 어리석다. 이것이 진실이라면 반대편에 놓인 앞면, 곧 '합일과 분열의 분열'도 진실이다. 헤겔은 절대자를 서술하기 위해 "동일성과 비동일성의 동일성"이라는 표현을 사용했을뿐더러 이 표현과 더불어 "동일성과 비동일성의 비동일성"도 채택할 필요가 있다는 점을 여러번 강조했다. 헤겔은 숨은 뒷면, 매개자, 합일만의 친구가 아니다. 드러난 앞면, 양극단, 분열의 친구이기도 하다. '진실은 전체다'를 좌우명으로 삼은 그에게 한쪽 면만 끌어안는 순결 따위를 기대했다가는 큰코다칠 수 있다.

그럼에도 김상환은 매개자의 지위를 잔뜩 격상시킨다. 또한 삼항관계에도 더없이 중대한 의미를 부여한다. 그가 책 전체를 통해 보여주려 애쓰는 "인문적 상상력의 특성"이 바로 "3항 구도의 사유"(279쪽)다. 뿐만 아니라 헤겔을 읽으면서도 "헤겔의 변증법을

2항적 구도의 사유를 3항적 구도의 사유로… 전환시키고자 하는 일관적인 노력의 산물로 읽을 수 있다"(396쪽 각주)고 해석한다. 무식한 질문 같지만, 이렇게 묻고 싶다. 이항관계는 거짓이고, 삼항관계는 참인가? 이항대립은 허상이고, 삼항관계(좌극단-매개자-우극단의 맺음관계)는 실상인가?

더구나 "변증법"이란 다름 아니라 '대화'라는 것이 나의 해석이므로, 이런 질문도 던지고 싶다. 대화를 꼭 셋이서 해야 하나? 대화는 기본적으로 양쪽 당사가가 나누는 것이다. 양쪽이 눈만 마주쳐도 칼부림이 날 지경이거나 사용하는 언어가 전혀 달라 직접 대화가 현실적으로 불가능하다면 어쩔 수 없이 매개자를 동원해야겠지만, 이 경우에도 매개자는 방편이고 결국 책임을 질 주체는 양쪽 당사자다.

내가 이해하기에 헤겔이 말하는 진실은 더도 덜도 아니라 '맞선 양편의 대화'다. 매개자를 포함한 삼항관계는 이 진실을 표현할 때만 긍정적인 의미를 가진다. 즉, 진실에 충실하려면, '매개자'는 '양편의 대화'와 사실상 같은 의미여야 한다. 다시 말해 매개자란 맞선 양편의 대화를 그 양편으로부터 분리해서 따로 거론하고 싶을 때 상징적으로 도입하는 인물에 가깝다. 예컨대 사슴은 선녀에게 장가들고 싶은 나무꾼의 열망과 선녀의 암묵적 호응을 상징한다는 해석이, 나무꾼과 선녀는 서로 아무 관심도 인연도 없는데 사슴이 독자적으로 나서서 둘을 맺어준다는 해석보다 훨씬 더 진실에 가깝지 않겠는가.

　실제로 김상환이 실러를 언급하면서 "실러의… 유희개념…
은… 온갖 대립적 이항들을 하나로 묶는 제3의 항에 해당한다"
(431쪽)고 말할 때, '매개자'("제3의 항")는 다름 아니라 '맞선 둘의 활
동'("유희")이다. 매개자가 맞선 둘을 하나로 묶는다는 말은, 맞선
둘의 활동이 이들을 하나로 묶는다는 뜻이다. 요컨대 매개의 진
실은 자체매개(Selbstvermittlung, 스스로 매개함)다. 장가들고 싶어서 사
슴을 찾아 헤매는 나무꾼이나 방자를 붙들고 징징거리는 몽룡은
어리석은 놈들이다. 사슴은 사슴으로, 방자는 방자로 놔둬라. 장
가는 스스로의 힘으로 가는 것이다.

5

위험천만하게도 김상환은 매개자에게 권력을 몰아주는 경향이
있다. 그 결과로 상위의 매개자가 하위의 양극단을 거느리는 구
도가 짜이면, 헤겔이 서술하고자 하는 진실은 심하게 은폐되고
마는데, 김상환은 도리어 그 구도가 진실이라고 보는 듯하다. 이
런 견해를 "상위의 개념을 중심에 놓을 때, 사유는 2항 구도에서
3항 구도로 변형된다"(432쪽)라는 대목에서도 읽을 수 있지만, 훨
씬 더 중요한 곳은 『정신현상학』 전체의 성격을 규정하는 다음과

같은 의미심장한 대목이다.

> 의미의 구성과 발생의 원천은 이제 주체와 객체, 주어(특수)와 술어
> (보편)를 하위의 파생범주로 거느리는 어떤 전체, 자신을 스스로 구조
> 화하는 어떤 전체에 있다. 헤겔은 그런 전체를 정신이라 불렀고, 그의
> 정신현상학은 자신을 세계의 주인공으로 착각하는 개인적 주체의 오
> 인과 좌절을 매개로 세계정신이 상승적으로 조직, 현시되는 반전의
> 드라마다. (157쪽)

주체-객체, 주어-술어, 특수-보편은 철학에서 가장 대표적이라
고 할 만한 대립쌍들이다. 김상환은 이 쌍들을 "하위의 파생범주
로 거느리는 어떤 전체"를 언급하면서 이것이 바로 헤겔의 "정
신"이라고 한다. "하위"에 "거느린다"는 표현에서 보듯이, 기본
적으로 이항대립을 벗어나 있는 이 "정신"은 김상환이 희구하는
"엄마 곁" "영점" "제3의 항" "본래의 존재 그 자체"를 곧장 연상
시킨다. 그러나 헤겔의 정신은 과연 이런 상위의 장소, 매개자, 하
위 부분들을 거느린 전체일까? 헤겔 자신의 말을 들어보자.

> 죽음은(저 비현실성을 죽음이라 부르기로 한다면) 가장 두려운 일이요,
> 죽은 것을 고정시켜 유지하는 일은 힘이 가장 많이 드는 일이다. 무력
> 한 아름다움은 지성을 미워한다. 왜냐하면 지성이 그에게 바로 이 힘

든 일을, 그가 감당할 수 없는 일을 요구하기 때문이다. 그러나 죽음을 기피하고 황폐화를 피해 자신을 순수하게 보존하는 삶이 아니라 죽음을 견뎌내고 죽음 안에서 자기 자신을 유지하는 삶이 정신의 삶이다. 만신창이로 찢어진 조각들에서 자기 자신을 발견할 때만 정신은 자신의 진실에 이른다. (서문Vorrede 32번째 문단, 번역본 1권 71쪽)

여기에서 "죽음"은 '이항대립'을 뜻한다고 보면 된다. 헤겔은 분명히 말하고 있다. 정신은 이항대립을 견뎌내고 이항대립 안에서 산다고. 정신은 저 위에서 자족하는 어떤 놈이 아니다. 자신의 진실에 도달하기 위해 길을 걷는 놈이다. 여기 길 위에 널브러진 온갖 이항대립들, "만신창이로 찢어진 조각들"에서 자신을 발견할 때만 정신은 자신의 진실에 이른다. 정신이란 자신의 죽음 안에서 사는 놈, 타자 안에 깃들어야만 사는 놈이다. 나는 이런 놈에게 붙일 이름으로 '나'보다 더 적합한 것을 모르겠다. 헤겔이 말하는 정신은 바로 나, 당신, 김상환, '자기를 나라고 부르는 모든 각자'다.

　그러니까 '정신'은 다름 아니라 무릇 '주체'라는 것인데, 이 설명은 논리적 형식에 초점을 맞추다보니 너무 포괄적이라는 지적을 받을 만하다. 이런 식이라면 『정신현상학』에 나오는 모든 인물이 다 정신일 테니까 말이다. 하지만 이것을 틀린 해석이라고 할 수는 없다. 제목이 알려주듯이 그 책은 "정신"이 나타나는 다양한 방식을 서술한다. 따라서 그 책에 등장하는 인물 각각은 정신이 나타나는 한 방식이라는 의미에서 그 자체로 정신이 맞다. 그러나 헤겔은 『정신현상학』에서 "정신"에 더 특수한 의미를 부여하기도 하는데, 이때 "정신"은 주체(="의식")가 도달한 어떤 경지를 의미한다. 예컨대 아래 인용문들을 보라.

> 정신이 무엇인지를 경험하게 될 것이다… 우리인 나, 나인 우리를 경험하게 될 것이다. (4-도입부-12)

> 자신이 모든 실재라는 확신이 진실로 격상하고 자신을 자신의 세계로, 세계를 자신으로 의식함으로써, 이성은 정신이다. (6-도입부-1)

첫째 인용문의 핵심은 '우리=나' 동일성이고, 둘째 인용문의 핵심은 '나=세계' 동일성이므로, 좁은 의미의 정신을 규정하는 공식은 '나=우리=세계'라고 할 수 있을 것이다. 내가 우리요 세계임을—그저 감지하거나 확신하는 수준을 넘어서—참되게 아는 의식, 그것이 곧 정신이다. 다시 말해 정신이란 나를 넘어선 우리나 나를 넘어선 세계가 아니다! 저 위 인용문에서 김상환이 정신을 "어떤 전체"로 칭한다면, 그 전체란 '나=우리=세계'로서 전체이지, "개인적 주체"를 하위에 거느린 초월적인 놈은 결코 아님을 강조하고 싶다. 헤겔은 개인을 배제한 전체를 말한 적이 없다. 거꾸로 그런 전체는 결코 전체가 아니라는 말을 수도 없이 했다.

나, 우리, 세계는 선후관계를 가릴 수 없는 동근원적 삼중체다. 이것이 혜겔이 말하는 진실 혹은 전체인데, 김상환은 사뭇 다른 이야기를 한다. 그는 애써 1등, 2등, 3등을 가린다. 올림픽 시상대에서 동메달을 목에 걸고 시무룩한 표정을 짓는 한국 선수와도 같은 3등은 자기의식, 곧 '나'다. 김상환에 따르면 "혜겔의 정신철학은 자기의식보다 더 높은 심급이 있다는 확신 속에서 태어났다. 주체의 자기관계가 발생할 가능성 여부를 결정하고 그것이 서로 다르게 형태화되는 이유를 설명할 상위 심급. 혜겔은 그것을 주체들 사이의 상호관계에서 찾는다."(364쪽)

이런 대목에서 나는 김상환에게 신비주의의 혐의를 두지 않을 수 없다. 합리적 논의의 범위를 벗어날 생각이 없는 사람들에게 자기의식은 궁극의 전제다. 어떤 주제에 대해서 무슨 논의를 하든지, 당사자 각각은 '이건 내 생각이다' '이건 내 주장이다'라고 말할 수 있어야 한다. 즉, 자기의식을 이미 가지고 있어야 한다. 합리적 대화란 자기가 무슨 말을 하는지 적어도 제깐에는 아는 두 사람, 자신과 상대방을 그런 개인으로 인정하는 두 사람, 자신의 생각과 남의 생각을 대화를 통해 더 명확하게 알고자 하는 두 사람 사이에서만 가능하다. 자기의식보다 더 높은 심급? 피차 전혀 모르는 신비로운 장소나 시대에 대한 이야기는 한동안 제법 신나고 재미있겠지만 합리적인 귀로 들으면 잡새들의 지저귐과 별로 다르지 않다.

자기의식을 궁극의 전제로 못박음으로써 나는 자기의식의 발생에 대한 논의 자체를 가로막는 것일까? 전혀 그렇지 않다. 나는 그런 논의가 무척 까다롭긴 해도 불가능하지는 않다고 본다. 또한 무척 흥미롭고 유익할 수 있다고 본다. 아마도 생물학, 특히 발생학이 필요할 테고, 교육학, 발달심리학, 정신의학, 뇌과학, 사회심리학 등도 필요할 텐데, 한 가지 분명한 것은 이 모든 분야의 논의가 합리성과 그 출처인 자기의식을 전제할 수밖에 없다는 점이다.

　　자기의식에 대한 논의는 반드시 자기의식을 전제한다. 따라서 자기의식의 발생이나 지위에 관한 그 어떤 논의를 통해서도 자기의식의 논리적 최고 지위는 절대로 강등될 수 없다. 이것이 칸트의 위대한 깨달음이고, 헤겔은 이 깨달음을 고스란히 이어받았다. 헤겔은 칸트 이후의 철학자다. 이 한마디로 많은 것이 설명되었다고 본다.

　　김상환의 시상대에서 은메달을 목에 건 2등은 "자기의식보다 더 높은 심급"인 "주체들 사이의 상호관계"다. 이 은메달리스트는 내가 말하는 '나=우리=세계' 삼중체에서 '우리'에 해당한다. 그런데 '우리'란 타인(들)과 나를 아울러 부르는 말이므로, 나는 동메달을 목에 걸었는데 우리는 은메달을 받았다는 상황부터가 이해하기 어렵다. 이렇게 되면 나는 동메달 수상자냐, 은메달 수상자냐? 내 생각엔 나를 은메달리스트로 부르는 것이 마땅한데,

나보다 "더 높은 심급"을 강조하는 것으로 볼 때 김상환은 '나를 제외한 우리'라는 기묘한 개념을 염두에 둔 것으로 보인다.

실제로 그는 "헤겔의 정신철학에서 주체의 자기관계는 선험적으로 정립되는 것이 아니라 상호주관적인 관계의 구조 속에서 처음 부화된다"(365쪽)고 하는데, 전혀 동의할 수 없는 해석이다. 헤겔의 철학에서 주체의 자기관계는, 선험적이고 후험적이고를 떠나서, 항상 이미 정립되어 있다. 그리고 모든 상호주관적인 관계들은 주체의 자기관계의 변주다. 우리는 '우리'에서 '나'를 본다. "우리인 나, 나인 우리", 이것이 헤겔이 『정신현상학』에서 서술하는 진실이다.

그런데 김상환은 상위 심급의 "상호주관적인 질서"와 "자기의식"을 갈라놓는 경향이 강하다. 내 식으로 말하면 '우리'와 '나'를 떼어놓는다. 그에 따르면 "특정한 구조의 상호주관적인 질서(대타자)가 미리 확립되어야 비로소 특정한 형태의 자기의식이 성립할 수 있다."(365쪽) 선후관계가 명확히 규정되었을뿐더러 "상호주관적인 질서"에 "대타자"라는 주목할 만한 보충 술어까지 붙어서 '나'와 '우리'는 완전히 갈라졌다. '우리'는 이제 '나'로부터 저만치 위로 떨어진 '대타자'가 되었다. 무척 커지고, 사뭇 달라졌다.

'나'와 '우리'의 분리는 '나'와 '세계'의 분리와 밀접한 관련이 있다. 왜냐하면 의식을 가지고 말하며 사는 인간에게 세계란 일차적으로 같은 언어를 사용하는 타인들이기 때문이다. 동물에게 세계는 자연환경이겠지만, 우리가 세상을 탓하고 시대를 탓할 때, 물이 아래로 흐르고 가을바람이 나뭇가지를 흔드는 것을 원망하는 것은 아니지 않은가. 소위 '세태'란 세상의 모습을 뜻하지만, 더 정확한 뜻은 세상에 사는 사람들의 모습, 바로 '우리'의 모습이다. 굳이 헤겔을 공부하지 않더라도 우리는 '세상'과 '우리'에서 '나'를 보기 마련이다. 이 땅의 언어, 관습, 학문, 정치 등이 아니라면, 대체 어디에서 '나'를 보겠는가?

'나'라는 놈은 움츠러들기로 마음먹으면 한없이 움츠러들 수 있다. '나'의 손도, 얼굴도, 성격, 취향, 이력도, '나'가 내치기로 마음먹는다면, '나'가 아닐 수 있다. 물론 이런 부정이 길게 이어진 끝에 남는 '나'는 무척 공허하겠지만 말이다. 예컨대 많은 이들은 이 땅의 더러운 정치판을 도저히 자기 자신으로 인정할 수 없을 텐데, 나는 그 심정을 충분히 이해할 수 있다. 당신은 허례허식에 찌든 주변의 속물들과 다른가? 옳거니, 나도 관습에 진저리칠 때가 많다. 이런 식으로 나와 우리, 나와 세계가 불화하는 것은 당연하다.

사슴이 아니라 사람인데 어찌 불만 없이 살 수 있겠는가? 불화와 불만은 행동을 가져오고 나와 세계 양쪽의 변화를 가져온다는 점에서 지극히 긍정적이다. 하지만 불화와 불만으로 평생을 사는 것도 불가능한 일이다. 지극한 불행의 영속은 기본적으로 생물학이 허용하지 않는다. 불행이 너무 깊으면, 머지않아 쇼크사나 자살에 이르든지, 혹은 우리의 스트레스 시스템이 재적응하여 무뎌진다.

심리적인 차원에서도 우리는 마음을 고쳐먹고 세상을 받아들인다. 철학의 차원에서 말하면, 우리는 악을 용서한다. 나중에 자세히 다룰 『정신현상학』의 한 대목은 제목이 "양심. 아름다운 영혼, 악과 악의 용서"(6-C-c)다. 악의 근절이나 소멸이 아니라 "용서"라는 점을 주목하라! 한마디 덧붙이자면, "악의 용서"에 이어 '영원한 평화' 따위가 도래하기를 기대하지는 말기 바란다. 헤겔은 대단히 현실적인 철학자다. 그가 말하는 "악의 용서"는 각자가 서로를 '개인'으로 인정한다는 것과 같다. 누구나 개인으로서 이기심을 부리기 마련임을 인정한다는 것이다.

문제는 세계와 '나' 사이의 불화와 불만이 얍삽한 선긋기로 영속의 기반을 확보할 때 발생한다. '나'가 우리 중 다수(=그들)와 큰 세계를 선 바깥에 놓고 우리 중 소수(=우리편)와 작은 세계를 선 안에 놓는다면, '나'는 바깥의 우리와 세계를 외면하거나 냉소하며 알량한 평화를 얻겠지만, '나=우리=세계'로서의 정신은 깊이 잠들고 말 것이다. 차라리 우직하게 풀을 씹어 똥으로 변환함으로써 '나=세계'를 증명하는 사슴이 그런 '나'보다 훨씬 더 낫게 정신을 증언할 것이다.

"조선에서 가장 신중하고 냉혹한 현실주의자"(천정환, 『끝나지 않는 신드롬』, 2005, 74쪽)였다는 평가도 종종 받는 윤치호는 한국어로는 자신을 잘 표현할 길이 없어 몇십년 동안 영어로 일기를 썼다는데, 이 행동을 어떻게 이해할 수 있을까? 워낙 기묘한 사례여서 설명을 잠정적으로 시도해볼 뿐이지만, 나는 그가 두 세계를 상대했다고 본다. 하나는 식민지 조선이라는 한국어 현실 세계, 또 하나는 멀리 미국을 모범으로 삼은 영어 일기 세계. 윤치호는 두 세계 사이에 장벽을 쌓았다. 그의 조선인 비판은 냉혹하다 못해 간담을 서늘케 한다. 게다가 억지스럽지 않고 설득력 있는 구석도 많다. 개인과 세계 사이의 불화는 불행의 보편적인 형식이므로, 일기를 통해 당대를 개탄하고 주변 사람들을 못내 꾸짖은 윤치호는 불행했다고 봐야 할 것도 같다. 그러나 방금 말했듯이 진짜 불행은 오래 지속할 수 있는 증상이 아니다. 만약에 윤치호가 정말로 불행했다면, 그 자신의 고통을 더는 못 견뎌서라도 세상을 끌어안는 행동에 나섰어야 말이 된다.

물론 그가 갖가지 좋은 활동을 했음은 잘 알려져 있다. 그러나 그가 반세기 넘게 쓴 영어 일기로 장벽을 쌓고 그 바깥의 조선인과 한국어 세계를 맹렬히 비난했다는 사실은 많은 것을 짐작하게 한다. 예컨대 그는 조선인의 악(결함)을 용서했을까? 그럴 마음조차 없었던 것으로 보인다. 그에게 어울리는 것은 용서가 아니라 지탄이다. 용서란 동등한 사람끼리만 할 수 있는 행동인데, 윤치호는 너무 위대해서 주변의 조선인과 동등하려야 동등할 길이 없었으리라.

내가 헤겔에게 배운 용서의 기본 형식은 이러하다. '나는 네가 악함을 안다. 하지만 그런 너를 받아들인다. 나도 너보다 나을 것이 없기 때문이다. 그러니 너도 나를 용서하라.' 가톨릭과 대다수 개신교 종파의 교리에서 예수는 온전히 신이며 또한 온전히 인간이다. 온전히 인간이기 때문에 예수는 인간의 악을 용서할 수 있다고 나는 믿는다. 예수가 인간과 더불어 앓았듯이, 윤치호는 식민지 조선인과 함께 앓았을까? 나는 그가 스스로 쌓은 장벽 안에서 평온했으리라 짐작한다.

혹시 오해가 있을까 하여 사족을 붙이자면, 나는 지금 김상환과 친일파 윤치호를 비교하려는 것이 아니다. 윤치호의 친일행각에는 전혀 관심이 없다. 다만 그가 우리에 대해서 취했던 태도, 곧 선긋기(나-우리 분리)가 김상환의 "상호주관적인 질서"와 "자기의식" 사이의 분리에서 뒤집힌 형태로 내비칠 가능성을 언급하고 싶을 뿐이다. 김상환도 '나'("자기의식")와 '우리'("상호주관적인 질서")를 분리한다. 그러나 보아하니 '나'를 고귀한 영어 사용자로 높이고 '우리'를 미천한 한국어 사용자들로 낮춘 윤치호와 달리, 김상환은 '나'를 시상대의 3등석에 놓고 '우리'를 2등석에 올린다. 상하관계가 뒤집혔다. 그러나 '우리'와 '나'가 따로 놀 가능성, 겉돌 가능성이 확보된 것은 똑같다. 윤치호가 미천한 '우리'를 먼지 떨듯 떨어내고 '나'로서 홀로 고귀하게 평온하다면, 김상환은 상위의 "상호주관적인 질서" 아래의 '나'로서 자유로운 개인의 책임을 평온히 내려놓는 듯하다. 이 상황을 철지난 유행어로 표현하자면, 이제 개인은 소를 키우지 않아도 된다. 소는 신비로운 "정신"이 키운다. 시상대에는 1등석도 있다.

> 자기의식의 발생 가능성과 구체적인 형태를 결정하는 원리가 상호주관적인 질서에 있다면, 헤겔은 그런 사회적 관계를 조직하는 원리를 정신이라 부른다. 헤겔적 의미의 정신은 스스로 상호주관적인 질서를 생산하고 구조화하는 계사, 움직이는 끈과 같다.(365쪽)

나오는 순서대로 "자기의식"이 동메달, "상호주관적인 질서"가 은메달, "정신"이 금메달이다. 이 금메달리스트는 '의식' 혹은 '주체'의 허물을 완전히 벗기 위해 마침내 "정신"이라는 이름마저 내던지고 "움직이는 끈"으로 나래를 편다. 참으로 생생한 비유라 하겠으나, 비유는 비유일 뿐이다. 이 비유를 비유 이상으로 취급한다면, 김상환은 자신을 본격적인 신비주의자로 선언하는 셈이다.

"움직이는 끈"이 "상호주관적인 질서"를 낳고, "상호주관적인 질서"가 "자기의식"을 낳는다는 얘기는, 사슴이 선녀와 나무꾼을 다 잡아먹었다는 얘기처럼 황당하고 재미없다. 반면 헤겔의 "정신"은 끝내 '나'의 색채를 버리지 않는다. 『정신현상학』의 맨 마지막에 나오는 "절대적인 앎"을 헤겔이 어떻게 설명하는지 보라.

> 정신의 마지막 모습, 자신의 완전하고 참된 내용에 또한 자아의 형식을 부여하는 정신이… 절대적인 앎이다. (8-11)

정신은 "자아의 형식"을 갖출 때 마지막 단계인 "절대적인 앎"에 이른다. 반면에 김상환은 아마도 "주체"의 색채를 벗겨내야 "정신"의 참모습이 드러난다고 생각하기 때문인 듯, "세계정신"이라는 표현을 선호하는 경향이 있다. 앞에서도 인용한 문장이지만, 다시 보자.

> 그[헤겔]의 정신현상학은 자신을 세계의 주인공으로 착각하는 개인적 주체의 오인과 좌절을 매개로 세계정신이 상승적으로 조직, 현시되는 반전의 드라마다. (157쪽)

"개인적 주체"와 "세계정신"이 현격하게 대비된다. 전자는 실패자, 후자는 승리자다. 개인적 주체들이 잇따라 파멸하는 가운데,

"세계정신"이 도도히 떠오른다고 한다. 그러나 과연 이것이 『정신현상학』일까? 헤겔은 그 책이 고찰하는 대상을 "교양[형성]중인 보편적인 개인 혹은 세계정신"(das allgemeine Individuum, der Weltgeist, in seiner Bildung, 서문-28)이라고 밝혔다. 보다시피 '개인'과 '세계정신'이 동격이다. 사실 책 전체에서 헤겔은 "세계정신"이라는 표현을 몇번밖에 사용하지 않는데, 그 뜻은 '실체로 간주된 정신'쯤 된다. 실체라면 일부 존재론에서는 더없이 높은 개념이겠지만, 헤겔의 철학에서는 '주체'보다 한참 낮은 개념이다. 그러니까 실체로서의 정신인 세계정신보다 자기의식을 지닌 정신(정신으로서의 정신)이 오히려 한수 위다.

그러므로 『정신현상학』이 펼치는 드라마의 실상은 김상환의 설명과 사뭇 다르다. 그 드라마에서 수많은 인물이 좌절하고 파멸한다. 그리고 그 좌절과 파멸이, 고스란히, 그 모습 그대로, '정신의 나타남'이다. 그들의 좌절과 파멸이 전부다. 한 개인이 자신과 세계에 대해서 취하는 태도에는 애당초 모순이 잠복해 있다. 그리고 그 모순이 끝내 적나라하게 드러난다. 이것이 연속극의 한 편이다. 다음 편에는 또다른 개인이 등장하여 또다른 모순을 드러내며 파멸한다. 김상환은 그들이 "자신을 세계의 주인공으로 착각"한다고 착각하지만, 그들은 "세계의 주인공"이 맞다. 다만, 변함없이 존속하는 '실체'로서가 아니라, 끊임없이 자신을 내려놓고 다시 거두는 '주체'로서 "세계의 주인공"이다. 이리저리 애쓰지만 끝내 어디에도 머물지 못하는, 그럼에도 항상 진실 안에 있는 나와 당신, 이러한 우리가 세계의 주인공이며, 이러한 우리의 삶이 진실의 나타남이다. 이토록 당연한 말을 왜 따로 해야 하는지, 나는 답답할 따름이다.

동근원적 삼중체인 "나=우리=세계"가 진실이라는 헤겔의 가르침은 어떤 의미에서 아주 쉽다. 등호(=)를 기하학적인 합동 따위로 생각하지 말고 '얽힘'이나 '스며듦'으로 이해해보라. 그리고 우리가 무슨 말을 어떻게 하며 사는지 돌이켜보라. 내가 내뱉는 모든 문장은 너와 세계를 끌어들여 나 자신과 얽는다. 우리가 주고받는 대화 속에서 나, 너, 세계가 얽혀 돌아간다는 것을 설마 당신은 모르는가? 혹은 나, 우리, 세계가 서로에게 스며든다고 해도 좋겠다.

저 삼중체를 오해하는 지름길 중 하나는 등호를 인과관계로 이해하는 것일 텐데, 아무래도 김상환은 나("자기의식"), 우리("상호주관적 질서"), 세계("세계정신") 사이에 발생적 선후관계, 혹은 지배적 상하관계를 설정함으로써 그 지름길로 접어든 것이 아닌가 싶다. 나, 우리, 세계는 올림픽 시상대 위에 서 있지 않다. 차라리 마티스의 「춤」을 상상하라. 꼭 박자가 맞는 춤이거나 잘 풀리는 대화가 아니어도 좋겠다. 나와 당신과 세계가 동등하게 마주하고 허우적거리는 모습이면 충분하다. 그것이 내가 헤겔에게 배운 주체의 삶, 진실의 춤이다.

7

수학의 여러 분야에는 '기본정리'라는 것이 있다. 그 분야에서 가장 중요하다고 꼽을 만한 정리를 그렇게 부르는데, 예컨대 미적분학의 기본정리는 미분을 거꾸로 하면 적분이라는 것이다. 본전도 못 찾을 위험을 무릅쓰고, 감히 헤겔철학의 기본정리를 말해보겠다.

무릇 하나임은 맞선 둘의 얽힘이다.

우리가 정신의 눈으로 가리키는 모든 것은 이렇고 저렇고를 떠나서 일단 하나다. 그런데 그런 단순한 하나는 처음에만 반짝 등장하지, 그 하나에 대한 생각을 더 이어가면, 어떤 하나도 단순한 하나가 아니라 맞선 채로 얽힌 둘임이 드러난다는 것, 다시 말해 하나임이란 언제나 맞선 둘의 얽힘이라는 것, 바로 이것이 내가 헤겔철학에서 가장 중요하다고 보는 명제다. 수학의 정리에는 증명이 있다. 그러니 헤겔철학의 기본정리에도 증명이 있어야 구색이 맞겠는데, 나는 증명이 있다고 믿는다. 다름 아니라 말의 기본 틀인 주술구조(주어-술어 구조)가 '맞선 둘의 얽힘'이라는 사실이 그 증명이다.

'무엇은 어떠하다'라는 문장의 구조는 '무엇과 어떠함의 얽힘'이다. '얽힘' 대신에 '스며듦'이라고 해도 좋겠는데, 어차피 '분열'과 '합일'을 둘 다 담아내려는 무리한 표현이기에 불만족스럽기는 마찬가지다. 아무튼 말의 기초인 주술문장은 '맞선 둘이 얽혀 이룬 하나'다. 나아가 존재의 기초 역시 '맞선 둘이 얽혀 이룬 하나(=복합체)'라는 것이 내가 이해하는 플라톤 이래 서양철학 주류의 일관된 입장이다. 말의 차원에서 맞선 둘은 주어와 술어지만, 존재의 차원에서 맞선 둘은 이데아와 현상, 질료와 형상, 잠재태와 현실태, 물질과 정신, 나와 세계 등으로 다양할 수 있다. 그러나 이 모든 다양성은 결국 주어와 술어의 맞섬으로 환원된다고 나는 믿는다.

어떻게, 무슨 권리로, 말의 구조를 그대로 옮겨 존재의 구조로 삼느냐고 묻고 싶은 분이 있다면, 나는 철학자에게 달리 어떤 길이 있느냐고 반문하겠다. 하고 싶은 말을 실컷 늘어놓으면서 청중의 공감을 일으키기만 하면 훌륭한 인문학이고 철학인 줄 아는 사람들이 요새 꽤 많은 듯한데, 진짜 철학은 학문이어서 논증이 필수다. 옳고 그름을 판별하고 그 근거를 대야 한다. 그리고 내가 아는 한, 철학의 최후 논증은 '돌이켜봐, 우리가 그렇게 말하잖아' 혹은 '우리가 그렇게 생각하잖아'라는 식의 지극히 평범한 일깨움이다. 플라톤의 작품 속 소크라테스를 보라. 철학자는 상대방이 이미 아는 바를 일깨울 뿐이다. '내 주장이 특별한 것 같다면, 그건 오해야. 우리의 생각, 우리의 말을 돌이켜보라고. 우리가 늘 그렇게 생각하고 말하면서 살잖아.' 이것 이상의 논증을 철학자가 내놓을 수 있을까?

내친 김에 철학 일반에 대한 생각을 하나 더 밝힐까 한다. 어떤 이들은 자연 앞에서 느끼는 경이감에서 철학이 시작된다고 말한다. 충분히 납득할 만하다. 있는 그대로의 자연이 아무 꾸밈 없이 자신을 드러내는 장엄한 광경 앞에 홀로 선 사람이 철학자의 포부를 품는다는 것. 뜨거운 전율이 그의 온몸을 쓸어내릴 것이다. 나도 공감할 수 있을 것 같다. 나아가 그런 감격이 철학을 키우는 양분일 수 있음을 인정한다.

실제로 그런 전율과 감격에 초점을 맞추는 철학자도 있는 모양이다. 나는 들뢰즈를 거의 모르지만 김상환이 그를 언급하면서 "이미지 없는 사유, 얼굴도 풍경도 없는 사유, 어떤 형상이나 형식도 전제하지 않는 사유… 규정의 마지막 국면에 도달한 사유… 언어의 안과 밖이 갈리는 지점… 영점으로 돌아간 사유… 극치의 사유"(213쪽)를 외쳐 부를 때, 형언할 수 없는 무언가를 향해 내닫고 싶어 몸부림치는 철학자도 세상에는 분명 있는 모양이라고 생각하지 않을 수 없다. 그 몸부림에 귀가 솔깃해지기도 한다.

그러나 다른 한편으로, 어쩌면 오해 때문이겠지만, 내게는 저 처절한 외침, 희한한 부름, 탈출을 향한 몸부림이 견디기 힘들 정도로 공허하고 지루하게 느껴진다. 왜 그럴까? 철학자가 정말로 가야 할 곳은 지도에 없는 오지나 지구의 중력권을 벗어난 허공이 아니라 우리 동네 사람들이 복작거리는 시장이라고 생각하기 때문이다. 나는 철학이 시장에서 탄생한다는 것도 경이로운 자연 앞에서 탄생한다는 것 못지않게 진실이라고 본다. 시장은 거짓이 난무하고 속임수가 횡행하지만 그래도 거래가 일어나고 판가름이 이루어지는 곳이다. 그 난장판, 그 사바세계에서 너나없이 악인인 우리와 함께 앓던 누군가가 그 아수라장에서도 진실이 연꽃처럼 피어나는 것을 경이롭게 목격하고 철학자의 길에 나서서 여전히 우리와 더불어 앓는다는 것이 내 생각이다. 소크라테스를 보라! 철학자의 터전은 시장이다.

8

이제 이 글의 첫머리에서 제기한 문제로 돌아가 김상환이 "불행한 의식" "성실한 의식" "아름다운 영혼"의 조합으로 규정한 "인문적 주체"를 들여다보고 "책상 도련님"으로 표현된 특정 유형의 한국적 지식인의 성격을 되새김질하면서 논의를 마무리할 차례다. 나는 요약과 도약을 감행할 수밖에 없다. 얽히고설킨 헤겔의 논의를 온전히 소화하는 것은 내 역량으로 감당하기에 버거운 일임을 솔직히 인정한다.

『정신현상학』에 등장하는 저 세 인물은, 헤겔철학의 기본정리에 따라서, 각각 그 자체로 '맞선 둘의 얽힘'이다. 이때 얽힌 둘이 무엇이냐는 '개별자-보편자'라는 존재론적 개념쌍이나 '대자(Fürsich)-즉자(Ansich)'라는 헤겔논리학 특유의 개념쌍으로 이야기할 수도 있겠지만, 나는 상식적으로 훨씬 더 잘 와닿는 '나-세계'를 선택하려 한다. 세 인물 각각은, '나와 세계의 얽힘'으로서 존재하는 자기 자신을 나름의 방식으로 이해한다. 관건은 이 '얽힘'을 어떻게 이해하느냐에 달려 있다. 바꿔 말하면, 서로 얽혀 있는 나 자신과 세계를 어떻게 취급하느냐가 인물 각각을 특징짓는다.

먼저 "불행한 의식"은 '얽힘' 전체를 보지 못하고 그 앞면인 '분열'만 보는 인물이다. "자기의식" 단계의 인물들이 다 그렇듯이, 그가 세계에 대해서 취하는 태도는 부정적이다. 그러나 그는 "스토아주의자"처럼 세계에 아랑곳하지 않는 초연함을 보이거나 "회의주의자"처럼 세계를 전면적으로 부정하는 공격성을 발휘하지 않는다. 왜냐하면 이들과 달리 "불행한 의식"은 세계에 아랑곳하지 않음은 결국 세계를 부정함이요 세계를 부정함은 곧 나를 부정함임을 알아챘기 때문이다. 요컨대 세계가 나의 존립에 필수적인 반대 짝으로서 나와 얽혀 있음을 불행한 의식은 감지했다. 그러나 그는 여전히 그 짝을 부정적으로 대한다. 진짜로 부정하지는 못하면서도 부득부득 부정하려 한다. 그래서 그는 "불행한,

내적으로 갈라진 의식"(4-B-11)이다. 부정하고 싶은 짝과 마지못해 함께 산다고 투덜거리는 놈이다.

　그가 짝을 자꾸 부정하려 하는 것은, 자유를 원하기 때문이다. 더 정확히 말해서, 자유를 자신의 정체성으로 확신하기 때문이다. 그가 보기에 그 자신은 '세계에 매여 있지 않다'는 의미에서 자유롭다. 그가 "자기의식"의 단계에 속한다는 것은 이런 부정적 의미의 자유가 그의 본질이라는 뜻이다. 그는 세계로 들어가 자신을 실현함으로써 도달하는 자유, 세계를 끌어안음으로써 얻는 자유를 모른다. '나-세계 합일'을 확신하는 이성이나 그 합일이 진실임을 아는 정신의 경지는 그에게 까마득한 "피안"일 따름이다.

　그는 내가 '얽힘'의 뒷면으로 칭하는 '합일'을 전혀 모른다. 아니, 어쩌면 눈치챘을 텐데 한사코 모른다고 부인한다. 왜냐하면 부정적 자유는, 그가 확신하기에 그 자신의 목숨과도 같기 때문이다. "불행한 의식"이 이제 더는 유지할 수 없음을 스스로 알아챈 부정적 자유에 한사코 매달리며 짝을 밀쳐내는 모습은 한편으로 애처롭지만 또 한편으로는 악착같다.

　둘째, "성실한 의식"은 '얽힘'을 아주 쉬운 '합일'로 확신하는 인물이다. 그는 "이성"의 단계에 속한 인물답게 '나-세계 합일' (내가 곧 세계임)을 확신하는데, 이 확신을 거침없이 밀어붙여 자신이 늘 보편적 세계와 합일한다고 단박에 믿어버린다. 요컨대 "불행한 의식"이 세계를 밀쳐낸다면, "성실한 의식"은 정반대로 세계를 항상 자신의 뜻과 일치하는 현실로서 긍정한다. 이 인물은 세상으로 들어가 너무나 쉽게 자신을 실현한다. 아니, 온 세상이 항상 이미 그 자신의 실현이니, 따로 세상에 들어갈 필요조차 없다.

그러므로 참으로 놀랍게도 "성실한 의식"은 항상 완벽한 성공작을 만드는 작가와 같다. 그에게는 어느 작품이나 그가 뜻한 바 그대로다. 그러니 졸작이 나왔다고 풀이 죽거나, 나는 최선을 다했는데 대리석이 문제였다고 투덜거리는 여느 작가와는 영 딴판이다. 그에게는 "우쭐함도 원망도 후회도 도무지 발생하지 않는다."(5-C-a-7) 그는 "자신이 항상 자신의 목적에 도달함을 알기 때문에, 자기 자신에서 오로지 기쁨만을 체험한다."(같은 곳) 그는 자신의 뜻과 일치하는 현실을 "사태 자체"라고 부른다.

늘 "사태 자체"를 마주하는 이 인물의 삶은 행복 그 자체라 할 만하다. 돌이켜보면 "불행한 의식"은 자신의 뜻과 일치하지 않는 세계를 늘 마주해야 하는 까닭에 불행하지 않았는가. 그런데 문제는 "성실한 의식"이 이렇듯 거침없이 단박에 '합일'을 확신함으로써 도달한 "사태 자체"가 공허할 수밖에 없다는 점에 있다. 이 인물은 다리가 셋 달린 사슴을 빚어놓고도 "사태 자체"라 하고, 다리가 다섯 달린 기린을 깎아놓고도 "사태 자체"라고 할뿐더러, 심지어 산자락 옥수수 밭을 망쳐놓고 달아나는 고라니를 보면서도 "사태 자체"라고 하는 식이다. "성실한 의식은 실제로 항상… 만족을 얻는다. 무엇이 어찌되든 간에, 성실한 의식은 사태

자체를 수행하고 사태 자체에 도달한 것이다."(5-C-a-15)

도무지 구시렁거리는 법이 없는, 바퀴벌레와 겨뤄도 밀리지 않을 성싶은 최강의 동물적 성실함이라 아니할 수 없다. 이 인물이 자랑하는 '합일'은 사실상 '개체와 환경의 미(未)분리'라는 의미에서 '동물적 합일'이다. 그런데 이 인물은 사람이 아닌가! 어떻게 사람이 이럴 수 있을까?

나는 이런 인물의 구체적인 예를 곰곰이 상상하다가 정치인, 특히 집권 여당의 정치인을 떠올렸다. "사태 자체"를 '국민의 뜻'으로 바꾸고, "성실함"을 '멸사봉공'으로 바꿔 생각해보라. "성실한 의식"이란 늘 '멸사봉공'의 태도로 '국민의 뜻'을 이뤄내는 인물, 어디에서나 '국민의 뜻'이 이루어짐을 보는 인물이다. 그는 자신의 개인적 측면을 멸사봉공의 제단에 몽땅 바치고 오로지 공인으로서, 오로지 '국민의 뜻'만 바라보며 산다. 혹은 그렇게 산다고 떳떳하게 말하면서 함박꽃 같은 미소로 우리 모두에게 악수를 청한다.

"성실함"이 '떳떳함'으로, '떳떳함'이 '뻔뻔함'으로 둔갑하는 것은 아주 자연스럽다. 헤겔에 따르면 "이 성실함의 진실은 겉보기만큼 성실하지 않다는 것이다."(5-C-a-18) 점잖게 표현했을 뿐이지, "성실한 의식"은 사기꾼이라는 뜻이다. 이같은 헤겔의 취지를 "성실한 의식"이 등장하는 대목(5-C-a)의 제목 "정신적 동물나라와 기만, 혹은 사태 자체"에서 벌써 읽을 수 있다. "기만" 곧 '사기'가 명시되어 있지 않은가. 물론 이 "기만"은 경우에 따라 겉보기에 악랄할 수도 있겠지만 본의 아닌 결과일 수도 있겠다.

아무튼 헤겔의 서술에서 요점은 "성실한 의식"이 "사태 자체"의 공허함을, 또한 자신이 확신한 '합일'의 비현실성을 깨달을 수밖에 없다는 것이다. 그는 여전히 개인이다. 하늘이 두 쪽 나더라도 사람이 바퀴벌레일 수는 없다. "사태 자체"를 들고 공론장에 나간 "성실한 의식"은 타인들도 제각각 나름의 "사태 자체"를 들고 온 것을 보게 된다. 당신은 '국민의 뜻'을 내세우지 않는 정치인을 본 적이 있는가? 또 여당이 말하는 '국민의 뜻'과 야당이 말하는 '국민의 뜻'이 일치하는 경우를 본 적이 있는가? 그런 경우는 '여당의 뜻'과 '야당의 뜻'이 일치할 때만 발생한다.

헤겔은 말한다. "따라서 개인들의 상호 놀이가 발생한다. 이 놀이에서 개인들은 자신과 상대방을 속이기도 하고 속기도 한다."
(5-C-a-19) 한 정치인이 텔레비전에 나와 '국민의 뜻'을 운운하면, 옳거니 속이기 놀이가 시작되는구나, 하고 판단하면 된다. 곧이어 다른 정치인이 또다른 '국민의 뜻'으로 맞서면, 오호라 '서로 속이기 놀이'가 본격화하는구나, 하면서 흥미로운 관전을 준비하면 된다.

한심한가? 그렇다. 한편으로 "성실한 의식"에게는 "코미디야, 코미디, 호호호!"(2003년 당시 법무부장관 강금실이 국회 법사위원회에서 내뱉은 혼잣말)라는 누군가의 명대사가 딱 어울린다. 그러나 헤겔철학의 기본정리를 상기하라. 진실은 늘 양면적이다. 당연히 이 인물에게도 긍정적인 측면이 있다. 그는 이 코미디 같은 '서로 속이기 놀이'를 통해 "개인과 보편자[전체]의… 상호침투[서로 스며듦]"(같은 곳)라는 진실을 누설한다. 철학자는 "코미디야, 코미디, 호호호!"라는 명대사를 침과 동시에 이 한심한 놀이에서 준엄한 진실을 읽어낸다.

돌이켜보라, 어찌 직업 정치인들뿐이랴. 우리는 누구나 개인의 관점에서 전체를 이야기한다. 그렇게 해도 될뿐더러, 해야 한다. 바로 그것이 정치가 아닌가. 그렇게 치고받으며 대화하기 외에 달리 무슨 길이 있나? 무릇 '멸사봉공'에는 사심이 끼기 마련이며, 우리는 누구나 개인으로서 이미 공인이다. 이것이 진실이다. 아무리 가려도 가려지지 않는, 우리가 침묵하면 돌과 나무라도 깨어나서 외칠 진실.

그러니 계속해서 허울뿐인 '멸사봉공'과 '총화단결'을 외치며 더는 웃기지도 않은 '서로 속이기 놀이'를 이어가자는 뜻으로 오해하는 독자는 없으리라 믿는다. 그럼 무엇을 어떻게 하자는 것일까? 아니, 그래서 우리는 이미 무엇을 어떻게 하고 있을까? 라는 질문이 더 적절할 성싶다. 거듭 말하지만 우리는 개인으로서 이미 공인이다. 정치는 철저한 멸사봉공의 정신을 체현한 사람만 해야 한다는 생각이 비현실적인 만큼, 어차피 정치판이란 이기심에 눈먼 놈들의 개싸움 판이라는 생각도 비현실적이다.

『정신현상학』에서 "성실한 의식"의 '서로 속이기 놀이'에 이은 다음 대목들의 제목은 "법을 정하는 이성"(5-C-b)과 "법을 검사하는 이성"(5-C-c)이다. 우리는 개인과 전체의 합일을 단박에 확신하는 "성실한 의식"의 단계를 벗어나, 각자 나름의 관점에서 전체를 보는 개인들로서 다함께 인정할 수 있는 법을 정하고 끊임없이 재검토한다(혹은, 재검토해야 한다). 물론 이 단계도 끝이 아닐뿐더러 나름의 한계를 드러낼 테지만, '나와 세계의 얽힘'이라는 진실이 "성실한 의식"을 거쳐 이어가는 행보는 이 단계로의 이행이라는 것이 헤겔의 생각이다.

마지막으로 "아름다운 영혼"은 어떤 인물일까? 그는 '나-세계 합일'을 확실히 깨닫고 황홀경에 빠진 나머지, 어쩌면 아편굴의 고객과도 유사하게, 그 황홀경에 머물기를 고집하며 말라죽어가는 인물이다. 이 어처구니없이 무력한 인물은 놀랍게도 "정신"을 다루는 6장의 마지막 대목(6-C-c)에서 등장한다.

이 장에 나오는 인물들은 '나-세계 합일'을 이미 안다. 수준이 보통 높은 인물들이 아닌 것이다. 『정신현상학』 전체를 "보편적인 개인"(서문-28)으로 지칭된 가상의 주인공 한 명이 거치는 순례의 여정으로 상상한다면(물론 이 상상은 『정신현상학』을 철학적으로 엄밀하게 이해하는 데 도리어 방해가 되지만), 6장의 마지막 대목에 이른 주인공은 등반가로 치면 히말라야 14좌 완등에 비길 만큼 풍부한 경험을 쌓은 상태다. 그렇게 많은 경험을 쌓은 순례자

이기에 그만큼 세게 곤두박질치는 것일까? 깨달음이 도리어 그의 덜미를 잡아 죽음으로 이끄는 황당한 일이 벌어진다. 이 인물은 깨달음을 "외화"(Entäußerung)하지 못해서 파멸한다고 한다. 대체 무슨 뜻일까?

나는 불가(佛家)에 전해오는 10장짜리 그림 「심우도(尋牛圖)」의 여덟째 장면과 마지막 장면을 떠올린다. 전자의 제목은 '인우구망(人牛俱忘, 사람도 잊고 소도 잊다)', 후자의 제목은 '입전수수(立廛垂手, 시장에 들어가 손을 드리우다)'다. 공부의 과정을 소를 찾아나서 발견하여 붙들고 기르는 등의 과정으로 표현한 심우도 전체에서 '인우구망'은 최고의 깨달음을 뜻한다. 이 단계에 이르면, 소도 없고 사람도 없단다. 더 오를 곳도 있을 리 없다. 그럼 끝일 법한데, 아직 두 장면, 특히 맨 마지막 '입전수수'가 남아 있다. 흔히 속세로 들어가 중생을 제도하는 단계로 설명하는 이 마지막 장면에서 나는 헤겔이 말하는 "외화"와 "죽음을 견뎌내고 죽음 안에서 자기 자신을 유지하는 정신의 삶"(서문-32)을 연상한다. 이 연상에서 "아름다운 영혼"은 '인우구망'에 머물기로 작심한 수행자다. 충분히 높이 올라왔으니 이제 돌아서 내려갈 차례인데, 그는 머무름을 선택한다.

"응무소주 이생기심(應無所住 而生其心, 반드시 머무는 곳 없이 그 마음을 낼지니라)"이라는 『금강경』의 이름난 글귀에서 보듯이 머무름은 불교에서도 미덕이 아니지만 헤겔철학에서는 주체가 자기 자신(곧 진실)을 헛되이 거역하는 방식이다. 진실을 거역할 길은 없으니 헛되다는 것이다. "아름다운 영혼"은 순수한 황홀경에 머무르려 하나 결국 머무르지 못한다. 죽음이 그를 데려간다. 스스로 자신을 거두지 않는 그를 죽음이 거둔다. 『정신현상학』에서 "아름다운 영혼"이 처음 등장하는 대목을 조금 길게 인용하겠다. "외화"를 '자신을 세상에 내놓기'로 풀어본 것은 나의 첨언이다.

이 의식에게는 외화의[자신을 세상에 내놓을] 힘이 없다. 자신을 사물로 만들고 존재를 참아낼 힘이 없다. 그는 자기 내면의 탁월함이 행위와 현존재를 통해 오염될까 염려하며 살며, 자기 마음의 순수함을 보존하기 위해 현실과의 접촉을 기피한다. 그는 궁극의 추상으로까지 첨예화한 자신의 자아를 단념하고 자신에게 실체성을 부여할 수 없다는, 혹은 자신의 생각을 존재로 바꾸고 자신을 절대적 차이에 내맡길 수 없다는 고집스러운 무력함을 고수한다. 따라서 그가 자신 앞에 산출하는 공허한 대상은 그를 단지 공허의 의식으로 채운다. 그의 행동은 동경이다. 동경은 본질 없는 대상으로 되는 과정에서 다만 자신을 상실하고, 이 상실을 넘어 자신에게 돌아오면서 자신을 단지 실패한 놈으로 발견한다. 그의 단면들의 이같은 투명한 순수성 안에서 불행한, 이른바 아름다운 영혼이 속으로 가물거리며 꺼져가고 형체 없는 증기로 공중에 풀어져 사라진다. (6-C-c-27, 번역본 2권 221-222쪽)

"무력함을 고수한다"는 표현, "형체 없는 증기로 공중에 풀어져 사라진다"는 표현은 헤겔이 때로는 얼마나 잔혹할 수 있는지 유감없이 보여준다. 그가 보기에 "아름다운 영혼"은 어쩔 수 없이 무력한 것이 아니라 스스로 고집스럽게 무력함을 고수한다. "불행한 의식"이 부정적 자유를 내려놓지 않으려고 자신의 짝을 한사코 밀쳐내던 모습, 그렇게 악착같이 불행('나-세계 분열')을 고집하던 모습과 아주 흡사하다.

"궁핍한 시대"를 한탄하던 천재 시인, 헤겔의 친구 횔덜린은 이내 정신병에 걸려 사실상 파멸했다. 당대를 호령하던 낭만주의자들은 완전한 합일 따위나 동경하다가 차츰 이런저런 방식으로 변절해갔다. 헤겔은 그들을 싸잡아 저주하는 것일까?

> 현실성 없는 아름다운 영혼은… 파열하여 광기에 이르고 용해하여 동경의 마름병에 이른다. (6-C-c-37)

"아름다운 영혼"은 정녕 큰 깨달음에 이르렀다. "불행한 의식"이 까마득한 "피안"으로 상상만 하던 '나-세계 합일'의 경지에 마침내 도달하여 가부좌를 틀고 정좌했다. 그런데 그렇게 주저앉고 보니, 정말 심각한 고립의 외통수에 걸려든 꼴이다. "불행한 의식"에게는 싫더라도 어쩔 수 없이 마주해야 하는 짝이 있었다. 그가 아무리 고립을 추구하더라도, 그 짝이 늘 따라붙어 그의 고립을 막았다. 덕분에 그는 '나-세계 분열'을 고집하면서도 다른 한편으로 '나-세계 합일'을 어렴풋하게나마 떠올릴 수밖에 없었다. 반면에 완벽한 '나-세계 합일'에 도달하여 가부좌를 튼 "아름다운 영혼"의 곁에는 아무도, 아무것도 없다. 그가 거기에 머무르기로 작정한다면, 그 어떤 방해도 없이 차츰 말라죽을 수 있을 것이다.

그를 구할 수 있는 것은 오직 그 자신뿐이다. 방법은 간단하다. 다시 움직이면 된다. 그냥 자리 털고 일어나서 그 합일의 최고봉을 뒤로 하고 내려오면 그만이다. 헤겔은 "아름다운 영혼"의 고집을 저주한 뒤에 "악의 용서"를 이야기하는데, 이 대목은 다름 아니라 수행자의 하산을 의미한다고 나는 해석한다.

아무리 큰 깨달음도 거기에 머무르려는 자에게는 아편굴과 다름없다는 것. 깨달음을 얻은 자가 툭 내려놓고 떠날 때 비로소 그 깨달음이 정말 큰 깨달음으로 남는다는 것. 내가 "아름다운 영혼"의 비극에서 읽는 교훈이다.

9

이제 김상환의 "인문적 주체"에 성분으로 참여하는 세 인물 "불행한 의식" "성실한 의식" "아름다운 영혼"을 일목요연하게 비교하고 정리해보자. 도식적이라는 비판을 받을 줄 알면서도 이 작업을 하는 것은 "인문적 주체는… 자기 자신에게 충실한 인간" (359쪽)이라는 김상환의 자기규정에 치밀하게 접근하기 위해서다.

비교정리의 첫째 기준은 '나-세계'라는 복합체를 어떻게 이해하는가,라는 문제다. 다시 말해 나와 세계의 '얽힘'이 가진 양면 중 어느 것을 붙들고 내세우느냐가 관건인데, 그 양면이란 1) '나-세계 분열'과 2) '나-세계 합일'이다. "불행한 의식"은 1)을 자신의 진실로 부여잡고 2)를 한사코 밀쳐내는 인물이다. "성실한 의식"은 겉과 속이 달라서, 겉으로는 2)를 자신의 진실로 내세우지만 속으로는 1)을 믿는다. 마지막으로 "아름다운 영혼"은 2)를 확고한 진실로 부여잡고 말라죽어간다. 온전한 진실은 '얽힘' 전체, 곧 1)과 2) 둘 다인데, 이 인물들은 각자 나름의 방식으로 전체의 한 부분을 내세우면서 나머지 한 부분을 가리려 애쓴다. 한 부분만 부여잡고 버틴다. 그러나 그 애씀을 통해 온전한 진실을 때로는 희극으로("성실한 의식"), 때로는 비극으로("아름다운 영혼") 누설한다.

기왕에 극을 언급했으니, 인물들의 대사와 행동까지 상상해보자. 김상환에 따르면 "개념을 현시한다는 것은 보편적인 의미를 특수의 세계 속에 장면화한다는 것을 말한다. 현시란 연출이다." (81쪽) 김상환은 이런 연출을 대단히 중시하는데, 나 또한 연출의 유용성을 백번 인정한다. 당신도 연출자의 마음가짐으로 또다른 장면들을 스스로 상상하며 읽어주기를 바란다.

첫째, "불행한 의식"은 '분열 고수자'다. 악착같이 분열에 매달린다. 왜냐하면 그 자신의 정체성에서 분열을 빼면 아무것도 안 남는다고 스스로 믿기 때문이다. 대표적인 대사는 '나는 평생 되는 일이 없어. 세상이 내 뜻을 안 따라줘. 이번 생은 글렀다고 봐야지.' 정도가 적당하겠다. 조용히 구시렁거릴 때가 많지만 가끔은 버럭 화를 내기도 한다. 전형적인 행태는 열심히 밥 지어온 죄밖에 없는 동반자에게 행패를 부리려다가, 아무래도 이건 좀 아니다 싶은지, 부리는 척만 하는 것이 되겠다. 우리 주변에 쌔고 쌘 인물이다.

둘째, "성실한 의식"은 '사기성 합일 성취자'다. 많이 들어봤겠지만 '저는 자나깨나 국민만 바라보고 국민의 뜻만 따릅니다. 멸사봉공. 제 인생 국가에 바쳤습니다'가 이 인물의 입에 발린 대사다. 오늘도 어제와 다름없이, 비가 오나 눈이 오나 웃는 표정으로 우리 모두에게 다가와 악수를 청하는 이 "성실한" 인물에게 누가 침을 뱉으랴. 그가 속으로는 입신출세와 패거리의 번창을 추구함을 지나가는 개도 알 테니, 그냥 웃어주기로 하자. 아무도 속아주지 않는다는 전제만 확고하다면, 사기꾼은 참 인간적인 희극 캐릭터일 수 있다.

셋째, "아름다운 영혼"은 '합일 고수자'다. '나-세계 합일'을 깨닫고 굳게 지키는 인물인데, 이런 고귀한 분이 우리 주변에 흔할리 없어서, 이 분의 전형적인 대사는 상상하지 못하겠다. 그러나 어울리는 행동은 가부좌 틀고 앉아 명상하기일 듯하다. 그러니 서쪽으로 설산을 넘고 청해를 건너 다시 사막으로 한 달을 걸어 들어가 어느 외딴 석굴에서 천행으로 이 분을 만나더라도, 들을 수 있는 대사라고는 "오—옴"이 전부이지 싶다. 고매한 신비주의 자들에게는 위대한 구루요 꿈의 롤모델일지 몰라도 나 같은 시정 잡배에게는 대리운전 광고보다 더 하찮은 인물이다.

비교정리의 또다른 방식은, 만약에 이들이 작가라면 어떻게 작품활동을 할까,라는 질문을 던져보는 것이다. 얼핏 생뚱맞은 질문 같지만, 나는 이 인물들의 특수성뿐 아니라 보편적인 주체성에 접근하기 위한 방편으로 '작가-작품 관계'에 대한 고찰만큼 유익한 것도 드물다는 입장이다. 참고로 헤겔은 세 인물 중에서 "성실한 의식"을 다룰 때만 "작품"을 언급한다. 그러니 역시 "성실한 의식"과 관련해서만 "작품"(344쪽)을 언급하는 김상환은 텍스트에 충실한 해석을 하는 셈이다.

그러나 '작가-작품 관계'는 "불행한 의식"과 "아름다운 영혼"을 비롯해서 모든 주체의 삶에 적용할 수 있는 보편적인 틀이다. 왜냐하면 작품이란 가장 전형적인 의미에서 '객체로서 나'(='세상에 내놓은 나')이고, '객체로서 나'는 내가 마주한 '세계'의 중심이기 때문이다. 세계에는 숱한 요소가 있지만, 나의 관심이 기본적으로 향하는 초점은 세계 속의 나다. 나는 현실 속의 나를 제약하는 조건, 지탱하는 발판, 현실 속에서 내가 이룬 업적 등에 관심을 집중하기 마련이다. 따라서 '나-세계' 복합체를 논한다는 것은 본질적으로 '주체로서 나-객체로서 나' 복합체를 논한다는 것과 같다. 저 세 인물이 '나-세계' 복합체에 대해서 취하는 입장은 '주체로서 나(작가)-객체로서 나(작품)' 복합체에 대한 그들의 입장을 함축한다. 요컨대 '작가-작품 관계'를 틀로 삼아 그들을 분석하는 접근법은 결코 억지스럽지 않다.

"불행한 의식"은 어떤 작가일까? '내 작품은 항상 실패작이야!'라고 투덜거리는 작가다. 그는 늘 자신의 의도와 실제 작품 사이의 간극을 강조한다. 실패의 이유는 얼마든지 다양할 수 있는데(예컨대 재료 탓, 작업실 탓, 본인의 건강 탓) 아무튼 요점은 실패작 생산, 곧 '작가-작품 분열'이다. 그는 자기를 비하하는 것일까? 반은 맞고 반은 틀리다. 그의 투덜거림은 '작품으로서 나'를 깎아내림으로써 '작가로서 나'를 추어올리는 행동이다. 그의 속내를 표현하는 대사는 이를테면 이런 것이다. '난 이것보다 훨씬 더 나은 작품을 만들 수 있는 작가란 말이야!' 직업작가 중에 이런 태도를 견지하는 사람은 거의 없을 듯하다. 공허한 자위와 허풍에서 얻은 힘으로 꾸준히 작가의 길을 간다는 것은 상상하기 어렵다. 물론 겉으로는 늘 투덜거리지만 속으로는 자기 작품들에서 '객체로서 나'를 보며 흡족함을 느끼는 작가는 얼마든지 있다. 하지만 전형적인 의미의 "불행한 의식"은 공허한 자기만의 자부심을 열기구처럼 부풀리기 위해 자기 작품을 짓밟아 땔감으로 쓴다.

"성실한 의식"은 어떤 작가일까? 이미 설명한 대로 '내 작품은 항상 성공작이야!'라고 말하며 흡족한 미소를 짓는 작가다. 하지만 무릇 '작가-작품 관계'에는 '작가-작품 분열'이 필수 요소로 들어 있기 마련이다. 솔직히 이 인물도 속으로는 자신과 작품 사이에 간극이 있음을 안다. 그렇지만 겉으로는 늘 성공('합일')을 선언한다. 이런 인물의 구체적인 예로 독재자의 카리스마로 학생들을 장악하는 미술대학 교수 정도를 생각해보았는데, 간접경험조차 없다보니 과연 적절한 예일지 잘 모르겠다. 아무튼 이 인물도 작가의 길에 오래 머물 가능성은 낮다고 본다. 아무래도 정치에 어울리는 인물이기 때문이다. 미술가라면 교수가 된 후 작품활동보다는 학계 및 문화계에서의 권력획득 및 행사에 주력할 유형이다. 최선의 경우에는, 비슷한 신념을 가진 작가들과 무리를 지어 소위 '전위 작가'로서 새로운 유파를 개척하며 짧은 한철을 풍미할 수도 있겠다.

　"아름다운 영혼"은 작가로서도 가장 어처구니없다. 우선 이 인물은 풍부한 경력을 쌓은 작가다. 발표한 작품의 수도 상당할 테고 수준도 최고에 가까울 것이다. 자신이 무엇을 추구하는지, 어떤 운명에 처해 있는지도 알 만큼 안다. 무릇 작가가 그렇듯이, 그는 매번 작품을 만들 때마다 '작가-작품 합일'을 추구하다 번번이 실패했지만, 꿈을 버리지 않고 조금씩 '합일'을 향해 전진해왔다. 그리고 마침내 지금까지의 아이디어와는 질적으로 다른 궁극의 영감을 얻었다. 이제껏 그가 기나긴 오르막을 고되게 오른 것은 정말이지 그의 목숨과 바꿔도 좋은 이 영감 하나를 위해서였다는 생각이 든다.

그는 특별한 작업에 착수할 때 마음의 준비를 위해 들르곤 하던 토굴에 들어간다. 가부좌를 튼 그의 얼굴은 환희로 빛나고, 그의 호흡은 온 세상에 충만한 아름다움과 하나가 된다. 날이 밝고 다시 밤이 와도 그는 가부좌를 풀지 않는다. 내면에 품은 영감을 구체적인 작품으로 세상에 내놓는 일이 부질없다는 생각이 들었기 때문이다. 그는 지금 이대로가 너무나 좋을뿐더러, 과거의 모든 작업과 마찬가지로 이번 작업도 '작가-작품 분열'의 운명을 비켜가지 못할 것임을 잘 안다. 그래서 이 순간에 머물기로 한다. 처음 작가의 길에 들어설 때부터 꿈꿔온 '작가-작품 합일'의 경지에 마침내 도달한 그는 "속으로 가물거리며 꺼져가고 형체 없는 증기로 공중에 풀어져 사라진다."(6-C-c-27)

결론적으로 김상환의 "인문적 주체"에 성분으로 참여하는 세 인물은 평범한(또한 장한) '작가-작품 관계'를 꾸려가지 못한다는 공통점이 있어 보인다. 불타는 열정으로 작업에 착수하고, 한 걸음씩 힘들여 나아가고, 완성의 순간 뿌듯한 성취감에 전율하고, 얼마 후 실망감에 나락으로 떨어지고, 다시 얼마 후에 툭툭 털고 일어나 새로운 작업에 착수하는, 작가다운 작가, 사람다운 사람과 조금 거리가 있어 보인다. 아니, 어쩌면 그 인물들 각각은 사람다운 사람이 지닌 여러 측면 중 하나를 캐리커처에서처럼 과장하여 만든 캐릭터일 수 있다. 만일 그렇다면 그들은 본질적으로 사람다운 사람일 뿐이고, 김상환의 "인문적 주체" 역시 그러하다.

10

어쩌자고 김상환은 인문학자인 그 자신을 "불행한 의식"과 "성실한 의식"과 "아름다운 영혼"의 조합으로 규정한 것일까? 일단 이들을 성분으로 삼아 일관된 캐릭터를 합성할 수 있느냐는 것부터가 문제다. 사람이라는 놈은 최소한 사람의 뇌만큼 복잡할 테니, 물리적으로 불가능하다고 단정하지는 못하겠다. 그러나 그 합성 작품이 어떤 모습일지 나로서는 상상이 안 된다.

필시 김상환은 저 인물들 사이의 이질성을 나보다 훨씬 저평가한 모양인데, 꼼꼼하지 못함을 탓할지언정 그런 해석 방향 자체를 배척할 수는 없다고 본다. 이미 말하지 않았나, 헤겔은 프랙털 미로라고. 지옥의 유황 안개 자욱한 그 미로에 발을 들인 이상, 피차 영원히 헤맬 각오를 해야 할 판인데, 어떤 해석자가 자신의 길만 옳다고 우길 수 있겠는가.

아무튼 나의 해석을 전제하면, 저 세 인물을 조합하여 하나의 건물을 짓는 유일한 길은 연결뿐이지 싶다. 즉, 각각 다른 건물 세

채를 지어서 적당히 배치한 뒤에 하나로 연결하는 것이 가능한 최선이리라. 혹시 세 채 중에서 비교적 합성이 수월한 두 채를 하나로 합치고 나머지 하나를 나란히 놓는 방법도 있을까?

예컨대 "불행한 의식"과 "아름다운 영혼"은 '나-세계 얽힘'이라는 진실의 절반씩을(전자는 '나-세계 분열'을, 후자는 '나-세계 합일'을) 움켜쥐고 버티는 놈들이라는 점에서 의외로 매끄럽게 합성될지도 모른다. 이들을 합성한다면, "성실한 의식"이 따로 떨어져야 할 것이다. 다른 한편으로 "불행한 의식"과 "성실한 의식"은 작품활동을 아예 중단한 작가는 아니라는 점에서 합성될 여지가 있어 보인다. 이들을 합성한다면 "아름다운 영혼"이 별채로 남아야 할 것이다.

글의 첫머리에서 밝혔듯이 나는 김상환의 자기규정에서 "책상도련님"의 체취를 맡았다. 그는 "인문적 주체"라는 "특이체질의 인간은 자기관계에 충실하되 대타관계에는 취약하다는 약점을 지닌다"(437쪽)고 말하는데,『정신현상학』에서 이 규정에 가장 잘 어울리는 인물은 "불행한 의식"이다. 자신과 세계가 어긋나 있다고 믿는 인물. "궁핍한 시대의 시인"이라는 표현과도 잘 어울리는 인물이다. 굳이 다시 설명할 필요가 있을까마는, "특이체질의 인간"이라는 표현에서부터 "불행한 의식"이 보이는 데다가 "자기관계"와 "대타관계"를 분리해서 일방적으로 전자에 무게를 싣는 것에서는 "불행한 의식"의 체취가 확 느껴진다. 헤겔에게 배운 시각으로 보면, 김상환의 "인문적 주체"는 결국 '나-세계 분열'에 충실한, 정말 악착 같이 충실한, 자기 삶의 기반이자 활동의 터전이요 상당 부분 그 자신의 작품인 '세계'를 짓밟으면서까지 충실한, 이 충실함의 보상으로 획득한 공허한 자부심 안에서 실은 남몰래 행복해하는 "불행한 의식"이다.

'나와 세계가 원래 분열되어 있었기 때문에 내가 어쩔 수 없이 불행한 의식이 되었다'라는 식의 말은 적어도 헤겔 앞에서는 씨알도 안 먹힌다. 나와 내가 부여잡은 진실은 뗄 수 없게 얽힌 한쌍이다. '나-세계 분열이 있는 그대로의 진실이라니까!'라는 항변은 그냥 '나는 불행한 의식이야'라는 고백과 동치다.

무릇 주체는 세계를 자신의 작품으로 지어간다. 하물며 나무도 새와 사슴을 끌어들여 이들의 배설물로 주변 토양을 기름지게 함으로써 주변 세계를 자신과 어울리게 지어가지 않는가. '나-세계'는 항상 이미 동근원적 이중체다. 맞선 채로 얽힌 '나-세계' 중에 어느 한쪽이 반대쪽을 일방적으로 규정하는 일은 절대로 없다. 상식만 가져도 누구나 알듯이, 바로 그렇기 때문에 나는 세계를 책임져야 한다.

"불행한 의식"이라는 범주 안에서도 다양한 인물이 가능할 텐데, 내가 특히 주목하고 싶은 인물은 염상섭의 소설『만세전』에 나오는 주인공 "이인화"다. 자신을 "책상 도련님"으로 규정하는 그가 "불행한 의식"의 한국적 지식인 버전을 대표한다고 보기 때문이다. 이인화는 십대 중반부터 이십대 초반인 소설 속 현재까지 동경 유학생 신분이다. 나는 그의 자기규정의 바탕에 유학이라는 근본체험이 깔려 있다고 느낀다. 유학이라는 근본체험은 결코 적지 않은 외상으로서 당사자를 "불행한 의식"으로 이끄는 경향이 있다.

유학 체험자는 두 세계를 갖게 된다. 한국어 사용자들이 사는 세계와 자신이 유학 시절을 보낸 세계. 두 세계를 가진다는 것은 두 세계 사이에서 떠돈다는 것이다. 이런 떠돎은 문제가 아닐뿐더러 오히려 바람직하다. 이미 언급했듯이, 헤겔의 관점에서 치명적인 병은 '머무름'이다. 유학 체험자의 정신이 저 두 세계 중 후자에 머물 때, 그렇게 전자로부터 분리된 양하며 전자를 상대할 때, "불행한 의식"의 한국적 지식인 버전은 성큼 완성에 다가선다.

어디 허구의 이인화뿐이랴. 그를 지어낸 염상섭, 민족의 개조를 외친 이광수, 식민지시대의 거물 윤치호, 유신시대에 "궁핍한 시대의 시인"을 호명한 김우창, "자기 자신에게 충실한" 김상환, 심지어 개뿔도 없는 나까지 죄다 유학 체험자다. 몸소 몇년 동안 유학을 체험해야만 유학생의 태도를 갖는 것은 아니다. 어떤 의미에서 이 땅의 지식인 대다수는 유학 체험자다. 유학이라는 심각한 외상에서 회복중이거나 그 외상으로 불구가 되었거나 지금도 그 외상이 자꾸 덧나며 악화되는 환자다.

헤겔이 "불행한 의식"에게 요구하는 "경험"은 '나-세계 합일'도 진실의 한자락임을 인정하는 것이다. 이 인정은 "불행한 의식"이 '세계'를 자신과 얽힌 짝으로, 자신의 터전으로, 자신의 작품으로 받아들임을 의미한다. 즉, 진실은 '나-세계 얽힘'이며 바로 이것이 "자기 자신"임을 깨닫는다는 뜻이다. 김상환이 "자기 자신에게 충실함"을 그 자신의 자기규정으로 내놓으면, 헤겔은 당연하다며 고개를 끄덕일 것이다. "자기 자신" 곧 '나-세계 얽힘'에의 충실은 모든 주체의 사명이며, 깊이 분석해보면, 모든 주체가 항상 이미 실행하는 바라고 덧붙이면서 말이다. 세상이 아프면 나도 아픈 게 당연하다. 함께 앓는 것이 최선일 때는 함께 앓자.

『정신현상학』의 등장인물들이 각자의 자기규정과 상관없이 모두 정신의 모습인 것과 유사하게, 김상환도 그 자신의 자기규정과는 상관없이 한량없이 큰 보살행으로 진실에 참여했다. 내가 보기에 『철학과 인문적 상상력』의 저자는 "불행한 의식"도, "성실한 의식"도, "아름다운 영혼"도 아니다. 보라, 이 책을 한국어 사용자들에게 선물하여 '나-세계 얽힘'을 보살피는 크나큰 보살행을 했으니, 김상환은 장한 작가 보살이다. 당면한 시대에 자신을 던져서 깨지고, 주섬주섬 거두고, 또 던지는 그는 작가다운 작가, 사람다운 사람이다.

더구나 그의 선물은 전설의 '종합선물세트'다. 내가 어릴 적에 '종합선물세트'는 모든 아이들의 꿈이었다. 추석 때나 설 때가 아니면 구경도 못했다. 아주 드물게 아버지가 늦은 밤에 함께 취한 친구들을 데리고 집에 들어오는 비상사태가 발생할 때가 있었다. 누가 몸을 흔들어 부스스 잠에서 깨면, 아버지나 낯선 아저씨가 '종합선물세트'를 내밀었다. 그때의 환희를 상상해봐라. 당시 우리에게 '종합선물세트'는, 짜장면보다 몇길이 위였다.

배운 게 도둑질이라고, 나는 김상환이 안겨준 종합선물세트에서 고작 헤겔 하나만 썹었다. 터무니없이 부족한 보답이어서 부끄럽지만, 이렇게 대화하는 것이 '나-우리-세계 얽힘'이라는 진실을 일구는 길이라고 믿기에 조심스레 내밀어본다.

마무리는 노래가 좋을 듯싶다. 김상환은 3부 2장 "인문학과 정신적 동물의 왕국" 등에서 숫제 새타령을 부른다. 학과 닭부터 병아리, 부엉이, 백조까지 등장한다. 그래서 나도 파랑새를 준비했다.

새야 새야 파랑새야
반들반들 네 부리
탄탄하니 뾰족한 것이
보습으로 딱이로구나
내려와라, 밭 갈자.

4
아주 오래된 외부인 놀이
이어령의 한국인론을 그 계보를 따져 비판함

1. 한풀이 역전극

1980년대 최고의 희극배우 이주일은 「못생겨서 죄송합니다」라는
노래에서 이렇게 토로했다.

얼굴이 못생겨서 죄송합니다

(…)

지나온 세월은 마음이 아팠습니다

(…)

가슴에 쌓인 한을 풀기 위해서

이제는 조용히 조용히

뭔가 보여주고 싶습니다

이주일은 한껏 진지한 표정으로 죄송하다고 하지만, 과연 못생긴 것이 죄송할 일인지, 애당초 그가 정말로 못생겼는지 의문이다. 그는 가슴에 한이 쌓였고 이제는 풀겠다고 한다. 한이란 주관적인 감정이므로, 그가 한이 쌓였다고 호소한다면, 한이 쌓인 것이다. 이제 그는 한을 풀고자 하며, 그 방법은 뭔가 보여주는 것이다. 누구에게 무엇을 보여준다는 것일까? 텔레비전 속의 이주일은 "뭔가, 뭔가 보여드릴려고…"라는 특유의 대사와 우스꽝스러운 동작으로 한 시대를 휘어잡았다. 애틋하고 만만한 그에게 수많은 사람이 공감했다. 왜였을까? 조목조목 따져 들어가면 구구절절 의문인 저 노래가 왜 그리 확 와닿았을까?

그럴싸한 대답들이 있다. 너나없이 고생하던 시절이었기 때문이다, 다들 한풀이를 꿈꾸며 달음박질하던 압축고도성장의 시대였다, 식민지시대에 이어 전쟁까지 겪으면서 한이 태산만큼 쌓인 사람들이 많아서였다, 등등. 하지만 뭔가 부족하다는 느낌을 지울 수 없다. 세상에 어떤 이야기도 현실의 기계적인 반영일 리 없다. 이주일의 노래에 빠져들던 사람들이 실제로 어떤 역사를 거쳤고 어떤 형편이었다는 식의 대답으로 그 노래의 인기를 완전히 설명할 수는 없다. 현실과 동떨어진 이야기가 끈질기게 인기를 누리는 경우가 있는가 하면, 어떤 이야기는 명백한 진실로 밝혀진 뒤에도 다들 쉬쉬하지 않는가.

기억하는 사람조차 드문 옛 노래를 굳이 거론하는 것은 거기에 전형적인 한국인론이 담겼기 때문이다. "못생겨서 죄송하다"는 이상한 사과와 그 바탕의 자기비하, "가슴에 쌓인 한"을 자신의 간판으로 내거는 자기규정(곧 피해자 의식), "뭔가 보여주고"야 말 겠다는 역전의 다짐은 내가 주목하는 전형적 한국인론의 핵심요 소들이다.

나는 그런 한국인론의 대표 저자로 이어령을 꼽는다. 1960년대 초반 『흙 속에 저 바람 속에』에서 출발하여 20여년 뒤 『푸는 문화 신바람의 문화』와 『신한국론』으로 이어진 그의 한국인론은, 고난 의 역사 속에 쌓인 우리의 한을 이제 풀 때가 왔다는 이야기, 한마 디로 '한풀이 역전극'이다. 이 통쾌한 시나리오, 고무적인 응원가 를 찬찬히 곱씹고 비판하는 것이 이 글의 목적이다.

정신과 의사 최병건은 얼마 전 한 신문에 연재한 주목할 만한 글 「자학의 거울」(『한겨레』 2014년 3월~7월)에서 "대한민국에서 한국인 이라는 정체성을 가지고 사는 우리의 자기비하"를 "한국인 타령" 으로 명명하고 흥미롭게 분석한다. 나와 마찬가지로 한국인론에 대한 비판을 시도하는 셈인데, 중요한 차이는 그가 자기비하적인 "한국인 타령"에 집중한다면, 나는 그런 자기비하를 한 요소로 품 은 더 큰 한국인론을 분석한다는 점이다. 이 차이는 최병건이 인 터넷 댓글을 비롯한 대중문화에서 발견되는 한국인론에 초점을 맞추는 반면, 나는 엘리트 저자들의 한국인론에 주목한다는 점과도 관련이 있지 싶다.

　실제로 사적인 대화나 인터넷 댓글에서 한국인을 비하하는 대중의 한국인론은 그저 "한국인 타령"으로 끝나는 경향이 있다. 그러나 공적인 영역에 당당히 자리잡은 엘리트 저자들의 한국인론은 그렇게 자기비하로 마무리되는 경우가 거의 없다. 심지어 이주일의 노래도 "뭔가 보여주고 싶습니다"라는 뜨거운 소망의 토로로 대중의 박수를 끌어내지 않는가. 최병건이 날카롭게 분석한대로, 자기비하와 "우리는 할 수 있다, 대한민국 만세!"라는 외침에 담긴 가슴 벅찬 "전능감"은 흔히 동전의 양면처럼 짝을 이룬다 (최병건, 「자학의 거울」 3절 '트라우마' 참조). 이를 감안하면, "한국인 타령"에 초점을 맞추는 최병건과 '한풀이 역전극'을 표적으로 삼는 나의 차이는 미미할 수도 있겠지만, 다시 강조하거니와 내가 말하는 전형적 한국인론이란 "한국인 타령"을 넘어서 '한풀이 역전극'에까지 이른 담론이다.

2. 한국인-주체와 한국인-객체

그림에 빗대면, 한국인론은 한국인의 초상화다. 특히 한국인이 저술한 한국인론은 자화상에 해당한다. 자화상을 그릴 때 화가는 둘로 갈라진다. 한편에는 자화상 속의 화가가 있고, 다른 한편에는 붓을 들고 자화상을 그리는 화가가 있다. 마찬가지로 한국인론을 저술하는 상황에서는, 한국인론의 저자('한국인-주체'라고 하자)와 한국인론 속의 한국인('한국인-객체')을 구분할 수 있다. 더 나아가 진짜 한국인, 말하자면 '있는 그대로의 한국인'('한국인-존재')을 셋째 항목으로 고려할 수 있을 것이다. 자화상을 사실적으로 잘 그렸다면, 자화상 속 화가는 있는 그대로의 화가와 쏙 빼닮았을 것이다. 그런 자화상은 화가의 객관적인 모습을 알고자 하는 사람들에게 인기가 높을 것이다.

이주일의 노래와 같은 전형적 한국인론이 꾸준한 인기를 누려온 것도 그 담론 속 '한국인-객체'와 있는 그대로의 '한국인-존재'가 상당한 정도로 일치하기 때문이 아닐까? 아마 많은 이들이 그렇다고 대답할 성싶다. 하지만 어떤 자화상도 있는 그대로의 화가를 온전히 보여주지 못한다. 자화상에서 볼 수 있는 것은 화가의 앞면, 또는 옆면뿐이다. 마찬가지로 어떤 '한국인-객체'도 이루 말할 수 없이 다면적이며 복합적인 '한국인-존재'와 오롯이 일치할 수 없다는 점을 상기하자. 한국인-객체와 한국인-존재의 일치는 늘 부분적이기 마련이다.

한국인-존재의 한 측면을 유난히 강조하면서 한국인-객체를 구성하면, 일리 있는 한국인론이 만들어질 것이다. 그러나 그런 한국인론은 한국인-존재의 다른 측면들을 가리는 구실도 한다. 비유하자면, 지리산 입구의 커다란 등산로 안내판이 그 너머의 진짜 지리산을 가리는 것과 유사하다. 등산로 안내판 구경으로 등산을 대신하는 사람은 어리석다. 조금만 생각해보면 알 수 있듯이, 한국인-존재의 복잡성은 백두대간과 비교해도 상대가 안 될 것이 뻔하다. 이 사실을 외면하고 전형적 한국인론 속의 선명한 한국인-객체에 한사코 매달리는 사람도 마찬가지로 어리석다.

한국인론의 저자들에 의해 우리 각자가 엉겁결에 '한풀이'의 역군으로 요약당하는 것은 봉변에 가깝다. 어떻게 하면 이 봉변을 피할 수 있을까? 한 가지 방법은 한국인론의 형성 단계에서 둘로 갈라진 한국인-주체와 한국인-객체를 두루 살피는 것이다. 복잡하기 그지없는 한국인-존재의 진면목은 한국인-객체와 한국인-주체의 맞섬과 얽힘에서 더 온전하게 드러난다.

렘브란트는 많은 자화상을 남긴 화가로 유명하다. 그 자화상들 속에는 렘브란트-객체들이 있다. 그 렘브란트-객체들을 보면 렘브란트의 진면목을 알 수 있을까? 아마도 그의 다른 걸작들을 보는 편이 더 유익할 것이다. 렘브란트의 진면목은 무엇보다도 화가로서 그의 솜씨일 테니까 말이다. 하지만 자화상 속 렘브란트-객체와 그 자화상을 그리는 동안 그 객체를 마주했을 렘브란트-주체를 함께 고찰한다면 어떨까? 이 고찰은 렘브란트의 진면목에 접근하려 할 때 빼놓을 수 없는 절차다. 쉽게 말해서, 렘브란트는 왜 그토록 자화상에 집착했을까,라는 질문은 그를 이해하기 위한 실마리로서 가장 중요하게 꼽을 만하다. 그가 자화상에 집착했다는 사실은 특정 자화상 속의 렘브란트-객체는 말할 것도 없고 어쩌면 그의 모든 걸작들과 비교해도 그 중요성이 뒤지지 않는다.

그래서 나는 한국인론의 양 축인 한국인-주체와 한국인-객체를 함께 고찰하고자 한다. 전형적인 한국인론 속 한국인-객체가 진짜 한국인과 일치하는지, 바꿔 말해 우리가 고난투성이의 역사를 거쳐 현재의 결핍에 이른 피해자들이며 이제 떨쳐 일어나면 한풀이의 대역전극을 실현할 수 있다는 전형적 한국인론이 참말인지 아닌지를 실증적으로 따져보는 것은 이 글의 관심사가 아니다. 중요한 것은 한국인-객체와 한국인-존재의 일치 여부가 아니라, 이런 한풀이 역전극을 즐겨 이야기하는 우리 자신, 그 드라마를 귀담아 듣고 감동하면서 기꺼이 주연으로 자처하는 우리 자신, 자화상을 그리듯이 한국인론을 생산하고 재생산하는 우리 자신이다.

한국인론에 참여하는 한국인-주체는 궁극적으로 우리 모두지만 일차적으로는 개별 저자들인데 이제부터 한국인론으로 유명한 저자들을 살펴보려 한다. 우리 대다수는 그들의 이야기에 동조하거나 반발함으로써 이차적으로 한국인-주체의 노릇을 한다. 예컨대 이주일의 노래는 표면적으로 그 "못생긴"(?) 코미디언 개인의 이야기지만 내용을 따지면 우리가 흔히 공감하는 우리 자신의 이야기다. 따라서 이주일은 일차적인 한국인-주체이며 그 노래에 울고 웃던 1980년대의 서민들, 뭣도 모르고 이주일을 흉내 내던 아이들은 이차적인 한국인-주체다. 더 나아가 그 노래에 자기비하, 식민사관, 한탕주의가 배어 있다고 혐오하는 사람들, 자못 철학적인 수준에서 그 노래를 곱씹어보는 나도 이차적인 한국인-주체로서 한국인론에 참여하는 셈이다. 이차적인 주체는 일차적인 주체 못지않게 중요하다. '한풀이 역전극'이 누리는 인기의 일부는 원조 저자들의 권위에서 비롯되겠지만, 그 이야기를 떠받치는 훨씬 더 중요한 힘은 불특정 다수의 끊임없는 재승인이기 때문이다.

이 글에서 다룰 주요 저자들은 야나기 무네요시, 이광수, 박정희, 그리고 이들의 한국인론을 두루 아우른 결정판의 저자 이어령이다.

3. 외부인 관점

도대체 한국인론 논의가 지금 우리에게 무슨 의미가 있느냐는 의문이 충분히 제기될 만하다. '한풀이 역전극'이라면, 다름 아니라 신파극의 공식이다. 대체 언제 적 이야기를 하려는 것인가? 호랑이가 담배를 피우던 시절쯤 될 것 같으니, 한번 따져보자. 이주일의 「못생겨서 죄송합니다」가 발표된 1980년은 무려 36년 전이다.

야나기 무네요시는 1920년에 「조선인을 생각하다」와 「조선의 벗에게 보내는 글」을 발표했고, 이광수의 「민족개조론」은 1922년에 세상에 나왔다. 박정희가 「우리 민족의 나아갈 길」과 『국가와 혁명과 나』에서 소위 "근대화"를 외치고 이어령이 『흙 속에 저 바람 속에』를 통해 한국문화의 전근대성을 매섭게 비판한 때가 1960년대 초반, 또한 『푸는 문화 신바람의 문화』 등에서 한국문화의 면면을 새롭게 긍정적으로 평가한 때도 1980년대다. 상전벽해가 일상화된 이 시대에 이런 케케묵은 옛날이야기라니.

그렇다. 만일 '한풀이 역전극'이 한국인론의 전부였다면, 나는 이 글을 쓰지 않았을 것이다. 그러나 전형적 한국인론은 또 하나의 중요한 특징을 가진다. 그 특징, 곧 '외부인 관점'은 꽤 빛바랜 '한풀이 역전극'과 달리 지금도 이 땅의 지식인 사회에서 강력한 힘을 발휘한다. 한국인론 비판이 시대에 뒤처지지 않는 이유가 여기에 있다.

'한풀이 역전극'은 한국인론의 줄거리다. 그런데 이 줄거리보다 먼저, 어쩌면 더 중요한 기본틀이 있으니, 그것은 외부와의 대비다. 전형적인 한국인론은 비교용 외부를 설정하고 한국인과 그 외부가 다름을 강조하는 것을 기본틀로 삼는다. 흔히 거론되는 외부는 서양인, 일본인 등이다.

어떤 면에서 이런 대비는 자연스럽다. 일반적으로 'X는 이러하다'라는 진술은 '비(非) X는 저러하다'라는 진술에 의해 보충될 때 그 의미가 더 명확해진다. 한 집합의 원소들이 공유한 속성을 또렷이 진술하기 위해서 그 여집합의 원소들을 거론하는 것은 상식적이고 유용한 논법이다. 그런데 문제는, 전형적 한국인론이 기본틀로 삼는 외부와의 대비는 이런 자연스러운 논법과 사뭇 다르다는 점이다.

그 특이한 담론에서 '비한국인은 저러하다'는 선차적인 판단은 '한국인은 이러하다'는 후차적인 판단의 동기로 구실한다. 외부가 기준이고, 내부가 비교 대상이다. 한국인론의 저자는 외부에 발을 딛고 서서 그 외부의 여집합으로서 한국인을 바라본다. 더 나아가 그가 발 디딘 외부와 그의 시선이 향하는 내부는 하늘과 땅만큼 근본적으로 다르다. 얼마나 다르냐면, 둘 사이의 대화가 불가능할 정도로 다르다.

요컨대 전형적 한국인론의 저자는 시쳇말로 완벽한 유체이탈을 실행하는 셈이다. 이 유체이탈이 성공적이려면 외부와 내부 사이의 간극, 곧 한국인론의 저자(한국인-주체)와 대상(한국인-객체) 사이의 간극이 어마어마해야 한다. 많은 경우에 소위 "서양"이 외부의 역할을 맡으므로, 지리적 맥락에서 그 간극은 서유럽과 한국 사이의 머나먼 거리거나 미국과 한국 사이의 태평양이다. 하지만 거듭 말하거니와 그 간극의 본질은 대화 불가능성이다. 내부와 외부가 대등하게 맞선 양편으로서 대화하는 것은 불가능하다. 이것이 내가 이 글에서 말하는 외부-내부 구분의 본질이다.

이어령에 따르면 "서양에 가면 비로소 한국이 어떻다는 것을 뼈저리게 느낄 수 있다."(『바람이 불어오는 곳』, 1965, 개정판 2003, 397쪽). 그래서 그는 "서양으로 갑니다… 동양을 찾으러 서양으로 갑니다"(『푸는 문화 신바람의 문화』, 1984, 개정판 2002, 14쪽)라는 꽤나 시적인 말로 한국인론의 운을 뗀다. 당신은 이 말이 납득이 가는가? 물론 충분히 납득할 수도 있겠다. 서양과의 비교를 통해 한국을 명확히 인식하는 것은 자연스럽고 유용한 방법일 수 있으니까 말이다.

하지만 앞서 지적한 대로, 어느 쪽이 기준이고 어느 쪽이 비교 대상인지가 중요하다. 이어령은 '외부인 노릇'을 자임한 셈이다. 그는 외부인의 눈에 비친 내부의 모습을 내부에 널리 알리고자 한다. 그런데 과연 그 모습이 내부의 진면목일까? 최소한 이 점을 명심해두자. 어떤 시선도 한국인 전체를 오롯이 포착하지 못하며 어떤 시선이든지 고유한 편향을 동반한다.

어떤 사람이 이렇게 말한다고 해보자. '덕유산으로 갑니다. 지리산을 찾으러 덕유산으로 갑니다.' 당신은 어떻게 대꾸하겠는가? 나는 일단 고개를 끄덕여주겠다. 맑은 날 덕유산 정상에 올라 남쪽을 바라보면 왼쪽 천왕봉에서 오른쪽 노고단까지 이어진 지리산의 주능선이 잘 보일 것이다. 그 윤곽을 한눈에 볼 수 있다는 의미에서, 덕유산에 가서 지리산을 발견한다는 말을 충분히 납득할 수 있다.

그러나 산의 윤곽을 보는 것과 지리산을 제대로 아는 것은 전혀 별개의 문제다. 덕유산 정상 대피소에 근무하며 날이면 날마다 수백 수천 번 봐서 지리산의 주능선을 똑같이 그릴 수 있게 된 공무원이 있다고 해보자. 한편, 철든 이래 수십년째 지리산 골골을 누비며 약초를 캐왔지만 다른 산엔 가본 적이 없어 지리산 주능선을 한눈에 본 적 없는 심마니가 있다고 해보자. 지리산을 알고 싶다면, 당신은 누구에게 문의하겠는가?

대답은 당신이 무슨 목적으로 지리산을 알고자 하는가에 달려 있을 것이다. 당신이 지도를 제작하려 한다면, 덕유산 대피소 직원의 조언과 스케치가 요긴할 것이다. 반면에 당신이 지리산에 들어가서 살 요량이라면, 지리산 심마니보다 더 나은 조언자를 만나기 어려울 것이다.

이어령은 왜 외부 시선을 통한 앎을 추구할까? 그의 말을 들어보자.

> 이 민족의 한을 푸는 굿판을 위해서는 판 밖에서 판을 바라보는 제3의[엘리트의 것도 아니고 민중의 것도 아닌] 시선이 요구된다. 밥이 끓을 때 솥뚜껑을 젖혀주고 뜸을 들여주는 제3의 손이 있어야 할 것이다. (『젊은이여 한국을 이야기하자』, 2009, 139쪽, 원문은 1985년 『조선일보』 연재)

판 밖에서 판을 바라보는 시선, 솥뚜껑을 움직여 내부의 들끓음을 조절하는 손은 과연 누구의 것일까? 이런 누군가를 요구하고,

보아하니 그 역할을 자임하는 이어령의 태도를 나는 '외부인 관점'으로 명명하고자 한다. 전형적 한국인론의 저자는 외부인 관점을 채택한다. 그는 내부를 한눈에 굽어보는 총감독이고자 한다. 또한 이런 외부인을 두 가지 유형으로 세분할 수 있다. 외부인이 내부의 현상유지를 바랄 때, 외부인은 '관리자'의 성격을 띤다. 반대로 '지도자'는 내부의 개조를 추구한다. 일반적으로 외부인은 이 두 가지 성격을 겸비하지만, 경우에 따라 한쪽 성격이 더 두드러질 수 있다. 위 인용문을 쓴 1980년대의 이어령은 관리자형 외부인에 가깝다.

관리자는 앎 자체를 위해 앎을 추구하지 않는다. 그의 목적은 관리에 있다. 내부의 과정들을 식별하고 조절할 수만 있다면, 그 과정들의 실제 메커니즘과 배후의 법칙은 아예 몰라도 상관없다. 압력, 온도, 물의 상변화(相變化)에 관한 열역학, 통계역학 따위는 굳이 필요하지 않다. 제때에 솥뚜껑을 젖히고 찬물을 부어 밥물이 넘치는 것을 막을 줄만 알면 된다. 그러므로 관리자는 때때로 진실을 가리는 꼼수를 서슴지 않는다. 어디까지나 목적은 관리이기 때문이다.

반대로 내부자로서 내부를 아는 지식인의 앎은 어떤 모습일까? 지리산의 잔주름을 헤치며 평생을 보낸 심마니가 지리산을 안다고 할 때, 그의 앎은 어떤 모습일까? 적어도 이어령이 한국인에 대해서 아는 바와는 사뭇 다를 것이다. 대상에 대한 애정과는 무관한 이야기다. 지리산 국립공원 관리소장의 지리산 사랑이 수십년째 지리산을 누벼온 심마니의 지리산 사랑보다 못하라는 법은 없다. 또 관리소장의 지식이 심마니의 지식보다 못하다는 이야기를 하려는 것도 아니다. 다만, 관점의 차이가 중요하다.

오래 전에 조선인론을 펼친 야나기 무네요시는 조선인의 벗으로 자처했다. 그의 진심을 신뢰할 수 있느냐 없느냐를 떠나서, 설령 정말로 조선인을 사랑했다 하더라도 그는 철저히 외부에서 조선인을 바라본 관리자였다. 이 글에서 내가 해묵은 이어령의 한국인론을 그 계보까지 뒤져가며 거론하는 이면에는 우리의 통념에 뿌리내린 외부인형 지식인상에 대한 문제의식이 깔려 있다. 이 지식인상과 그것에 대한 문제제기는 전혀 시대에 뒤처지지 않는다고 본다.

요컨대 전형적 한국인론이란 '외부인의 관점에서 쓴 한풀이 역전극'이다. 이 유서깊은 담론의 주요 저자들 가운데 맨 먼저 살펴볼 인물은 식민지 조선의 미술을 사랑했다는 야나기 무네요시다.

4. 야나기의 외부인 놀이

이어령이 1960년대 초 『흙 속에 저 바람 속에』(1963)에서 당시의 관례에 따라 '유종열(柳宗悅)'이라는 한국식 발음으로 거듭 언급하는 일본인 야나기 무네요시는 조선의 예술을 이렇게 평했다.

　　슬픔과 한(恨)이 항상 그곳[조선의 예술]에는 깃들어 있다. (…) 나는
조선의 예술만큼 사랑이 찾아와주기를 기다리는 예술은 없다고 생각
한다. 조선의 예술은 사람들 사이에 정을 추구하며 사랑으로 살고 싶
은 마음을 담고 있다. 오랜 세월 고난을 겪어온 조선의 역사는 남모를
외로움과 슬픔을 그들의 예술에 품게 했다. 거기에는 늘 슬픔의 아름
다움이 있다. 눈물을 멈출 수 없는 외로움이 서려 있다. 그것을 바라볼
때 가슴이 울컥하는 감정을 억누를 수가 없다. 이토록 애절한 아름다
움이 또 어디에 있을까. (야나기 무네요시, 「조선의 벗에게 보내는 글」, 1920, 이해영
한신대 교수의 〈페이스북〉[2014. 11. 19.] 글에서 재인용. 같은 글은 야나기 무네요시, 『조선
과 그 예술』[1989]; 『야나기 무네요시의 민예·마음·사람』[2014]에도 실려 있다.)

보아하니 선의에서 나온 감상평이요 북받치는 감동의 토로인 듯
하다. 그러나 야나기와 더불어 감격하기에 앞서, 반드시 상기해
야 할 것이 있다. 한 민족의 예술은 고사하고 한 개인의 예술조차
도 온갖 감정이 뒤엉킨 복합체이기 마련이다. 당신은 슬픔만으로
이루어진 예술을 본 적이 있는가? 슬픔만으로 일생을 채우는 사
람을 본 적이 있느냐는 질문으로 바꿔도 좋겠다. 이제껏 당신이
경험한 예술과 사람을 돌이켜보라. 그런 일면적인 예술, 일면적
인 삶은 존재하지 않는다.

특히 성공한 예술, 주목할 만한 아름다움은 희로애락애오욕(喜怒哀樂愛惡慾)의 종합이기 마련이다. 피카소의 미술이나 쇼팽의 음악을 한 감정으로 요약하려는 것은 부질없는 짓이다. 하물며 한 민족의 미술을? 만약에 한 감정으로 요약할 수 있는 아름다움(이를테면 "슬픔의 아름다움")이 있다면, 그 아름다움은 가짜라고 단정해도 좋다. 그런 작품이 있다면, 그 작품은 보나마나 실패작이다. 온갖 감정의 뒤엉킴은 아름다움의 본질이거나 최소한 필수조건이다.

그러므로 야나기의 감상평은 찬양인지 비하인지를 떠나서 일단 지극히 편협하다고 봄이 타당하다. 그가 보기에 조선인의 예술은 "사랑에 굶주린 그들 마음의 상징"(야나기 무네요시, 「조선인을 생각하다」, 정일성, 『야나기 무네요시의 두 얼굴』, 2007, 49쪽에서 재인용, 이하 정일성으로 표기)이다. 왜 그런 애정 결핍의 예술을 발전시켰을까? 답은 역사에 있다.

조선 역사는 슬픈 운명이었다. 그들은 억압을 받으며 3천 년의 세월을 거듭해왔다… 학대받고 구박받은 몸은 무엇보다 인정이 그리운 것이다… 아마 그들만큼 애정을 갈망하고 있는 국민은 없을 것이다. (같은 글, 정일성 48쪽에서 재인용)

이로써 '고난의 역사'와 '한의 예술'이라는 야나기표 한국인론의 두 기둥이 마련되었다. 이것들은 폭넓은 인기를 꾸준히 누려온 전형적 한국인론의 기둥이기도 하다. 예컨대 "지나온 세월은 마음이 아팠습니다"라고 토로하며 "한"을 풀겠다고 다짐하는 이주일을 보면, 그 역시 확실히 야나기표 조선인론의 중력장 안에 있다. 그의 노래에 공감하며 기꺼이 함께 울고 웃던 수많은 관객도 마찬가지다.

과연 우리는 한의 민족일까? 우리 대다수가 야나기표 조선인론 속 한국인-객체인 '한의 민족'을 기꺼이 우리 자신으로 수긍해왔다는 것만큼은 틀림없는 사실이다. 우리는 우리 자신이 한 맺힌 피해자라고 말해왔다. 그러나 우리가 정말로 일방적인 피해자인지는 면밀히 따져봐야 할 문제다.

한 맺힘과 한풀이는 상보적인 관계다. 맺혀야 풀고, 풀어야 또 맺힐 것 아닌가. 그러므로 야나기가 강조하는 '한 맺힘'은 이미 '한풀이'의 서곡이라고 할 만하다. 이에 대한 설명은 이어령이 멋지게 제시한다. 그는 야나기의 동년배인 이광수보다 훨씬 더 확실하게 야나기표 조선인론의 중력장 안에 있다. 『푸는 문화 신바람의 문화』개정판(2002) "저자의 말"에서 그는 "한의 문화가 발전하면 한풀이의 '풀이 문화'가 되고 그것이 다시 발전하면 신바람의 문화로 이어진다"(5쪽)고 말한다.

요컨대 '한 맺힘'을 주목한 야나기표 조선인론은 '한풀이 역전극'을 줄거리로 삼는 전형적 한국인론의 원조다. 한 말고도 고난의 역사, 눈물, 정(情) 등이 이어령의 한국인론과 야나기의 조선인론에서 공히 주요개념으로 등장한다. 야나기의 통찰이 워낙 탁월했기 때문에 긴 세월에도 빛바래지 않은 것일까? 그럴 가능성을 한번 따져보자.

아인슈타인의 중력이론은 나온 지 100년이 지난 지금도 그 분야에서 최고의 이론이고, 300년도 넘게 묵은 뉴턴의 중력이론은 여전히 일상 경험을 설명하기에 부족함이 거의 없다. 혹시 야나기의 조선인론도 그런 탁월한 수준의 이론은 아닐까? 그러나 세세한 검증을 떠나서, 기본적으로 짚어야 할 점은 이것이다. 태초 이래 변함없이 작동해온 중력과, 끊임없이 한국인-객체들을 생산하고 재생산하면서 역사를 이어가는 한 민족의 삶은 서로 비교한다는 것 자체가 부적절할 만큼 이질적이다.

중력을 방정식 하나로 요약하듯이, '조선인(또는 한국인)'으로 불리는 한 민족의 삶을 요약할 수 있을까? 그들이 헤치고 일구고 보듬어온 세월의 궤적을 '고난의 역사'로 단정할 수 있을까? 그들의 예술을 '슬픔'이라는 한마디로 규정할 수 있을까? 물리학에서 요약은 훌륭한 통찰일 수 있지만, 이런 경우에 요약은 곧 왜곡이다.

한 민족은 고사하고 한 개인의 역사라도 온통 고난인 경우가 과연 있을까? 1855년에 태어나 1895년에 사형당한 전봉준의 역사조차도 온통 고난일 리 없다. 그는 갑오년에 여러번 이겼다. 무수한 사람들이 목숨을 걸고 나서서 그의 편에 섰다. 그러니 어쩌면 '고난의 역사'보다 '보람의 역사'가 더 적절한 요약일 수도 있다. 물론 어느 쪽이든 요약은 경계해야 마땅하겠지만 말이다.

　그러므로 야나기의 이론이 장수하는 이유는 아인슈타인의 이론이 장수하는 이유와는 사뭇 다르다고 보아야 한다. 정일성은 야나기표 조선인론의 물꼬를 튼 「조선인을 생각하다」를 두고 "이 글은… 우리 민족을 어떻게 다루어야 할지 다시 한번 생각해보도록 하는 글이다"라고 해석한다(정일성 40쪽). 관리자의 관점에서 쓴 글임을 지적하는 것이다. 그 글은 3·1운동 직후에 발표되었고(일본어 원문이 1919년 5월에 『요미우리신문』에 실림), 저자 야나기 무네요시는 조선총독부 최고위층과 인맥이 두터운 인물이었다. 예상을 뛰어넘는 저항에 부딪힌 일제는 강압정책을 버리고 문화와 협력을 강조하는 쪽으로 선회하는 중이었고, 야나기의 글은 이같은 권력층의 방향전환에 잘 부합했다. 이해영은 야나기표 조선예술론을 맹렬히 비판하면서 그 핵심개념인 "'한'은 바로 사회통합적·문화주의적 식민주의의 코드였다"(이해영, 앞의 글)고 지적한다. 정치적 상황을 고려하면, 정일성과 이해영의 해석은 충분히 설득력이 있다.

　'달을 보라는데 손가락만 본다'는 말이 있다. 야나기와 그의 옹호자들이 정일성과 이해영에게 하고 싶을 법한 말이다. 야나기는 조선의 역사와 미술을 학술적으로 논했는데, 그 내용을—이를테면 중국의 미는 '형(形)의 미', 일본의 미는 '색(色)의 미', 조선의 미는 '선(線)의 미'라는 통찰을—숙고하지 않고 글을 쓴 의도에 대해서 이러쿵저러쿵 하는 것은 부당하다면서 말이다. 하지만 때로는 달보다 달을 가리키는 손가락이 훨씬 더 중요할 수 있다. 칸트가 말한 "코페르니쿠스적 전환"이란 달(대상)에 쏠린 시선을 거두어 손가락(주체)을 향하는 것에 다름 아니다. 무릇 대상에 항상 이미 스며들어 있는 주체의 의도, 관점, 선입견을 주목하라는 것이다. 특히 대상이 직접 경험으로 접근할 수 있는 개별자가 아니라 추상물일 때, 코페르니쿠스적 전환은 합리적인 논평자가 마땅히 갖춰야 할 마음가짐이다.

어떤 대상이든지 추상적(일반적) 측면을 가지기 마련이지만, 이른바 '한국인'은 유난히 추상성이 강하다는 점을 주목할 필요가 있다. 각각 개별자인 이어령, 정일성, 이해영과 달리 '한국인'은 추상물이다. 특히 한국인론이 다루는 '한국인'은 한국인-주체(한국인론의 저자)와 짝을 이루는 한국인-객체다. 그러므로 한국인-주체와 더불어 고찰하는 것이 옳다. 바꿔 말해서 한국인-객체는 기본적으로 한국인-주체의 작품이다. 그 작품은 어느 정도 한국인-존재를 닮았을 가능성이 있다. 그러나 한국인-존재의 진면목은 한국인-주체와 한국인-객체의 얽힘에서 더 온전하게 드러난다. 야나기와 이어령은 현실 세계 안에 존재하지만, 이들이 논하는 '한국인'은 기본적으로 이들의 '한국인론' 안에 존재한다.

야나기 무네요시는 심지어 초인적인 통찰력의 소유자다. 예컨대 아래 서술에서 우리가 주목해야 할 것은 야나기의 '조선인'이 아니라 야나기 본인이다.

1) 자연은 조선이 걸어야 할 운명의 방향을 정했다. 2) 대륙의 무서운 북풍은 불가항력의 힘으로 민족을 배후에서 압박했다. 3) 역사는 어쩔 수 없이 고난을 겪어야 했다. 4) 민족이 오랫동안 참아내지 않으면 안 되었던 환경은 즐거움이 아니라 괴로움이었다⋯ 백성은 인정에 굶주리고 사랑을 그리워하고 있다. 5) 모든 미는 비애의 미였다⋯ 6) 슬픔에서 마음은 마음으로 만날 수 있는 것이다. (야나기 무네요시, 「조선의 미술」, 정일성 225쪽에서 재인용, 번호는 필자)

지리학(1) 국제정치학(2) 역사학(3) 민족심리학(4) 미학(5) 사회통합론(6)을 한방에 꿰뚫는 이 거대한 통찰을 보라! 워낙 자주 들은 이야기여서 대충 고개를 끄덕이는 분들도 있겠지만, 눈 씻고 조목조목 따져보면, 야나기의 거대함에 말문이 막힌다. 그가 건드린 분야들 각각의 전문가가 어떻게 반응할지 자못 궁금하다. 필시 다들 난감할 것이다. 두루 깨친 대학자의 통찰을 제시한 야나기 앞에서 전문가들은 각자 지식이 편협해서 난감해지는 것이 아니다. 난감함은 오히려 야나기의 편협한 시각과 전문가들의 복합적·총체적 시각 사이의 어긋남에서 비롯된다. 야나기가 내놓은 통찰의 거대함과 일목요연함은 그의 '조선인'이 작심하고 짜맞춘 구성물일 혐의가 짙음을 방증한다. 이 구성물을 우리 자신으로 승인할지 여부는 우리가 선택할 문제다.

야나기는 무엇보다도 먼저 조선인의 관리자였다. 이 사실이 흔히 간과되는 것은 야나기가 조선인에게 매우 우호적이었다는 통념 때문으로 보인다. 그는 조선인의 슬픔을 달랠뿐더러 그 슬픔에서 서양이나 일본의 아름다움보다 오히려 더 우수하고 독특한 아름다움을 성공적으로 찾아낸 "조선인의 벗"으로 평가받는다 (1984년 9월, 대한민국 정부는 야나기 무네요시에게 보관문화훈장을 수여했다). 그러나 그의 우호성이 어떤 성격의 것이었는지 면밀히 따져볼 필요가 있다.

야나기는 유독 조선인에게만 우호적이었을까? 오구마 에이지에 따르면 "야나기는 조선미술뿐만 아니라 아이누나 타이완의 민예를 절찬"했다(오구마 에이지, 「'일본인'의 경계」, 정일성 200~201쪽에서 재인용). 왜냐하면 "문명에 오염되지 않으면 않을수록 아름다움은 순수하다"(같은 곳)고 믿었기 때문이다. 그런 "야나기에게 일본의 조선 동화정책은 '반(半)서양'에 의한 '순(純)동양'의 파괴였던 것이다."(같은 곳) 요컨대 야나기는 순수한 동양을 그리워했고, 서양문명에 오염된 일본에서 더이상 찾아볼 수 없는 순수한 동양을 조선에서 발견했고, 그래서 조선을 사랑했다. 같은 동양인인 야나기가 식민지 조선에서 순순한 동양의 아름다움을 발견하고 사랑했다는 것이 조금 이색적이지 않은가?

이런 유형의 사랑은 주체와 대상 사이의 거리에서 나온다. 그 거리가 멀수록 사랑이 더 강해진다. 야나기가 서구화된 자신과 그렇지 않은 조선인 사이의 거리를 멀게 상정할수록, 야나기의 조선인 사랑은 더 깊어진다. 뒤집어 말해서, 야나기가 조선인을 몹시 사랑했다는 것은, 그가 자신을 조선인과 몹시 다른 존재로 여겼음을 의미한다. 얼핏, 이룰 수 없는 비극적 사랑처럼 보일 수도 있겠지만, 절대로 아니다. 야나기와 조선인은 누가 봐도 비슷한 점이 무척 많은 이웃이다. 양쪽이 "반서양"과 "순동양"으로 갈라져 있다는 야나기의 전제는 오류였을 가능성이 높다. 설령 그 전제가 옳았다 하더라도, 갈라진 양쪽을 실질적으로 연결하여 대등한 동료로 만들 길이 얼마든지 있었다. 야나기가 그것을 원하지 않았을 뿐이다.

과연 야나기와 조선인은 그렇게 판이했을까? 그보다는 오히려 식민본국/식민지 차이를 당연시한 일본인 야나기가 그 차이를 공고화하기 위해 조선인에게 순수한 동양인의 역할을 떠맡기려 했다고 보는 편이 더 타당할 것이다. 더불어 야나기 자신은 순수한 동양에서 한참 떨어진 위치에 있기에 역설적으로 그 가치를 알아보는 외부인의 역할을 자임했던 것이다.

이런 식으로 본국에는 없는 좋은 것을 식민지에서 발견하는 능력은 식민본국의 엘리트층에서 그리 드물지 않게 발휘된다. 식민지 타히티에서 순수한 원시의 아름다움을 발견한 프랑스 화가 고갱을 생각해보라. 고갱이 타히티에서 이국적인 풍요를 발견했다면, 야나기는 조선에서 이국적인 결핍을 발견했다. 고갱이 타히티의 풍요를 화폭에 담았다면, 야나기는 조선의 결핍이 놀랍게도 순수한 한의 예술을 낳은 것을 찬양했다. 구체적으로 무엇을 보았는지를 떠나서, 고갱과 야나기는 자신과 대상 사이의 간극을 메울 생각이 전혀 없었다는 점에서 철저한 외부인이었다.

이해영은 야나기의 조선예술론을 비판하면서 "식민주의"와 "오리엔탈리즘", 그것도 "번역된 하위오리엔탈리즘(suborientalism)"을 언급한다(이해영, 앞의 글). 타히티는 많은 현지인의 오랜 삶터였다. 복합적이고 다면적인 문화와 생동하는 역사의 터전이었을 것이 틀림없다. 그랬던 타히티가 '이국적' '원시' '순수' '자연' 따위의 광고문구로 요약되는 관광지로 주저앉는 데 고갱의 타히티 사랑이 얼마나 기여했는지는 잘 모르겠다. 그러나 야나기의 조선 사랑은 이 땅에서 외부인 관점이 두고두고 번창하는 데 크게 기여했다고 본다.

타히티 해변의 고갱과 종로 저잣거리의 야나기를 상상해보라. 전자는 외모 때문에 대번에 외부인으로 판명되는 반면, 안타깝게도 후자는 그런 유전학적 특혜를 누리지 못한다. 야나기는 애써 자신을 외부인으로 자리매김해야 한다. 야나기가 정작 조선 민중은 대수롭지 않게 여기는 막사발에서 대단한 아름다움을 발견하고 매혹된 것은 외부인 노릇을 맡기 위해서 그가 쏟은 노력의 결실이었을 가능성이 높다.

아름다움의 발견보다 외부인 놀이의 욕망이 더 먼저였다는 뜻인데, 과연 야나기가 원한 것은 애초부터 외부인 노릇이었을까? 당대 일본의 분위기는 이 해석에 힘을 실어준다. 오구마 에이지는 "야나기의 반(反)서양문명 지향과 동양미술 애호사상은… 그 자체가 서구지향의 연장이었다"(정일성 206쪽)고 진단한다.

내가 보기에 야나기 무네요시는 일본의 근대성을 대표하는 후쿠자와 유키치의 구호 "탈아입구(脫亞入歐)"가 빚어낸 기괴한 외부인이었다. 그 구호는 아시아를 벗어나 유럽에 진입하자는 뜻인데, 이것이야말로 완벽한 외부인 선언이 아닌가. 한마디로 '외부인이 되자!'라는 선언인 것이다. 이런 탈아입구의 정신으로 일로매진하여 외부인의 지위에 올랐다면(혹은 올랐다고 자부한다면), 그 다음에 내부자를 폭력으로 억누를 것인지, 또는 내부자가 처절한 결핍에서 기적적으로 피워낸 슬픔의 아름다움을 찬양할 것인지는 부차적인 선택사항일 수 있다. 야나기는 후자를 선택했다는 점에서 당대의 기괴한 외부인들 가운데 소수파에 속했던 것으로 보인다. 그렇다고 그를 조선의 벗으로 대우한다는 것은 그가 같은 아시아인이면서도 아시아인을 상대로 외부인 노릇을 한 것 못지않게 기괴하다.

외부인 놀이가 젊은 야나기에게 중요한 화두였음을 보여주는 증거가 있다. 그는 말년까지 친밀한 관계를 유지한 영국인 도예가 버나드 리치(Bernard Howell Leach)에게 1916년에 보낸 편지에서 이렇게 말했다. "지금 나의 최대 포부는 동양과 서양의 만남이라는 문제를 해석하는 일이라네."(정일성 209쪽에서 재인용) 야나기가 조선미술을 대하는 태도를 보고 짐작하건대, 그는 동양과 서양을 근본적으로 다른 양편으로 전제했던 것으로 보인다. 대화가 불가능할 정도로 달라서 야나기와 같은 선각자의 매개로 이제야 비로소 말문을 터야 하는 양편. 이런 양편이 존재하는 상황, 더 정확히 말하면, 이런 양편이 설정된 상황이 외부인 놀이의 토양이다.

100년 전에 스물일곱살 청년 야나기가 품었던 "최대 포부"는 1960년대와 1980년대에 뜨거운 사명감으로 한국인론을 편 이어령에게도 최대 과제이자 사유의 원천이었으며, 심지어 지금 여기에서도, 이제는 "동양"이나 "서양" 따위의 막연한 개념이 거의 무의미할 만큼 정보가 넘쳐나는데도, 여러 철학자들에겐 여전히 중대한 과제다(예컨대 『서양의 논리 동양의 마음』 등을 쓴 박동환의 철학, 김상봉의 『나르시스의 꿈』, 김상환의 『철학과 인문적 상상력』을 보라). 동양–서양 비교가 반드시 외부인 놀이로 이어지는 것은 아니다. 그러나 누구든지 동양–서양 비교론을 시도한다면, 자신이 부지불식간에 외부인 놀이를 하는 것은 아닌지 반성할 필요가 있다. 애초부터 "솥뚜껑을 젖혀주는"(이어령, 『젊은이여 한국을 이야기하자』, 139쪽) 관리자로 자처하는 사람이야 뭐 상관없겠지만, 앎 그 자체를 추구하는 학자로 자부하는 사람이 오랜 전통에 휩쓸려 외부인 놀이를 한다면, 그것은 참 딱한 일이다.

동양과 서양이 정말 그렇게 다른가? 아니, 이 물음 자체가 형편없이 구시대적이다. 도대체 "동양"은 어디에 있고, "서양"은 또 어디에 있는가? 아일랜드의 술꾼과 로마의 소매치기, 터키의 관광가이드, 콜카타의 인력거꾼, 서울의 입시학원 강사, 교토의 증권회사 직원, 뉴욕의 노숙자처럼 세계는 수많은 개인들로 이루어져 있다. "동양"이나 "서양"으로 통칭되는 거대한 구역 안에 얼마나 큰 다양성이 깃들어 있는지 우리는 이제 알 만큼 안다. 옛말에도, 가장 작은 부분 속에 우주 전체의 다양성이 들어 있다고 하지 않았는가. 이것은 17세기 독일철학자 라이프니츠의 생각일 뿐 아니라 오래 전 신라의 스님 의상이 가르친 바이기도 하다.

세계화된 지금과 달리 야나기의 시대에는 확실히 서양과 동양이 달랐고 따라서 동서의 만남을 해석한다는 그의 포부는 매우 유의미했다는 반론이 있을 수 있겠다. 나는 그 시대에 맞선 양편이 있었다는 것에 전적으로 동의한다. 하지만 이것이 중요한데, 그 양편의 본질은 서양과 동양이 아니라 '공격자'와 '피해자'였다. 공격자가 있었고, 피해자가 있었다. 공격자는 유전학적·사회문화적 정체성이 다양했고, 피해자도 마찬가지였다. 일본인과 영국인은 유전학적으로 달랐지만 함께 공격자였고, 지주 윤치호와 그의 소작인은 유전학적·사회문화적으로 같았지만 공격자와 피해자의 관계에 가까웠다. 유럽과 당나라 사이에 서역이 있었듯이, 공격자인지 피해자인지 모호한 경우도 있었다. 일본인은 피해자였다가 공격자로 변신했다는 점에서, 조선총독부의 조선인 직원은 공격에 협조하는 피해자라는 점에서 그런 경우였다.

　이제와 돌이켜보면, 야나기 무네요시가 화두로 삼아야 했던 것은 "동양과 서양의 만남"이 아니라 '공격자와 피해자의 맞섬과 얽힘'이었다. 하지만 그를 비난할 생각은 전혀 없다. 솔직히 내가 야나기였더라도 당대를 풍미한 사회진화론의 물결에 자연스럽게 휩쓸려 동양인종과 서양인종을, 공격자의 유전자와 피해자의 유전자를 논했을 가능성이 있다. "탈아입구"란 사회문화적 개량이나 유전학적 거듭남이 아니라 실은 "공격자와의 동일시"(최병건, 「자학의 거울」, 6절 '공격자와의 동일시' 참조)를 뜻한다는 참담한 사실을 그 시대에 알아채기는 어려웠을 것이다.

5. 야나기의 탈정치적 이상주의

고난의 역사와 한의 문화를 두 기둥으로 삼는 야나기표 조선인론에 포착된 조선의 현실은 한마디로 결핍이다. 결핍에서 비롯되었기에 조선의 예술은 "사랑에 굶주렸고" "눈물로 넘치는 여러 가지 하소연"을 담고 있다(「조선인을 생각하다」, 정일성 48쪽에서 재인용). 조선인은 "여전히 사랑에 굶주린 불안한 나날을 보내고 있다."(같은 글, 정일성 50쪽에서 재인용) 현실이 이러하다면, 외부에서 온 관리자로서 대책을 강구하는 것이 당연하다. 야나기는 실천적 조언을 내놓는다.

조선 사람들이여, 독립을 갈망하기 전에 인격자의 출현을 앙망하라. 위대한 과학자를 내고 위대한 예술가를 낳아라. 될 수 있는 대로 불평의 시간을 줄이고, 면학의 시간을 많이 가져라… 여러분은 예수가 한 말씀을 알고 있을 것이다. 끝까지 인내하는 자는 구원받는다. 슬퍼하는 자는 위로받는다. 세계는 여러분의 적이 아니다. (야나기 무네요시, 「비평」, 1922, 정일성 146쪽에서 재인용)

선의가 물씬 풍기는 조언이어서, 언뜻 수긍하고 싶은 마음이 일 법도 하다. 인격과 공부, 과학, 예술, 미래에 대한 낙관, 평화에 대한 믿음을 권하는데, 어떻게 반기를 들 수 있겠는가. 하지만 간과할 수 없는 것은 독립에 대한 갈망을 제쳐두라는 조언, 곧 탈정치의 권유다. 관리자 관점에 선 야나기는 거듭 탈정치를 강조한다. 그러면서 마치 정치의 대척점에 해당하는 양, 예술과 종교를 추어올린다.

나는 생각한다. 나라와 나라를 서로 잇고 사람과 사람을 가깝게 하는 것은 과학이 아니라 예술이다. 정치가 아니라 종교이다. 지(智)가 아니라 정(情)이다. 오로지 종교적 그리고 예술적 이해만이 사람의 마음을 속속들이 맛보게 하고, 거기에서 무한한 사랑이 싹트는 것이다. (「조선을 생각하다」, 정일성 53쪽에서 재인용)

정말로 예술과 종교가 정치의 대척점인가 하는 문제는 제쳐두더라도, 야나기가 일방적으로 예술, 종교, 정을 추어올리면서 이것들에 너무 큰 기대를 건다는 느낌을 지울 수 없다. 그는 예술과 종교가 "이 세상에 진정한 이해나 평화를 가져오게 하는 매개체"(「그의 조선행」, 1920, 정일성 125쪽에서 재인용)라면서 그 효용을 "싸움이란 불행을 영원히 없애"(같은 글, 정일성 131쪽에서 재인용)는 수준으로까지 찬양한다. 종교와 예술에 못지않게 정(情)도 평화를 가져오는 특효약이다.

> 어떤 정치가 두 나라[조선, 일본]의 문제를 해결해줄지 사람들은 모른다. 그러나 정으로 사귈 때, 모순은 풀릴 수 있다고 믿는다. (같은 글, 정일성 133쪽에서 재인용)

어떤 대목에서는 종교와 예술을 능가하는 중요성이 정에 부여된다. "예술은 언제나 정으로 서로를 이어줌으로써 우리에게 행복을 가져다준다"(같은 글, 정일성 137쪽에서 재인용)라고 야나기가 말할 때, 정은 예술이라는 매개체 중에서도 참 알맹이, 이를테면 작용성분이다. 예술은 정을 통해 효과를 발휘한다. 사람과 사람 사이에, 심지어 나라와 나라 사이에 정이 충만하면 평화가 이룩된다. 어떤 의미에서 예술과 종교는 정의 충만을 위한 방편이다.

예로부터 끊임없이 인간을 정의 세계로 되돌리려 하고 거칠어진 마음을 순화시키는 두 가지 길이 있다. 종교의 믿음과 예술의 미가 바로 그것이다. (「조선민족미술전람회에 즈음하여」, 정일성 140쪽에서 재인용)

야나기의 종교 및 예술 찬양, 나아가 '정 만능론'이 얼마나 비현실적인 공론(空論)인지에 대해서는 긴 말이 필요없겠지만, 이를테면 존 레논의 「이매진」(Imagine)이 주는 감동을 상기시키면서, 이상주의는 비록 비현실적이더라도 긍정적인 구실을 할 수 있다고 말하는 분도 있을 법하다. 다시 말해 '순수한 이상주의자 야나기를 비현실적이라고 탓하는 것은 하나마나한 비판이다, 이상주의자는 당연히 비현실적인 사람이 아닌가, 그의 비현실성은 그의 결함이 아니라 현실의 결함이다'라는 식의 변론도 가능할 것이다.

충분히 일리 있는 지적이다. 실제로 야나기의 이상주의 자체는 문제될 것이 전혀 없다. 다만, 그의 이상주의가 탈정치성을 동반한다는 점이 문제다. 대조적으로 존 레논은 정치적 활동에도 적극적이었다. 탈정치성과 맞물린 이상주의는 당대 권력에 대한 승인에 다름 아니며, 그런 의미에서 짙은 정치색을 띠기 마련이다. 야나기의 종교 및 예술 숭앙은 정치혐오를 동반한다. 그래서 그의 이상주의를 고도의 정치적 술수로 해석할 여지는 충분하다.

6. 정치와 내부 갈등

정으로 모든 것을 해결하자는 얘기는 그 자체만 놓고 보면 비록 비현실적이나마 배후의 선의를 짐작하여 쓸쓸한 미소로 상대해 줄 만도 하다. 이런 이야기를 하는 걸 보니 과연 백면서생이로구 나, 하면서 말이다. "야나기 무네요시의 글을 읽고 감동하여 직접 그의 집을 찾아갔던 유학생 염상섭"(조윤정, 「『폐허』 동인과 야나기 무네요 시」, 『한국문화』 제43집, 2008)이 쓴 소설 『만세전』(1922)에서 동경유학생 인 주인공은 자신을 세상물정 모르는 "책상 도련님"으로 칭한다. 흥미롭게도, 이런 '탈정치적 책상 도련님'은 이 땅의 지식인들 사 이에서 자화상의 한 전형으로 꾸준한 인기를 누리는 것으로 보인 다(본서 3장 참조).

정치에 연루되어 화를 당한 사례에서 교훈을 얻었기 때문이라 면, 정치를 외면하면서 "책상 도련님"을 자처하는 이들을 비난할 수만은 없을 것이다. 그러나 거듭 말하지만, 탈정치성은 당대 권 력에의 순응을 의미한다는 사실, 정치 외면은 결국 적극적 참여 의 효과를 낸다는 사실이 문제다. 야나기는 이 사실을 모르는 백 면서생이어서 식민지 조선인에게 탈정치를 권했던 것일까? 이광 수, 윤치호, 이어령이 정치를 폄하하는 것은 또 어떻게 이해해야 할까? 정치는 갈등을 전제한다. 두 세력이 맞설 때, 그 맞섬의 표현이자 해소를 위한 움직임으로서 정치가 작동한다. 각자 주체인 사람들, 양심과 이성이라는 이름의 신을 각자 품고 사는 사람들의 사회에서 갈등은 존재하기 마련이다. 그러므로 인위적으로 억누르지 않는다면, 정치는 저절로 번창하게 되어 있다. 아리스토텔레스도 인간은 정치적 동물이라고 하지 않았던가. 따라서 정치를 외면한다는 것은, 갈등을 외면한다는 뜻으로 해석할 수 있다.

야나기는 예술과 종교와 정으로 모든 갈등을 해소할 수 있다는 식의 이상주의를 내세웠다. 그가 주로 염두에 둔 갈등은 나라와 나라 사이의 분쟁, 구체적으로 식민본국과 식민지 사이의 갈등이었다. 식민본국-식민지 대립을 정으로 해결한다? 만약에 야나기가 진정으로 정 만능론을 신봉했다면, 그의 망상은 심각한 수준이었다고 할 수 있겠다. 그러나 만약에 그가 실재하는 갈등을 스스로 외면할뿐더러 조선인도 외면하도록 하기 위해 정 만능의 이상주의를 주창한 것이라면, 그의 탈정치 권유는 교활한 관리술이요 적극적 정치 행위였다고 보아야 할 것이다.

이광수와 윤치호도 마찬가지다. 「민족개조론」과 『윤치호일기』에서도 탈정치 지향이 뚜렷하게 나타난다. 이들이 탈정치를 선택하면서 염두에 둔 갈등도 야나기의 경우와 마찬가지로 조선과 일본 사이의 싸움이었다. 이광수와 윤치호가 정치에 연루되기를 극구 꺼릴 때, 그들이 생각하는 정치는 식민지 조선인의 식민본국 일본에 대한 저항이다. 그들을 겁쟁이로 지탄할 수도 있고 합리적인 선각자로 옹호할 수도 있을 것이다. "우리는 법보다 주먹이 가깝다는 속담을 기억해야 하고, 물 수 있을 때까지는 짖지도 말라는 냉철한 교훈을 유념해야 한다"(1920년 8월 10일의 일기. 김상태 편역, 『물 수 없다면 짖지도 마라』, 199쪽)라는 윤치호의 말에서 현상유지를 바라는 대지주의 변명을 읽어낼 수도 있고 냉철한 현실주의자의 예리한 정세 파악을 볼 수도 있을 것이다.

그러나 그 전에 먼저 주목해야 할 것은 야나기, 이광수, 윤치호가 정치를 내부-외부 갈등을 다루는 일로 간주한다는 점이다. 오늘날 우리의 일상어법과 현실에서 정치는 일차적으로 여(與)와 야(野)로 불리는 내부세력들 간의 대화인 반면, 그들에게 정치란 조선과 일본 사이의 갈등이었다. 그들이 생각하는 정치의 바탕에는 그야말로 어찌할 도리가 없는 내부-외부 갈등이 있었다.

물론 그들의 입장에서는 조선과 일본 사이의 갈등을 일종의 내부 갈등으로 간주할 이유가 있었다. 그들은 모두 일본제국의 신민이었으니까 말이다. 일본제국의 이념에 따르면, 조선과 일본 사이의 갈등을 "반도(半島)"와 "내지(內地)" 사이의 내부 갈등으로 보아야 마땅했을 것이다. 그러나 식민지와 식민본국 간의 갈등은 끝내 내부-외부 갈등의 성격을 벗을 수 없는 것이 엄연한 사실이다. 이미 "내지"와 "반도"라는 당시의 명칭에서 내부를 식민본국으로 한정한 일본인(과 거기에 동조한 조선인)의 관점을 확인할 수 있다. 앞서 보았듯이, 일본제국의 엘리트 야나기도 조선과 일본을 "두 나라"로 칭했다. 요컨대 식민지시대의 엘리트 야나기, 이광수, 윤치호에게 정치란 당위적으로는 내부 갈등이었지만 현실적으로는 내부-외부 갈등이었다.

내가 이 문제를 주목하는 것은 오늘날 많은 사람들의 정치혐오가 이같은 식민지시대 엘리트의 관점과 무관하지 않기 때문이다. 정치가 다루는 갈등이 어디까지나 내부 갈등이라면, 우리는 정치의 성공에 대해서 낙관을 품을 수 있다. 내부에서 맞선 양편은 오랫동안 함께 살아왔을뿐더러 앞으로도 계속 함께할 짝이다. 그런 양편의 갈등은 해결의 여지가 얼마든지 있다고 기대할 만하다. 설령 해결된 듯했던 갈등이 다시 불거지더라도, 그런 식으로 양편의 갈등이 격해지고 거둬지고 다시 불거지는 과정은 내부가 생생하게 살아있음을 보여주는 긍정적인 현상이다. 어떤 의미에서는 그런 내부 갈등의 부침이 곧 내부의 삶이다.

그러나 정치가 전적으로 내부-외부 갈등에 관한 것이라면 어떨까? 구체적으로 식민지와 식민본국 사이의 갈등이라면? 긴 안목으로 보면 이것 역시 나름의 궤적을 따라 변모하면서 해결될 여지가 있겠지만, 식민지 조선의 지식인들이 이것을 어찌할 도리가 없어서 차라리 외면하고 싶은 갈등으로 여겼다면, 혹은 한편이 소멸하거나 다른 편에게 깨끗이 무릎 꿇어야 종결되는 갈등으로 여겼다면, 그것은 충분히 납득할 만하다.

이런 갈등을 해결하겠다는 정치는 윤치호나 이광수가 보기에 부질없는 짓이거나 허튼수작일 만했다. 신채호는 "폭력은 우리 혁명의 유일 무기이다"(신채호, 「조선혁명선언」, 1923, 이주명 편역, 『원문 사료로 읽는 한국 근대사』, 297쪽)라고 선언하면서 그들과 전혀 다른 길을 갔지만, 식민주의적 내부-외부 갈등을 정상적인(비폭력적인) 정치로 풀 길은 없다고 본 점에서는 윤치호, 이광수와 마찬가지였다. 이들의 판단은 실제로 옳았다고 해야 할 것이다. 적어도 근대 이후 세계사에서 식민본국과 식민지가 대등한 양편으로서 함께 내부를 이뤄 공통의 삶을 꾸려간 사례는 없지 않은가.

문제는 이들의 정치관을 지금 우리가 고스란히 물려받지 않았는가, 하는 것이다. 대표적인 예로 이어령이 박정희의 쿠데타 이후인 1963년에 『흙 속에 저 바람 속에』에서 거듭 "정쟁(政爭)"을 꾸짖는(2002년 문학사상사 판 33쪽, 122쪽) 것을 보노라면, 야나기, 이광수, 윤치호가 절로 떠오른다. 식민본국 일본이 식민지 조선인에게 외부였던 것처럼, 박정희와 쿠데타 세력은 우리 내부의 규칙을 짓밟았다는 점에서 또 하나의 외부였다. 이런 식으로 외부가 군림하고 그 아래에 내부가 놓인 상황에서는 정상적인 정치에 대한 기대를 접는 것이 합리적이다.

결국 관건은 야나기, 이광수, 윤치호, 이어령의 부정적 정치관이 지금 우리에게 어울리느냐 하는 문제다. 정치관은 한편으로 현실의 반영이지만, 다른 한편으로 미래를 일궈가는 시민들의 마음가짐이다. 정치관과 현실의 상호작용은 결코 일방통행이 아니다. 정치관은 후험적인 면도 있지만 틀림없이 선험적인 면도 있다. 적잖은 사람들의 탈정치 지향이 현실 정치를 저해할 가능성을 짚어볼 필요가 있다.

이런 의미에서 탈정치 지향은 눈앞의 내부 갈등을 해결 불가능한 내부-외부 갈등으로 보는 시각과 맥이 닿는다. 더 나아가 엘리트의 탈정치 지향은 자신을 외부인으로 자리매김하는 태도, 상대를 자신과 대등한 주체로 인정하고 대화하기를 거부하는 태도와도 밀접한 관련이 있다. 결국 다시 외부인 관점이다. 야나기의 조선인론과 그 뒤를 이은 이어령의 한국인론뿐 아니라 이 땅의 엘리트 일반이 보이는 행태에서 가장 눈에 띄는 것은 외부인 노릇이다.

7. 한국 엘리트 지식인의 원리: 외부 의존, 내부 개조

흥미롭게도 일본제국 내지와 조선반도의 지식인들 사이에서는 그런 외부인 노릇이 거의 상식이었던 것 같다. 동경유학생 황석우는 1916년에 『근대사조』라는 잡지를 창간하면서 그 목적을 이렇게 명시했다.

여(余)이[내가] 본지를 발간함은, 아(我)[우리] 조선민족 단체에, 구미 선진국의 철학사조, 문예사조, 종교사조, 윤리사조, 기타 학술상 지

식을 소개하며, 겸하야 조선사회 개량안에 대한 의견을 발표하기 목
적함이라. (조윤정, 「『폐허』동인과 야나기 무네요시」, 『한국문화』제43집, 2008에서
재인용)

지식인 황석우가 자임한 사명을 요약하면, '선진사상 도입, 조선
사회 개량'이다. 그 옛날에, 그 낙후된 조선을 벗어나, 그 개명한
선진세계에서 유학한 청년의 장한 사명감을 참조하면서, 우리 자
신에게 물어보자. 지금 여기에서 지식인의 사명은 무엇인가? 나
는 아주 많은 사람들이 가장 먼저, 어쩌면 유일하게 '선진사상 도
입, 한국사회 개량'을 꼽으리라고 예상한다. 100년 전에 한 동경
유학생 청년이 자임했던 사명은 지금도 한국 지식인들의 기본 정
향에 가깝다. 나는 그 사명에서 '외부 의존, 내부 개조'의 원리를
읽어낸다.

한국 경제의 대외 의존성이 심각한 수준이라지만, 한국 지식계
를 따라오려면 한참 멀었다. 한국 지식계에서 외부 의존은 말 그
대로 숨통이다. 끊으면, 죽는다. 특히 상층부로 올라갈수록, 한국
지식계에서 내부 논의가 차지하는 비중은 0에 수렴한다.

조정희는 이어령을 비판하는 글(「이어령의 오류가 아니라 우리 전체의 오류
다」, 『오마이뉴스』, 2010. 10. 27.)에서 그가 동서고금을 누비며 온갖 문헌을
언급하면서도 "동시대 한국인 저자들"을 거의 인용하지 않는다고
꼬집는다. 적어도 내가 읽은 이어령의 글을 놓고 판단하면, 옳은

지적이다. 그런데 그런 편향이 단지 이어령만의 특징이 아니라는 점이 중요하다. 조정희는 이어령의 외부 편향적 인용 행태를 두고 "이건 사뭇 재미있는 점인데 그것은 저자의 소속감과 시각에 문제가 있을 수 있음을 암시하기 때문이다"라고 논평한다. 이 논평은 이어령뿐 아니라 한국 지식인 대다수에게 유효하다.

나는 한국 철학자들이 서로를 거론하며 논쟁하는 모습을 거의 보지 못했다. 그들의 수준이 그들 스스로 보기에두 한심해서 서로 언급할 가치를 느끼지 못하는 것일까? 그럴 수도 있겠지만, 훨씬 더 큰 이유는 그들이 자임한 사명에 있다고 본다. 나의 사명이 '선진사상 도입'이라면, 나는 열심히 외부를 끌어들여야 마땅하다. 한국 지식인들은 나와 함께 외부를 바라보는 동료들이다. 우리가 서로를 마주보는 것은 부적절하다. 그랬다가는 싸움을 거는 줄로 오해받을 위험마저 있다. 물론 외부에서 갓 돌아온 동료, 내부에 머문 지 꽤 되었지만 여전히 외부와 줄이 닿는 드문 동료는 예외일 수 있겠지만, 이 경우에도 우리의 시선이 향하는 종착지는 외부다. 다 함께 외부를 바라보는 것이 우리의 사명을 다하는 길이다.

그럼 또 하나의 사명인 '내부 개조'는 어떻게 실행할까? 내부 개조의 성취까지 바란다면 벽에 부딪힐 수 있겠지만, 내부 개조를 위해 애쓴다는 평판까지만 바란다면, 아무 걱정 없다. 이 땅에서 외부인은 순풍에 돛단배요, 시냇가에 심은 나무다. '외부 의

존'에 충실하기만 하면, '내부 개조'를 추구하는 지사(志士)라는 평판은 자동으로 따라온다. 당신이 격리된 외부에 발을 딛고서 이쪽을 보면, 여기 내부는 개조할 것투성이로 보이기 마련이다. 이 소감을 토로하기만 해도, 사람들은 당신에게서 엘리트의 풍모를 느낄 것이다. 언제부터인지, 사람들은 그런 외부인에게 놀랄 만큼 우호적이다. 이 땅에는 기꺼이 개조되기를 희망하는 순종적인 학생들이 차고 넘친다.

보잘것없는 예를 하나 들자면, 나는 거의 20년 전에 독일에서 한 5년 살아본 것이 전부인데, 지금도 새로운 사람을 만나면, 독일에 비추어 한국이 어떠하냐는 질문을 가끔 받는다. 한때는 신이 나서 장광설을 늘어놓았지만, 언젠가부터 손사래를 친다. 한국이 어떠한지는 우리 각자의 이성과 양심에 비추어 서로 대화하면서 판단할 일이다! 왜 굳이 외부를 바라보면서, 외부에서 보면 어떠냐고 묻는 것일까? 같은 내부자여서 외부를 제대로 알 턱이 없는 나에게 왜 외부인의 역할을 맡기려는 것일까? 어차피 우리의 대화는 내부자들끼리의 대화가 아닌가.

충분한 내부 논의를 바탕에 깔고 더 충실한 논의를 이어가기 위해서라면, 외부인의 관점을 참조하는 것도 유익한 방편일 것이다. 그러나 이 땅에, 특히 엘리트 지식인을 중심으로 만연한 '외부 의존, 내부 개조'의 원리는 그런 수준이 아니라는 점이 큰 문제다.

훨씬 더 중대한 예로 한미자유무역협정을 선택한 대통령 노무현의 명분을 보자. 정태인에 따르면 노무현은 "서비스업을 발전 시키려면 제도개선이 이뤄져야 하는데 내부 동력만으로는 쉽지 않다고 봤다. 여기서 생각한 것이 외부 충격에 의한 내부 개혁이다. 그리고 한-미 FTA에 그 외부 충격의 역할을 기대한 것이다." (『한겨레21』 2010. 5. 20. 정태인 인터뷰 기사, 곽정수 기자) 한미자유무역협정 찬반을 떠나서, 그 중대한 결정의 배후에 "외부 충격에 의한 내부 개혁"이라는 원리가 있었다는 점이 중요하다 당시에 노무현과 그 중대 결정을 지지한 기득권층은 한국 내부의 생기(生氣)가 시원 치 않다고 판단했던 모양이다. 그런데 실제로 그랬을까? 거듭되는 말이지만, 어떤 판단이든지 후험적인 면과 선험적인 면을 함께 가진다. 내부 생기가 약하다는 판단은 내부 생기에 대한 선험적 불신에서 비롯된 것일 수도 있고, 심지어 내부 생기를 고갈시키려는 사악한 의도가 그 판단의 배후일지도 모른다.

한국 지식계, 특히 철학계의 내부 생기는 지금 겉으로 드러나는 모습으로 보면 가히 빈사 상태다. 외부 충격이 절실히 필요하다고 판단할 만하다. 그래서인지, 다들 외부를 끌어들이느라 바쁘다. 대가급 외부는 어느새 다 들어왔으니 더 들어올 것이 있겠느냐고 생각하면 큰 착각이다. 최신 외부, 틈새 외부, 하이브리드 외부까지, 끌어들일 것은 무궁무진하다. 덕분에 유행의 바람은 이리저리 불지만, 내부 생기는 점점 더 약해진다. 마치 화학비료로 농사짓는 밭과 같다. 오랫동안 화학비료를 써온 밭은 땅심이

약해서 비료 없이는 수확을 포기할 각오를 해야 한다. 그래서 화학비료를 쏠 수밖에 없고, 그래서 점점 더 땅심이 떨어진다. 그런 밭을 살리는 길은 그냥 오래 묵히는 것이다.

이 방법을 한국 철학계에 적용할 수 있을까? 철학계는 밭이 아니고, 우리가 끌어들이는 다양한 외부를 싸잡아 화학비료로 규정하는 것도 부적절할 테지만, 밭을 살리기 위해 묵히는 농부의 마음가짐에서 땅의 자생력에 대한 신뢰를 배우는 것은 우리 모두에게 유익할 성싶다. 우리 내부의 생명은 정녕 스스로 번창할 가망이 없을까? 오히려 우리가 자꾸 외부를 끌어들였기 때문에 내부의 생기가 약화되었을 가능성, 우리가 줄기차게 외부인 노릇을 자임했기 때문에 내부의 삶이 빈약해졌을 가능성을 돌아볼 필요가 있다.

'외부 의존, 내부 개조'의 원리는 특히 위기의식이 고조될 때 강한 설득력을 발휘한다. 절체절명의 위기가 닥쳤다는 의식이 팽배할 때, 남은 시간이 얼마 없다는 조급함이 만연할 때, 내부의 통상적인 대책으로는 안 되고 비상한 대책이 필요하다는 공감대가 형성될 때, 내부 생명력에 대한 긴 안목의 신뢰는 들어설 자리를 잃는다. 그때 '외부 의존, 내부 개조'의 원리가 유일한 깃발로 하늘 높이 나부끼고, 관리자형 지식인은 '지도자형 지식인'으로 진화한다. 지도자 관점에서 씌어진 한국인론의 핵심은 '절박한 위기, 비상한 대책'이다. 이광수와 박정희가 대표적인 예다.

8. 이광수의 공격적 이상주의

이광수의 「민족개조론」은 여러 모로 빼어난 논문이다. 야나기 무네요시의 조선인론과 이어령의 한국인론이 주관적·감정적 단상에 의존하는 경향이 강한 데 비해 이광수의 「민족개조론」은 나름의 논리와 근거를 갖췄다는 점에서 훨씬 더 학술적이다. 저자가훗날 보인 친일 행적을 염두에 두고 이 글을 친일 선언쯤으로 읽으려던 독자는 꽤나 놀랄 것이 틀림없다. 이광수의 친일 성향이드러나는 부분은 그가 탈정치를 강조하는 대목("이 개조주의는 정치에 대하여 아무 간섭이 없습니다… 개조주의의 단체 자신은 영원히 정치에 참여할 것이 아니외다." 이광수, 「민족개조론」, 이주명 편역, 앞의 책, 259쪽, 이하 같은 책은 쪽수만 표기)이 거의 유일하다. 앞서 충분히 논했듯이, 탈정치 지향은 사실상짙은 정치성을 띤다. 비슷한 시기에 신채호가 「조선혁명선언」에서 차라리 폭력을 선택한 것과 비교하면, 이광수의 입장은 현상유지를 최소한 용인하는 것이었다고 비판할 만하다.

그러나 이광수는 조선인의 근본적 "쾌활함"(247쪽)을 지목한다는 점에서 조선인을 결핍과 슬픔에 찌든 가련한 사람들로 보는야나기 무네요시와 사뭇 다르다. 이광수는 "조선인처럼 농담과장난을 좋아하는 자는 드물 것"이라면서 "조선인은 현실적, 예술적으로 웃고 놀고 살 민족이외다"(248쪽)라고 진단한다. 물론 그도 조선의 현실과 근래 역사를 개탄한다. 그러나 일종의 숙명론을 편 야나기("자연은 조선이 걸어야 할 운명의 방향을 정했다. 대륙의 무서운 북풍은…", 「조선의 미술」, 정일성 225쪽)와 달리 이광수는 "조선민족이 무실역행의 도덕이 결핍한 것은 지내온 역사의 결과를 보면 알 것이외다"(262쪽)라는 말에서 보듯이 조선인의 책임을 지적한다. 조선인에게 모든 책임을 뒤집어씌우는 부당한 처사일 수도 있겠지만, 반드시 그렇게 해석할 일은 아니라고 본다.

조선인의 책임을 따진다는 것은 기본적으로 조선인을 역사의 주인공으로 인정함을 의미한다. 야나기가 조선인의 책임을 묻지 않는 것은 조선인을 역사의 무대에서 아예 쓸어내는 것일 수 있다. 이광수가 "근대조선사는 허위와 나타[게으름]의 기록이외다"(266쪽)라고 일갈하면서 "내가 이렇게 함은 자기 민족의 결함을 폭로하기를 즐겨 그러함이 아니라, 우리의 결함을 분명히 알므로 다시 살아날 길을 분명히 찾아내자 함이외다"(같은 곳)라고 호소할 때, 그는 정녕 계몽적 우국지사의 모습 그대로다.

조선인의 민족성을 분석할 때도 이광수는 비록 "민족심리학의 태두 불국[프랑스]의 석학 르 봉 박사"의 권위에 기대어(235쪽) 과학성을 보증받으려 함으로써 시대의 한계를 노출하기는 해도[1] "근

---

1. 같은 곳에서 이광수가 인용한 『민족심리학』(정확한 서명은 『민족발전의 심리학적 법칙; *Les Lois Psychologiques de l'Evolution de Peuples*』[1894]』)의 한 대목 "언어, 제도, 사상, 신앙, 미술, 문학 등 무릇 일국의 문명을 조직하는 각종 요소는 이를 지어낸 민족성의 외적 표현이라"는 영어 번역판 『*The Psychology of Peoples*』(1898)의 Book Ⅱ, Chapter Ⅰ의 첫 문장(63쪽) "The different elements, languages, institutions, ideas,

본성격"과 "부속적 성격"을 구분할뿐더러 똑같은 성격이 긍정적으로 발현할 수도 있고 부정적으로 발현할 수도 있음을 헤아리는 신중함을 보인다.

더구나 그가 보는 조선민족의 근본성격은 우리가 오래 전부터 자처해온 대로 유교의 최고 덕목인 "인(仁)"(244쪽), 넓히면 "인(仁), 의(義), 예(禮), 용(勇)"(248쪽)이다. 이렇게 탁월한 민족성이 또 있겠는가! 문제는 이 근본성격이 부정적으로 표현되어 "허위와 나타"(266쪽 외)로 흘렀다는 점이다. 이광수는 이 부정적 특징을 "부속적 성격"으로 규정하고 실현 가능한 개조의 표적으로 삼는다. 따라서 그가 "말하는 민족개조의 근본은 무실과 역행의 사상"이다(261쪽). 또한 무실, 역행과 더불어 "한 가지 더… 고조(高調)할 것이 있으니, 그것은 사회봉사심이외다."(267쪽) 요컨대 이광수는 "무실과 역행과 사회봉사심 즉 단결의 정신을 개조하는 신민족성의 기초로"(268쪽) 삼고자 한다. 이광수가 외치는 민족개조의 강령은 '참되자! 행하자! 단결하자!'인 것이다.

---

beliefs, arts, literature, of which a civilization is composed should be regarded as the exterior manifestation of the soul of the men who have created them." 에 해당한다. 르 봉은 인구 집단의 심리학적 특징을 해부학적 특징에 빗댐으로써 이른바 민족성이 유전적 토대를 가짐을 강하게 암시한다. 그러나 오늘날 과학의 관점에서 "민족성"은 유전적 근거가 전혀 없는 개념이다. 인간 조상들의 유전자 분석에 능한 유전학자 스반테 페보(Svante Pääbo)는 "민족"이란 "철저히 정치적인 개념"이라고 단언한다 (슈테판 클라인, 『우리는 모두 불멸할 수 있는 존재입니다』, 182쪽). 1922년에 「민족개조론」을 비판하기 위해 「이 춘원에게 문(問)하노라」를 쓴 최원순은 르 봉이 말한 민족성의 한 조건이 유전성이라면서, 이광수가 지적한 조선민족의 특징들이 과연 "유전적 성격" 인지에 대해 의문을 표했다(282쪽). 시대를 앞서간 통찰이었다고 하겠다.

이 지당한 외침에 반발할 이유를 아무리 찾으려 해도 찾을 길이 없다. 도덕적 향상을 도모하자니, 너무나 옳은 말이다. 그렇다면 「민족개조론」은 아무 문제도 없는 완벽한 방안일까? 역설적이게도 이광수의 외침은 너무나 옳다는 점이 치명적인 문제다. 그는 너무나 옳은 상태를 기준삼아 현실을 닦아세우는 공격적 이상주의자였던 것이다.

예컨대 그는 조선인의 허위에 대해서 "조선인끼리 서로 신용이 없습니다… 서로 거짓말을 하고 서로 속이는 행실을 하기 때문에 서로 신용치를 못함이니…"(262쪽)라고 질타하는데, 당시 조선인들은 당연히 이 꾸지람을 들을 만했을 것이다. 그런데 현재 한국인들, 더 나아가 동서고금의 모든 사람들이라고 뭐가 다를까? 누구나 경험으로 알듯이, 허위는 인간의 본성에 속한다. 어디든 둘러보라. 이 세상에 거짓말 없는 사회가 있는가? 속임수는 동물의 세계에도 만연해 있다. 이해관계가 상충하는 두 사람이 서로를 신용하지 못하는 것은 당연한 일이다. 그래서 명시적인 계약이 필요하고, 사회 전체의 감시와 계약위반에 대한 처벌이 필요하다. 이광수는 흔히 하는 말로 '법 없이도 잘사는 사람들의 세상'을 꿈꾸는 경향이 있다.

특히 당대의 극단적인 상황을 감안하면, 조선인의 허위에 대한 이광수의 비판은 매우 비현실적이다. 예컨대 그는 "근년에 다수의 자칭 애국지사, 망명객배가 중국의 고관과 부호에게 애걸하여 사기적으로 금품을 얻는 자가 점점 증가하여 민족의 신용을 아주 떨어뜨리고 만 것"(263쪽)을 개탄한다. 상하이 임시정부에 관여한 경험에서 우러난 비판일 것이다. 하지만 그야말로 망명객이 어떻게든 금품을 얻어내 최소한의 생존과 활동을 이어가려 애쓰는 것은 당연하지 않을까? 물론 중국의 법과 관습과 예절을 다 지키면 이루 말할 수 없이 좋겠지만, 극한의 상황에 처한 사람들에게 그런 도덕성을 기대하는 것은 무리다. 만약에 그들을 보고 조선민족의 신용을 깡그리 불신하게 된 중국인이 있다면, 그의 생각이 짧음을 비판하는 것이 옳다.

"만주삼을 송삼(松蔘)이라고 속이"는 "홍삼 장사"(같은 곳)를 꾸짖는 대목에서는 이광수의 편협한 이상주의가 더 선명하게 드러난다. 실제로 그런 불법적인 속임수를 쓰는 장사꾼이 있다면, 그는 당연히 벌을 받아야 한다. 하지만 그런 행태를 이유로 들어 "민족개조"를 외치는 것에는 동의하기 어렵다. 왜냐하면 "민족개조"를 천번 만번 하더라도 궁지에 몰린 장사꾼은 과도한 속임수를 또 쓸 것이기 때문이다. 놀랍게도 이광수는 속임수가 전혀 없는 사회를 꿈꾸며 "민족개조"를 외친 듯하다. 실제로 그렇다면, 황당한 외침이다.

조선인의 게으름에 대한 비판에서도 비현실성이 엿보인다. 그가 보기에 "조선민족은 적어도 과거 오백년간은 공상과 공론의 민족"이었으며, "그 증거는 오백년 민족생활에 아무것도 남겨놓은 것이 없음을 보아 알" 것이다.(265쪽) 구체적으로 무엇이 없다는 것일까? 그는 "과학을 남겼나, 부를 남겼나, 철학, 문학, 예술을 남겼나, 무슨 자랑될 만한 건축을 남겼나"라고 탄식하는데, 영 공감이 가지 않는다. 지금도 남아 최고의 평가를 받는 조선의 철학, 문학, 예술, 건축이 엄연히 있지 않은가.

곧이어 나오는 "또 영토를 남겼나"(같은 곳)라는 말만 유일하게 고개를 끄덕이게 한다. 과연 조선은 영토를 남기지 못했다. 이것이 게으름의 결과라면, 게으름을 극복하자는 "민족개조" 운동은 영토회복, 곧 독립을 향한 노력이어야 마땅할 것이다. 그러나 이광수는 전혀 다른 길을 택했다. 이는 그가 진정으로 아쉬워한 것은 영토가 아니라 다른 무언가의 부재였음을 암시한다. 실제로 그는 당대의 조선인도 게으르다면서 "전등, 수도, 전신, 철도, 윤선(輪船), 도로, 학교 같은 것 중에 조선인이 손수 한 것이 무엇입니까"(266쪽)라고 다그치는데, 여기에 그의 진심이 담겼다고 봄이 합당하다.

이광수는 우리 손으로 이룩한 신문명이 없음을 안타깝게 여기며 우리의 게으름을 비판하는 것이다. 충분히 공감할 수 있다. 먼 훗날 『이광수와 그의 시대』를 쓴 김윤식의 눈에 1970년대의 일본이 "거의 천국처럼 보였다"(김윤식, 『내가 읽고 만난 일본』, 31쪽)면, 그 옛날 동경유학생 이광수의 눈에 비친 일본은 백배 천배 더 천국에 가까웠을 것이 틀림없다. "반도" 출신의 영리하고 예민한 청년 이광수는 거기 휘황찬란한 "내지"에서 상대적 박탈감을 그야말로 뼈저리게 느꼈으리라.

그러나 그 박탈감이 무려 "민족개조"의 명분일 수 있느냐, 하는 것이 문제다. 물론 더 나은 미래를 추구하는 것은 모든 사람의 본성이다. 만약에 이광수의 "민족개조"가 그런 상식적인 수준의 미래 개척을 의미했다면, 아마도 그는 사자후를 토하듯 「민족개조론」을 쓰지 않았을 테고, 나는 그를 공격적 이상주의자로 규정하지 않았을 것이다. 하지만 이광수의 "개조"는 "갱신, 개혁, 혁명" 따위의 말에 만족하지 못하는 사람들이 "더욱 근본적이요, 더욱 조직적이요, 더욱 전반적, 삼투적인"(217쪽) 변화를 가리키기 위해 쓰는 단어다. 한마디로 뼛속까지 바꾸는 것을 의미한다.

그는 이런 "개조"가 당대에 전 세계에서 유행한다고 보고한다. 이 대목에서 이광수의 시대에 만연했던 식민주의를 떠올리지 않을 수 없다. 이광수가 말하는 "개조"란 다름 아니라 식민주의적 공격자가 피해자에게 가하는 폭력이 아닐까? 실제로 그렇게 볼 여지가 충분하다. 특히 주목할 것은 그가 강변하는 절박한 위기 상황, 비상한 대책의 필요성, 그리고 소수집단의 선도다. 이 요소들은 내가 '지도자 관점에서 쓴 한국인론'이라고 부르는 담론의 세 기둥이다. 스스로 의식했을지 모르겠지만, 「민족개조론」의 저자 이광수는 조선인을 상대로 외부인의 역할을 자임했다. 그것도 야나기의 관리자 역할과 사뭇 다른 공격적 지도자의 역할을 말이다.

비유하건대 이광수는 당시 "내지"에 창궐했던 "탈아입구"의 세균에 감염되었다고 하겠다. 이 세균은 감염자로 하여금 이웃을 상대로 외부인 행세를 하게 만들며, 자존감이 낮은 개인과 사회를 주요 숙주로 삼는다. 김윤식이『이광수와 그의 시대』에서 누차 강조하듯이, 이광수는 고아였다. 자기애가 발달하기 어려운 처지였던 것이다.[2]

김윤식은 이광수를 이해하는 열쇳말로 "고아의식"을 제시한다. 이광수 개인에게 국한된 문제가 아니다. 식민지 조선, 심지어 "탈아입구"의 세균을 스스로 배양해낸 기이한 식민본국 일본을 이해하는 데에도 "고아의식"은 필수적인 듯하다. 내가 이해하는 고아의식의 핵심은 낮은 자존감이다. 이광수의 시대는 낮은 자존감의 시대, 그 낮은 자존감을 이웃에 투사해놓고 공격적인 "개조"를 부르짖는 소위 '선각자'의 시대였다. 흥미롭게도 김윤식은 고아 상태를 '아비 없음'으로 국한해서 규정하는 경향이 있다. 그가 보기에 이광수에게 부재했던 것은 '아비'였다. '아비'는 '국가'를 연상시키므로, 식민지 청년 이광수를 규정하는 조건으로 '아비 없음'을 지목하는 것은 자연스럽다고 하겠다. 그러나 나는 이광수를 이해하려면 '아비 없음'보다 '어미 없음'을 그의 조건으로

2. 자존감, 자존심 등으로도 불리는 자기애는 "부모로부터 학습되는 것" "부모에게 배워서 가지게 되는 일종의 능력"이다. 최병건, 「자학의 거울」, 7절 '자기애'.

꼽는 것이 더 적절하다는 입장이다. 이광수와 그의 시대가 지닌 본질적인 특징은 '낮은 자존감'이며, 이 특징은 '아비 없음'보다 '어미 없음'과 더 밀접한 관련이 있다고 보기 때문이다. 김윤식이 잘 설명했듯이, 이광수는 평생 동안 '아비'로 삼아 추종할 만한 인물을 찾아 헤맸다. '아비 없음'을 만회하려고 노력한 것이다. 그러나 나는 그 노력의 바탕에 '어미 없음' 혹은 '낮은 자존감'이 깔려 있다고 본다. 아비가 없다면, 스스로 아비가 되면 되지 않는 가. 왜 그렇게 하지 못하는가? 그것은 무조건적 지원자인 '어미' 의 결핍에서 비롯된 '낮은 자존감' 때문이다. 이광수의 삶은 '아 비'가 없어서 문제가 아니라 너무 많아서 문제였던 측면이 틀림 없이 있다. 아비가 길잡이별, 행진, 미래, 개조를 연상시킨다면, 어 미는 터전, 놀이, 현재, 자기표현을 연상시킨다. 이광수에게 결정 적으로 부족했던 것은 오히려 후자였다고 본다.

9. 절박한 위기, 비상한 대책

"개조"라는 말은 가볍게 입에 올릴 단어가 아님을 누구보다 이광 수 자신이 잘 안다.

민족의 개조라는 것은 여간한 경우에 경히 부르짖을 바가 아니니,

아까도 말한 바와 같이 이대로 가면 망한다 할 경우에 건곤일척의 대
결심, 대기백으로 할 것이외다. (220쪽)

"이대로 가면 망한다" 하는 위기의식이 "개조"의 전제조건이다.
이광수는 그런 위기의식을 품었으며 그것이 조선민족의 현실을
그대로 반영한다고 확신한다. 그가 보기에 조선민족은 "위험한
처지"(272쪽)에 있다. "그 이상을 상상할 수 없으리만큼 정신적으
로나, 물질적으로나 피폐한 경우"(278쪽)에 있다. 이런 위기의식은
미래 예측으로 이어진다.

　　이러한 민족의 장래는 오직 쇠퇴 우(又) 쇠퇴로 점점 떨어져 가다가
　　마침내 멸망에 빠질 길이 있을 뿐이니 결코 일점의 낙관도 허할 여지
　　가 없습니다. 나는 생각하기를 삼십년만 이대로 내버려두면 지금보다
　　배 이상의 피폐에 달하여 그야말로 다시 일어날 여지가 없이 되리라
　　합니다. (278쪽)

조선민족의 멸망, 혹은 영구적 회복 불능의 단계가 임박했다는
이야기다. 위기의식의 첨예화를 위해 "삼십년"이라는 수치까지
제시한다. 삼시세끼 외에는 바라는 것 없는 기층민중은 말할 것
도 없고, 어지간히 식견이 있는 지식인, 심지어 내지어(內地語)에
능통한 유학생이 들어도 이 수치가 어떤 근거에서 나오는지 도무

지 알 수 없었을 것이다. 조선민족의 장래를 함께 걱정하던 사람들은 이광수에게서 이런 협박 수준의 발언을 듣고 오히려 그의 속내를 수상히 여겼음직하다.

아니나 다를까, 이광수는 특단의 대책을 촉구한다. 그의 입장에서는 당연한 행보다. 민족의 멸망이 진정 삼십년 앞으로 다가왔다면, 무슨 대책인들 강구하지 못하랴.

> 조선민족은 너무나 뒤떨어졌고, 너무도 피폐하여 남들이 하는 방법만으로 남들을 따라가기가 어려운 처지에 있으니 무슨 더 근본적이요, 더 속달의 방법을 찾을 필요가 있습니다. (277쪽)

비상한 낙후와 피폐를 "개조"하려면 당연히 비상한 방법이 필요하지 않겠는가! 이제 "조선민족을 살리는 유일한 길"(278쪽)에 앞장설 깃발, 곧 선도 집단이 등장할 차례다. 이광수는 민족의 도덕이 땅에 떨어졌더라도 "소수나마 몇개의 선인(善人)"(241쪽)이 있을 것이라고 한다. 그 소수가 단체를 이루어 민족을 이끌어야 한다. 그런 "단체의 존재가 백천(百千)의 신문, 잡지보다 위대한 선전력을"(273쪽) 가진다. 이광수는 단체의 중요성을 누누이 강조한다.

> 반복하여 역설할 것은 '민족개조는 오직 동맹으로야만 된다. 그러므로 이 동맹으로 생긴 단체는 가장 공고하여 영원성을 가짐이 필요

하다' 함이외다. (273쪽)

이광수가 염두에 둔 단체가 나중에 "수양동우회"로 정착한, 홍사단의 국내지부였으리라는 구체적인 사실은 그리 중요하지 않다. 주목할 것은 그가 소수 엘리트 단체의 선도를 촉구한다는 점이며, 미루어 해석하건대 이것이 그가 구상하는 비상한 대책, "더 근본적이요, 더 속달의 방법"의 핵심이라는 점이다.

이렇게 이광수가 절박한 위기, 비상한 대책, 소수 엘리트의 선도를 부르짖은 지 꼭 40년 후, 그 외침과 쏙 빼닮은 가락을 훨씬 더 우렁차게 부른 명실상부한 지도자가 있었으니, 바로 박정희다.

10. 박정희가 말하는 "한국 민족의 주체성"과 민주주의

야나기 무네요시와 이광수가 여러 차이점에도 불구하고 조선 역사에 대한 부정적 인식만큼은 공유했던 것처럼, 박정희도 우리의 역사를 깎아내린다는 점에서 전형적 한국인론의 전통을 따른다.

생각하면 참으로 곤욕과 혈루에 점철된 것이 우리의 역사였다. 스스로 통한과 비분과 치욕을 금할 수 없는 우리의 과거였다."(박정희, 『국

가와 혁명과 나』, 1963, 22쪽, 이하 같은 책은 쪽수만 표기)

박정희는 한걸음 더 나아가 "이 모든 악의 창고 같은 우리의 역사는 차라리 불살라버려야 옳은 것이다"(249쪽)라는 저주에까지 이른다. 당시 국가재건최고회의 의장으로서 모든 권력을 틀어쥐었던 그가 한 대상을 지목하며 이토록 강한 저주의 의사를 밝혔다면, 사실 여부와 상관없이 누구라도 그 대상에서 멀리 떨어지고 싶었을 것이다. 이광수처럼 박정희도 위기를 강조하고 파멸의 임박을 선언한다.

정녕, 우리는 이대로는 살 수 없는 것이고, 끝내 이 상태대로 나간다고 하면, 앉아서 굶어 죽거나, 국가의 파멸을 눈앞에 보지 않으면 안 될 것이다. (256쪽)

위기의 원인에 대해서는, 기본적으로 우리 자신의 행동을 탓한다는("우리는 확실히 가진 것이 없다. 아니, 할 일이 있어도 하려고 하지 않았다." 같은 곳) 점은 이광수와 같지만, 몇가지 새로운 요인들이 등장한다.

민주주의를 빙자한 서구의 노라리풍을 타고 소비에만 지향한 결과, 연년(年年) 증가하는 국제수지의 역조와 연간 70만대의 인구증가는 결정적으로 한국경제의 암담한 귀결을 예고하였다. (257쪽)

"노라리풍", 국제수지 역조, 인구증가가 우리를 위협한다. 그러므로 특단의 대책을 내놓을 때다. 1963년, 제5대 대통령 선거에 출마한 "불운한 군인"("다시는 이 나라에 본인과 같은 불운한 군인이 없도록 합시다." 1963년 8월 30일 박정희의 전역식 연설) 박정희는 "이제는 뒤로 물러설 수도 없는 것이다. 혁명에는 후퇴가 없다. 여기에 어찌 여·야가 있으며, 찬·반의 시비가 있는 것인가"(265쪽)라고 호소한다.

이 비상한 시국에 필요한 것은 맞선 양편의 대화로서의 정치가 아니라 혁명적 지도자라는 뜻일 텐데, 그렇다면 굳이 절차에 따라 대통령 선거에 나설 필요가 있었을까? 아무래도 2년 만에 또 헌정중단 사태를 일으키기는 국내외의 여러 여건상 부담스러웠던 모양이다. 하지만 박정희의 혁명적 지도자 관점은 확고부동하다. 그는 자신이 "실질적으로 재차 제2단계의 혁명을 결심하지 않으면 안 되었다"(276쪽)고 밝힌다. 요컨대 그의 새로운 행보는 외견상 정치 같지만 그 실질은 이른바 "혁명", 곧 '외부 폭력에 의한 내부 개조'다.

박정희는 "조속히 우리의 철학을 창조하여야 하고 독자적인 문화의 형성에 나아가지 않으면 안 된다"(248쪽)고 말한다. "우리의 철학"과 "독자적인 문화"라니, 그의 독재에 반대하는 사람들조차 귀가 솔깃할 만하지만, 곧이어 그가 "왜냐하면 이 철학이나 문화는 민중의 길잡이가 되기 때문"(같은 곳)이라고 이유를 대는 대목에서는 그의 지도자 관점이 눈부시게 번득인다. 박정희는 민중을 이끌 한국의 고유한 철학, 독자적인 문화를 창조하고 싶다. 더 정확히 말해서 그는 "한국적인 신(新) 지도이념의 확립"(253쪽)을 추구한다.

이런 지도자적 태도가 이 땅의 지식인들, 좁혀서 철학자들 사이에 여전히 만연하지 않은가 싶어 조금 논평할 필요를 느낀다. 나는 박정희를 '격리된 외부에 발 디딘' 외부인으로, 더 나아가 '외부 폭력으로 내부를 개조하는' 지도자로 규정하는데, 정작 박정희는 보다시피 "우리의 철학" "독자적인 문화" "민중의 길잡이"를 옹호하고 "사대(事大)적 의타(依他)관념"(같은 곳)을 질타하므로, 나의 규정은 틀린 것처럼 보인다. 과연 틀린 규정일까? 혹시 박정희가 지금 새빨간 거짓말을 늘어놓는 것일까? 결론부터 말하면, 양쪽 다 아니다. 박정희는 외부인이 맞고 "독자적인 문화"를 진심으로 바란다.

외부인이냐 아니냐를 가르는 기준은, 내부의 자생적인 목소리에 귀를 기울이고 대화할 마음이 있느냐다. 간단히 말해서, 민주 사회의 시민답게 행동하느냐 여부다. 야나기처럼 역사와 지정학을 들먹이든, 이광수처럼 세계정세를 들먹이든, 박정희처럼 경제적 전망을 들먹이든 상관없이, 내부의 목소리를 들으려 하지 않는 사람은, 내부를 사랑하든 비난하든 찬양하든 저주하든 상관없이, 기본적으로 외부인이다. 그가 발 디딘 외부가 어디냐는 그 다음의 문제다.

서양이나 일본 같은 공간적 장소에 발 디딘 외부인이 있는가 하면, "개조" 이후의 도덕적 이상사회나 총화단결의 경제대국 같은 미래에 발 디딘 외부인도 있다. 두번째 유형일 경우, 외부인(정확히 말하면 지도자)의 외부성은 은폐되는 경향이 있다. 왜냐하면 그가 발 디딘 외부는 그 자신을 포함해서 어느 누구도 가보지 못한 곳이기 때문이다. 오로지 지도자의 혜안이 독점한 외부, 유일무이한 외부이기 때문에, 개조를 외치는 지도자와 그 추종자들은 그 외부를 쉽게 내부로 착각할 수 있다. 외부가 내부로, 내부가 외부로 뒤집히는 마법이 일어나는 것이다.

박정희가 말하는 "한국적인 신 지도이념"의 본질은 그것의 내용이 아니라 지위, 그것이 민주주의보다 윗자리에 있다는 점이다. 민주주의보다 상위에 있음, 바로 이것이 외부와 외부인의 본질이다. 박정희는 외부의 지도이념에 따라 민주주의를 개조하고 싶다.

특히 서구적인 민주주의의 직수입이 한국적인 체질에 여하히 작용할 것인가에 이르러서는, 이 지도이념은 바로 애국의 이념과도 통할 수 있는 것이다. 교도(教導)민주주의이건, 규범민주주의이건, 이것 또한 지도이념에서 택하여질 수 있는 것이다. (254쪽)

추측하건대 "교도민주주의는" 민중을 가르치고 이끄는 민주주의, "규범민주주의"는 서구식 규범에 맞는 민주주의를 뜻하는 모양이다. 둘 중에 하나를 지도이념, 곧 "애국의 이념"에 따라 선택할 수 있다는 것이 박정희의 요지다. 교도민주주의라니, 참으로 독창적이어서 말문이 막힌다.

애당초 민주주의를 수입품으로 취급해야 하는지부터 큰 의문이다. 내가 이해하기에 민주주의란 우리 사이의 갈등을 대등한 입장에서 차근차근 대화로 풀자는 주의다. 물론 훨씬 더 복잡하고 어렵게 설명할 필요도 있겠고 경우에 따라서는 개념의 세분화도 필요하겠지만, 민주주의의 핵심은 결국 대화다.

대화하려는 마음가짐이 비한국적인 직수입품인가? 한국적 체질에 어떻게 작용할지 신중히 따져가면서 상위의 지도이념에 맞게 성분과 용법을 조절해야 할 수입약쯤 되는가? 참으로 터무니없다! 대화로서의 민주주의는 뭇 사람의 사람다움 그 자체다. 사람다움을 수입하거나 수출하나? 사람이라면 누구나 그 바탕은 사람답기 마련이다. 그러므로 우리의 민주주의를 일구는 일은 우리 바탕의 사람다움을 살리는 일에 다름 아니다. 민주주의를 수입품으로 간주하는 순간, 우리도 박정희처럼 첫 단추를 잘못 끼우게 된다. 지도자 박정희는 민주주의가 토착화하기를 원했다.

지난 17년 동안 민주주의를 수입해 들여온 과정을 반성해볼 때 그 실패의 원인은 주로 이웃에서 온 민주주의를 그대로 받아들이기만 하고 자기 나라 민족사의 반성 위에, 우리 생활 속에 뿌리를 내리게 하지 못했다는 점이다.(「우리 민족의 나아갈 길」, 1962, 『하면된다! 떨쳐 일어나자』, 2005, 102쪽)

완전히 거꾸로 뒤집힌 발상이다. 첫째, 민주주의는 수입품이 아니며, 둘째, 해방 후 17년은 우리 바탕의 사람다움, 곧 민주주의가 피땀으로 야만을 밀어내며 가지를 뻗고 열매를 맺어온 과정이었다. 한국 민주주의는 항상 이미 토종이다!

　박정희가 바라는 것은 항상 이미 우리 고유의 것이며 또한 보편적인 민주주의가 아니라 직수입품을 소위 지도이념에 맞게 다듬은 변종 민주주의다. 그는 이 괴물을 권하면서 즐겨 "한국 민족의 주체성"을 들먹인다(100쪽). 나는 '주체성'이라는 철학의 근본 개념이 이토록 오용된 사례를 거의 알지 못한다. 주체성이란 다름 아니라 사람다움이며 곧 민주주의다. 만약에 "한국 민족의 주체성"이 민주주의와 어긋난다면, 나는 한 명의 한국인으로서 사람답기 위하여 그 주체성을 내다버리겠다. 단언하건대, 그런 주체성은 가짜다.

　나는 지금 사람답기를 바라는데, 1960년대 초에 박정희는 "한국의 근대화"를 바랐다. 지금은 풍요로운 시대인 반면, 박정희가 살던 때는 피폐한 시대였기 때문일까? 흔히들 그렇게 이야기하지만, 나는 동의하지 않는다. 내가 보기에 박정희는 이 땅의 많은 엘리트가 바라온 바를 바랐을 뿐이다. 야나기 무네요시와 이광수의 예에서 보듯이, 오래 전부터 이 땅의 엘리트들은 외부인 노릇을 즐겨왔다. 박정희는 내부자인 이웃들을 "교도(敎導)"하고 개조하는 외부인이 되고 싶었을 뿐이다. 시대의 피폐와는 별로 상관없는 일이다. 박정희는 나와 동시대인이었더라도 그런 지도자의 역할을 거머쥐고자 일로매진했을 사람이다.

이광수가 그랬듯이, 박정희도 절박한 위기감을 느끼며 비상한 대책을 강구했다. 또한 소수 엘리트 세력의 육성을 다짐했다. 아래 인용문에서 "한국의 근대화"와 "민주 혁명"은 상식선의 개념이 아닌 박정희의 "지도이념"에 비추어 그 뜻을 새길 필요가 있다.

한국의 근대화를 위해서는 근대적인 새로운 지도 세력을 움트게 하는 일과 길러내는 일을 바탕으로 삼아야 할 것이다… 한국의 근대화를 도맡을 사람, 다시 말하면 한국의 민주 혁명을 도맡을 주인공을 찾아서 길러내야 할 것이다. (103쪽)

바로 그때, 청년 이어령이 『흙 속에 저 바람 속에』를 써서 엄청난 주목과 호응을 받았다. 이때부터 그의 한국인론이 누린 인기는 훗날의 이주일을 뺨칠 정도였다.

11. 재담가 이어령의 가공할 위력

이어령이 누구인지 한마디로 대라면, 나는 주저없이 '재담가'라고 답하겠다. 그는 말을 재미있게, 아주 많이 하는 사람이다. 그가 박사요 교수인 데다가 지성인 중에 지성인이라는 찬사까지 듣는 인물임을 모르는 바 아니나, 내가 읽은 그의 글 『흙 속에 저 바람 속에』(1963, 개정판 2002), 『바람이 불어오는 곳』(1965, 개정판 2003), 『푸는 문화 신바람의 문화』(1984, 개정판 2002), 『신한국인』(1986, 개정판 『젊은이여 한국을 이야기하자』, 2009)은 학자다운 신중함이나 논리적 설득과는 거리가 영 멀다.

이어령의 힘은 사소한 파편에서 알토란 같은 의미를 읽어내는 솜씨, 그리고 그 의미가 당대의 대세를 절대로 거스르지 않도록 미리 조절하는 감각에서 나온다. 그가 일상의 구석구석에서 알알이 맺힌 의미들을 수확하는 모습을 보노라면, 첫째, 정말 기발해서 무릎을 치게 되고, 둘째, 듣고보니 그럴 듯한 이야기라서 절로 고개가 끄덕여진다. 한마디로 그는 도처에서 기발한 방식으로 대세에 부합하는 의미를 읽어낸다. 이를테면 젓가락을 사용하는 풍습에서, 부정적으로는 의존의 문화, 긍정적으로는 배려의 문화를 읽어내는 식이다. 서양인과 달리 한국인이 타인에게 의존하는 경향이 강하며, 거꾸로 타인을 배려하는 경향도 강하다는 이야기를 우리는 얼마나 귀가 닳도록 들어왔는가. 그러니 우리가 이어령의 기발함에 감탄하면서 고개를 끄덕이는 것은 어쩌면 조건반사만큼 자연스러운 반응이다.

우리가 대상에서 의미를 읽어내는 것과 관련해서, 칸트는 우리 자신이 대상에 미리 집어넣은 의미만 읽어낼 수 있다고 했다. 흔히 사람들은 있는 그대로의 대상에 본래 깃든 의미를 읽어낸다고 생각하지만, 그것은 코페르니쿠스적 전환 이전의 순박한 독단적 실재론에 불과하다. 있는 그대로의 대상에 본래 깃든 의미 따위는 없다! 심지어 있는 그대로의 대상조차도 기껏해야 대화하는 사람들이 잠정적으로 합의한 기준점일 뿐이다.

이어령이 기발한 장소에서 무난한 의미를 읽어낼 때, 우리는 그 장소와 의미를 주목할 것이 아니라, 그 읽어내기를 솔선하는 이어령과 그를 따라하며 감탄하는 우리 자신을 돌아보아야 한다. 만약에 한국인론이 도대체 가능하고 유익하다면, 사실은 이 돌아봄이 제대로 된 한국인론의 출발점이어야 한다고 나는 믿는다. 이어령이 그려놓은 한국인의 자화상에 빠져들지 말고, 그 자화상을 그리는 화가 이어령을 보기, 또한 그 자화상을 승인함으로써 사실상 함께 그리는 우리 자신을 보기가 첫걸음이다. 그럼 이어령은 재담가형 화가, 곧 만화가이고, 우리는 모두 만화가 문하생인 셈인가? 생각해보니, 꽤 그럴싸한 비유이지 싶다.

물론 이어령은 범인으로서는 꿈도 꾸지 못할 만큼 큰 야심을 품은 저술가다. 그는 큰 그림을 그린다. 자그마치 한국문화론, 혹은 문화에 중점을 둔 한국인론이다. 그의 야심은 실현되었을까? 그가 쓴 글의 양과 인기를 생각하면, 실현되고도 남았다. 유명 포털사이트 책 코너에서 그의 책을 검색하면, 50여년 전에 출판되어 지금도 꾸준히 팔리는 『흙 속에 저 바람 속에』를 비롯해서 무려 230여권이 뜬다. 견줄 상대가 거의 없다고 하겠다. 그럼 다른 한편으로 그가 한국인론을 펼친 목적에 비춰볼 때, 그는 성공했을까? 이 질문에 답하려면 그의 목적이 무엇이었는지부터 이야기해야 할 것이다.

나 자신이 외국인이 아니어서 잘 모르겠지만, 나는 이어령의 한국인론이 한국을 처음 접하는 외국인에게는 그리 유익하지 않으리라고 짐작한다. 왜냐하면 이어령의 논의는 보고서나 자료집처럼 사실의 서술과 정보의 수록에 중점을 두는 것이 아니라 기발하면서도 그럴 듯한 해석과 권고를 본령으로 삼기 때문이다. 나는 이어령이 한국인론을 펼친 목적이 해석과 권고, 더 좁히면 권고에 있다고 본다. 이 목적에 비춰볼 때, 이어령은 성공했을까?

최병건이 "한국인 타령"이라고 부르는—온갖 문제의 원인을 한국인의 속성으로 돌리는—뿌리 깊은 담론의 성행, 그 담론에 대한 많은 사람들의 문제의식, 그 문제의식을 더 심화해서 야나기 무네요시와 이광수와 박정희까지 들먹이며 이어령을 곱씹어보는 이 글의 존재로 대답을 갈음할 수 있다고 본다. 아니, 비근한 예로 이주일의 노래 「못생겨서 죄송합니다」가 누린 폭발적인 인기가 이어령의 대성공을 웅변한다.

물론 이어령은 홀로 세상을 바꾼 영웅이 아니다. 이어령보다 먼저 전형적 한국인론의 전통이 있었다. 그 전통을 내면화한 우리는 스스로 외부인의 관점에서 우리 자신을 내려다보며 한풀이 역전극을 권유, 재촉, 강제하는 데 익숙했다. 이어령은 이 유서 깊은 흐름에 올라타 우아하게 헤엄쳤고, 결과적으로 그 흐름을 더 강화했다.

군인 박정희가 기존 체제를 폭력으로 짓밟고 국가재건최고회의 의장으로 군림하여 중단 없는 혁명적 전진을 외치던 1962년, 이어령은 『흙 속에 저 바람 속에』를 써서 한국인의 전근대적 풍습을 호되게 질타하면서 "일어서든지 부서지든지 무엇인지를 하나 선택해야 할 때가 온 것이다. 뜨뜻미지근한 그리고 엉거주춤하게 살아온 이 민족의 마음에 불을 지를 때가 온 것이다"(『흙 속에 저 바람 속에』, 개정판 271쪽)라고 선언했다. 그로부터 20년이 지나 또 다시 내부 규칙을 폭력으로 짓밟은 군인 전두환이 집권하여, 신군부답게 뭔가 새롭고 싶었던지 "국풍81"이라는 대규모 관제행사 개최에 이어 작심하고 한국 고유의 가치를 옹호하던 1985년, 어느새 한국적인 속성들의 긍정적 측면을 더 강조하게 된 이어령은 "최루탄과 워드프로세서 사이에서"(『신한국인』, 초판 머리말)『신한국인』을 쓰는 한편, KBS 방송에 출연하여 한국인의 정(情)을 거론하면서 "어떤

것을 수용하는 태도, 수용하는 마음을 정이라 할 수 있으며 그것
이 바로 우리의 구심점이 되지 않았나 생각됩니다. 서구 사람들처
럼 따져가면서 합리주의로 살아온 것이 아니라 오히려 합리성을
넘어선, 비합리주의에 가까운 정의 세계가 바로 우리 문화의 특징
이지요"(『젊은이여 한국을 이야기하자』, 192쪽)라고 말했다.

이어령의 발언과 시대 상황이 이렇게 절묘하게 포개지는 것은
과연 우연일까? 절대로 그럴 리 없다는 것은 이어령이 신문과 텔
레비전을 매체로 삼았다는 것만 봐도 알 수 있다.(『흙 속에 저 바람 속
에』는 『경향신문』, 『신한국인』은 『조선일보』에 연재되었다. 언급한 KBS 방송의 제목은 「한
국인이여 한국을 이야기하자」다) 누구나 알듯이 신문과 텔레비전은 시대
의 흐름에 신속하게 반응하는 것이 생명이다.

한 대담에서 서해성은 이어령을 두고 "과연 발견의 구라죠. 과
학실험실에서 막 나온 것 같은. 그 발견의 힘으로 현실을 바꾸
거나 그걸 위해 자기를 던진 적이 없었던 거죠"(『한겨레』 2010. 10. 1.)
라고 했는데, "구라"의 표준어는 "재담(가)"이다. 발견의 재담가
라… 그럴 듯하다. 이어령은 기발한 듯 무난한 발견의 이야기를
아주 많이, 썩 재미있게 늘어놓는 재담가다. 한편, "현실을 바꾸
는" 것, 심지어 "자기를 던지는" 행동을 이어령에게서 바라는 것
은 얼토당토않다. 내가 보기에 이어령은 대세를 거스를 생각은
거의 없이 "수용하는 태도, 수용하는 마음"으로 살아온 인물이다.

12. 이어령의 감염력에 대비한 예방주사

그의 한국인론을 구체적으로 살펴보기에 앞서 예방주사를 한방 맞기로 하자. 이토록 만반의 준비를 하는 것은 이어령의 한국인론이 강한 감염력을 발휘하기 때문이다. 그가 위대한 저술가이거나 심지어 종종 들리는 얘기대로 천재여서가 아니다(예컨대 김후기는 "종합 인문학자" 이어령을 율곡 이이, 초정 박제가와 함께 우리 역사의 3대 천재로 꼽았다. 『경향신문』 2013. 12. 2.). 단지 그의 한국인론이 우리가 이미 상당한 정도로 내면화한 야나기표, 이광수표, 박정희표 한국인론의 끝판왕이기 때문이다. 우리가 여간 조심하지 않으면 부지불식간에 이어령의 한국인론에 고개를 끄덕이기 십상이다. 그러니 정신을 바짝 차리고, 하나하나 따져야 한다. 서구사람만 따지라는 법이 어디 있나? 우리 한국사람들도 따질 수 있고, 따져야 한다.

위 인용문에서 서해성이 "과학실험실"을 언급하는 것을 보면, 그는 이어령의 글에서 이를테면 과학의 맛 같은 것을 느낀 모양이다. 그러나 이어령의 한국인론, 또는 한국문화론은 사실을 서술하고 분석하기보다 단서를 잡아 해석의 살을 붙이고 권고를 제시하는 성격이 강하기 때문에 과학과 거리가 한참 멀다. 그런데도 과학의 맛이 난다면, 어째서 그럴까? 이어령의 글이 요약정리나 일방적인 단정(斷定)의 성격을 강하게 띤다는 점을 주목할 필요

가 있다. 아마도 서해성을 비롯한 많은 사람들은 그런 요약과 단
정을 과학으로 착각하기 때문에 이어령의 글에서 과학의 맛을 느
끼는 듯하다. 그러나 피를 토하면서라도 강조하고 싶거니와, 참
된 과학이란 요약과 단정의 정반대다. 서해성의 느낌과 정반대
로, 요약과 단정이야말로, 이어령의 한국인론이야말로, 전형적인
반(反)과학이다. 한국인이나 한국문화처럼 이를 데 없이 복잡한
대상에 대한 요약과 단정은 과학적 정신의 씨를 말리는 제초제와
다름없다.

그럼에도 주위를 둘러보면, 단순명료한 요약정리가 과학의 탈
을 쓰고 활보하는 사례를 흔히 볼 수 있다. 예컨대 혈액형별 성격
론을 생각해보라. A형 남자는 성격이 이러하고, B형 남자는 저러
하다는 식의 이야기 말이다. 다들 알다시피 이 황당한 이론은 과
학적 가치가 전혀 없는데도 인기가 대단하다. 심지어 인간 유전
체의 염기서열을 모조리 읽어내는 작업도 그리 어렵지 않은 개명
천지에서도, 혈액형별 성격론의 인기는 식을 줄 모른다. 왜 그럴
까? 생물학을 과신하는 경향, 집단에 소속하려는 욕구, 자신이 객
관적으로 규정될 때 느끼는 안정감, 처세의 비결을 얻고 싶은 욕
구 등, 갖가지 요소를 생각해볼 수 있을 것이다.

그러나 결정적인 이유는 혈액형별 성격론이 요약과 단정을 제
시한다는 점, 그리고 그 요약과 단정이 일리 있다는 판정을 거의
항상 내릴 수 있다는 점이라고 본다. 예컨대 B형 남자는 이기적

이라는 단정적 예측에 맞서서 이타적인 B형 남자 한 명을 들이대더라도, 혈액형별 성격론의 일리는 말끔히 제거되지 않는다. 어차피 엄밀한 이론이 아니므로 소수의 반례는 허용된다. 혈액형별 성격론의 추종자는 재반박을 위해 이기적인 B형 남자를 여러 명 데려올 수 있다.

당장 나 자신에 관한 예측을 내가 들어봐도, 동의할 수 있는 대목과 그렇지 않은 대목이 뒤섞여 있다. 게다가 이도저두 아닌 대목도 많다. 그러니 혈액형별 성격론을 좋게 보기로 마음먹으면, 내가 동의하는 대목들만 골라서 모아놓고 '자, 이런 예측들을 보니, 과연 옳은 이론이 아닌가'라고 나 자신을 충분히 설득할 수 있다. 내가 동의하지 않는 대목들은 간단히 외면하면서 말이다. 이론이 수많은 예측들을 내놓을 경우, 그것들이 전부 틀리는 상황은 상상하기 어렵다. 특히 이론이 비과학적일 때는 그런 상황이 절대로 발생하지 않는다. 비과학적인 이론은 아무리 황당하더라도 항상 일리가 있다!

최병건은 그런 황당한 이론의 예로 선풍기를 틀어놓고 자면 죽는다는 속설을 든다(최병건,「자학의 거울」2절 '황당한 담론들'). 그의 말마따나 위키피디아에 영어판 'Fan Death', 한국어판 '선풍기 사망설' 항목으로 등재되기까지 한 그 괴담은 지금도 이 땅에서 상당한 호응을 받는다. 한마디로 선입견의 가공할 위력이다. 어쩌면 전형적 한국인론의 지위도 그 괴담과 비슷하지 않을까? 이미 우리가 전형적 한국인론을 내면화했기 때문에 그 이론의 결정판인 이어령의 재담에 고개를 끄덕일 가능성이 충분히 있다. 최병건은 "잠깐만 생각해보면 알 수 있는 것을 우리가 외면한다는 사실이 중요"(같은 곳)하다고 말한다.

잠깐만 생각해보면, 한국인에게 슬픔 못지않게 웃음이 많음을, 도자기의 선(線)과 형(形)을 따로 떼어 논한다는 야나기 무네요시의 발상 자체가 황당함을, "서양" 또는 "서구"가 지독하게 막연한 개념임을 알 수 있는데도, 우리는 섣불리 고개를 끄덕이는 경향이 있다. 그러니 병이 더 깊어지기 전에 정신과 의사 최병건의 조언을 귀담아듣자.

복잡한 현상에 대해서는 성급히 답을 내려 하지 말고 가능한 한 다양한 시각으로 그 현상을 바라보는 참을성이 필요합니다. '한국인 타령'도 그런 신중함과 참을성을 요구합니다.(같은 곳)

이것이 백두대간보다 더 복잡한 우리의 삶을 명쾌하게 요약정리해서 태평양보다 더 막막한 "서양"과 비교하는 이어령의 한국인론에 접근하기에 앞서 접종이 요망되는 예방주사다.

13. 이어령의 부정적 한국인론

이광수와 박정희가 지도자 관점에서 한국인론을 펼쳤고 야나기 무네요시가 관리자 관점에서 조선인론을 펼쳤다면, 이어령의 한국인론은 양쪽 관점의 겸비를 특징으로 한다.

우선 눈에 띄는 것은 야나기와의 친화성이다. 이어령과 야나기의 관계는 실로 영혼의 친척이나 사제지간이라 할 만하다. 이광수와 박정희의 힘찬 외침에서 어느 정도 배경으로 물러났던 슬픔과 눈물과 한은 1960년대 초반 이어령의 한국인론에서 다시 전면에 나선다. "우리의 예술과 문화가… 눈물에서 싹터 그 눈물에서 자라난 것이라고 말할 수도 있겠다"(『흙 속에 저 바람 속에』, 개정판 22쪽, 이하 같은 책은 쪽수만 표기)라고 이어령이 말할 때, 야나기 무네요시를 아는 사람치고 그를 연상하지 않는 사람은 없을 것이다.

실제로 이어령은 야나기의 조선예술론을 거의 그대로 수용하는 듯하다. 예컨대 아래 인용문은 이어령의 미적 감각이 야나기와 판박이임을 보여준다.

그 곡선의 미 가운데서, 얼얼히 멍든 가슴을 남몰래 달래보는 한국인의 정한(情恨). 과연 우리에게는 그 듬직한 중국의 '형'이나 희희낙락하며 생을 즐겨보려던 일본의 '색' 같은 것은 찾아보기 힘들다. (235쪽)

그러나 청출어람이라던가. 이어령은 야나기를 넘어선다. 그는 한국인의 뿌리 깊은 슬픔을 거론하면서 한국어에서 '울다'라는 표현이 광범위하게 쓰이는 것을 지적한다. 야나기의 조선인론에서는 볼 수 없는 참신한 언어학적 발견이다. 또한 이어령은 "그 슬픔과 그 울음은 대부분이 가난과 굶주림에서 온 것"(23쪽)이라고 진단함으로써 지정학적 숙명을 강조했던 야나기를 벗어나 1960년대 권력의 경제지상주의에 부응한다. 하지만 더 중요한 것은 이미 이 시절부터 이어령이 "신바람"을 언급한다는 점이다.

무엇보다도 이상한 것은 한국의 그 창(唱)이 하나같이 애조를 띠고 있으면서도 웬일인지 그냥 슬프지만 않고 신바람이 난다는 사실이다. (250쪽)

이어령은 슬픔의 이면에서 신바람을 보았다. 한풀이 역전극의 단서를 발견한 것이다. 물론 아직은 이 단서가 너무 막연해서, 이어령과 야나기 사이의 거리는 그리 멀지 않다. 야나기도 조선인이 피맺힌 한에서 곡선의 아름다움을 빚어냈다고 찬양함으로써 한의 예술적 승화, 예술적 '한풀이'를 이야기했으니까 말이다.

실제로 이어령은 "어깨춤"(251쪽)과 "멋"(255쪽) 같은 예술적 개념들을 주로 거론한다는 점에서 여전히 야나기를 닮았다. 그러나 그가 발견한 "어깨춤"의 "멋"은 야나기가 조선미술에서 발견

했다는 (일본 특유의 '아와레あわれ'와 빼닮은) "슬픔의 아름다움"과 사뭇 다르다는 점도 엄연한 사실이다.[3]

이어령이 어렴풋하게 감지한 '한풀이'는 비록 예술적 차원에 국한된 측면이 있기는 하지만 야나기가 말한 기적적이며 비현실적인 '한풀이'와 유형이 다르다. 이렇게 야나기의 중력장을 벗어난 것은 일종의 진보일 텐데, 무엇이 이어령을 진보하게 했을까? 내가 보는 핵심 요인은 지도자 관점이 섞여든 것이다. 식민지시대의 야나기와 달리, 이어령은 당대 권력의 강력한 개조의지를 공유했다. 그는 한국인을 소위 "근대화"의 길로 이끌 필요를 절감했다. 그렇기 때문에 『흙 속에 저 바람 속에』에서 그는 한국문화에 대한 비판에 주력한다. 그의 목적은 한국인의 정착이 아니라 이동이다. 이어령은 이 목적에 맞게 발견하고 해석하고 권고한다.

그런데 한국문화론을 제대로 하려면 한국문화를 최대한 객관적이고 섬세하게 탐구해야 하지 않을까? 훗날 이어령이 스스로 고백했듯이, 『흙 속에 저 바람 속에』는 그런 탐구가 아니었다. 2002년에 『흙 속에 저 바람 속에』 출판 40주년 기념 대담에서 이어령은 그 책이 "농경문화에서 산업화로 돌입하던 때 쓴 글"임을

---

3. 김유정은 야나기가 일본의 미적 특성인 '아와레'를 조선미술에 투사했다고 본다. "'비애의 미'는 일본의 미적 특성인 '아와레(哀)'와 연관이 있다. '향수적인 정감(情感)' '고결한 비애', 또는 '사물의 아름다운 슬픔에 대한 감수성'으로 해석되는데 외적 대상에서 발견되는 미적 특성을 말한다. 아와레는 '비애의 미' '선의 미'를 감싸면서 제국주의에 억압받는 식민지 조선 민중에 대해 정치성을 배제한 종교적인 차원의 감정이 이입된 미의식으로 변모한 것이다." 『제민일보』 2012. 11. 2.

기억하라고 강조했다(308쪽). 어떤 상황에서, 어떤 목적으로 쓴 글인지 돌아보라는, 참 유익한 교훈이다. 이어령에 따르면 "『흙 속에 저 바람 속에』라는 그 에세이는 농경사회를 산업사회의 패러다임으로 바꾸려는 손뼉 응원 같은 것"이었다(371쪽).

누구나 알다시피 응원을 하다보면, 우리 편이 형편없이 못할 때도 '잘한다!'라고 격려하고 썩 잘할 때도 더 잘하라고 '힘내라, 젖 먹던 힘까지!'라고 재촉하기 마련이다. 상대편이 멀쩡히 잘하는데도 '우우, 엄마젖 좀 더 먹고 와라!' 하면서 깎아내리는 것도 빼놓을 수 없다. 이런 마음가짐으로 한국문화론을 쓰는 저자는 곳곳에서 억지를 부릴 것이 불을 보듯 뻔하다. 그래도 그것은 한국인을 위한 응원이므로, 많은 독자들은 좋은 뜻으로 받아들이고 넘어갈 공산이 크다. 누구나 알듯이, 응원의 열기는 합리적 판단을 심하게 제약한다.

이어령이 온갖 사물을 단서로 삼아 펼치는 재담을 일일이 반박하려들다가는 나마저도 그의 특기인 동양-서양 비교론과 응원전에 휘말릴 위험이 큼을 잘 알지만, 그래도 이어령의 기발한 발견들 가운데 딱 하나만 따져보려 한다.

이어령은 한국인이 "절로 소리 나는 것이면 무엇이나 다 '운다'"(19쪽)고 표현하는 것에서 우리 마음의 바탕에 깔린 슬픔을 읽어낸다. 우리는 슬픔의 민족이라는 것이다. 그런데 우리말에서 '울다'라는 술어는 반드시 '슬픔'과 직결될까? 국립국어원『표준국어대사전』에는 두 개의 '울다'가 등재되어 있다. 나는 두번째 '울다'의 뜻인 "발라놓거나 바느질한 것 따위가 반반하지 못하고 우글쭈글해지다"를 주목한다. 이 뜻은 슬픔과 아무 상관이 없다. 그러나 소리와는 밀접한 관련이 있다.

물리학을 배운 사람은 알겠지만, 소리는 반반하고 고른 공기 덩어리에 주름이 생기면서 우글쭈글해질 때 발생한다. 아주 많은 상황에서 '우글쭈글해진다'는 것은 '평형위치를 벗어난다'는 것과 같다. 평형위치를 벗어난 놈은 그 위치로 복귀하려고 운동하고, 그 운동이 지나쳐 반대 방향으로 치우쳤다가 다시 평형위치를 향해 운동하기를 반복한다. 간단히 말해서, 진동한다. 요컨대 '우는 놈'은 '우글쭈글해지는 놈', 곧 '진동하는 놈'이다. 진동하는 놈이 소리를 낸다는 것은 물리학을 전혀 안 배워도 꽹과리만 쳐보면 안다. 결론적으로, 무릇 소리 내는 놈을 우는 놈이라고 표현하는 우리말은 대단한 물리학적 통찰에서 비롯된 것일 수 있다.

우는 새는 진동하는 새일까? 그렇다. 새의 목청이 진동한다. 북이 울 때는 쇠가죽으로 된 막이 진동한다. 사람이 눈물을 흘리고 꺼이꺼이 소리를 내고 얼굴을 찌푸리고 심하면 어깨까지 떨면서 슬픔을 표현하는 행동 '울다'도 원래 물리학적 의미의 '울다'에서 파생한 단어로 보인다. 슬퍼서 우는 사람을 보라. 목청도 울고(진동하고), 얼굴 표정도 울고(우글쭈글해지고), 어깨도 울지(떨리지) 않는가.

내가 이 해석을 내놓는 것은 이어령의 해석을 밀어내고 그 자리를 차지하기 위함이 아니다. 단지, 근본적으로 다른 해석, 전형적 한국인론과 무관한 해석이 얼마든지 가능함을 보여주기 위해서다. 앞서 인용한 칸트의 말마따나 우리는 스스로 대상에 집어넣은 의미를 읽어내기 마련이다. 나는 물리학을 공부한 덕에 '울다'에서 '진동'을 읽어냈다. 이어령은 아마도 야나기 무네요시를 공부한 덕에 '울다'에서 '슬픔'을 읽어냈을 것이다.

앞서 말한 대로, 『흙 속에 저 바람 속에』에 담긴 한국인에 대한 견해는 대체로 부정적이다. 이 점이 마음에 걸렸던지, 이어령은 1962년 12월에 쓴 "후기"에서 이렇게 타일렀다.

우리가 한국을 비판한다는 것은 아마도 거울 속의 자기 심장을 자기 부리로 쪼는 그 앵무의 아픔, 외로움, 그리고 피투성이가 된 자기 분신의 모습과 닮은 데가 있습니다… 우리는 알몸으로 우리의 슬픔과 직면해야 되겠습니다. 설령 그것이 아무리 비참하고 흉측한 것이라 할지라도 자기 상처를 감추어서는 안 됩니다. (273쪽)

지극히 옳은 말이다. 그런데 문제는 우리를 비추는 거울이 비뚤어졌을 가능성이다. 누군가가 이를테면 우리를 응원하기 위해, 우리를 압축고도성장의 길로 내달리게 하기 위해 일부러 비뚤어진 거울을 들이댔을 가능성 말이다. 이어령은 자신이 "한국의 자화상"을 그렸다면서 "건강한 한국, 아름다운 한국, 밝은 한국…

의 모습을 그리지 못한 나의 작업에 너무 성내서는 안 됩니다"
(274쪽)라고 당부한다. 백번 천번 동의한다. 성낼 일이 결코 아니다. 누구이 말했듯이 한국의 진면목에 접근하는 좋은 방법 하나는 이런 "한국의 자화상"과 그것을 그린 화가를 함께 보는 것이다. 관리자와 지도자 사이 어딘가에 위치한 이어령은 한국인을 지금 여기와 근본적으로 다른 어딘가('외부')로 내달리게 하기 위하여 이 "비참하고 흉측한" "자화상"을 그려서 보여주었다. 성취욕을 자극하기 위해 열등감과 상실감을 불어넣은 것이다.

어쨌든 성공해서 잘살아보자는 뜻이니까, 결국 좋은 이야기일까? 이어령의 "응원"이 효과를 톡톡히 발휘하면, 한국인은 자존감이 기본적으로 낮아진다. 그리고 그 낮은 자존감에서 괴력을 짜내어 '외부'를 향해, 등용문을 향해 내달리게 된다. 지금 여기와 근본적으로 다른 외부로 상승하기 위하여, 말하자면 용(龍)이 되기 위하여, 지금 여기 내부를, 이 개천을 짓밟으며 질주하기에 이른다.

'탈아입구'의 세균이 창궐하던 시대, 그 낮은 자존감의 시대는 어쩌면 지금도 이어지는 것이 아닐까? 이어령이 그린 "한국의 자화상"이 당대에 엄청난 호응을 받은 것을 보면, 1960년대에 대해서만큼은 확실히 판단할 수 있다. 그때는 탈아입구의 시대, 곧 내부를 짓밟고 외부로 상승하자는 다짐의 시대, 한풀이 역전극을 실현하겠다는 맹세의 시대가 확실히 지속되는 중이었다.

화가 본인은 "비참하고 흉측"하다고 말했지만, 사실 이어령이 그린 자화상에는 긍정적인 구석도 꽤 있다. "어깨춤"과 "멋"에 대한 긍정적 평가는 이미 언급했거니와, 한국적인 "귀의 문화" "정(情)적이고 감상적이고 직감적인 것이며 수동적"(62쪽)인 그 문화에 대해서도 긍정적 평가의 가능성을 열어놓는다. 그에 따르면 "이 수동성이 때로는 몰비판적인 비극의 씨앗이 되었으나… 슬기를 낳기도 한 것이다." 또한 그는 한국적인 "반(半)개방성"(63쪽), "이심전심의 암시"(67쪽), "어중간[함]" "은근하다는 것"(83쪽)을 서양과 대비하면서 최소한 양가(兩價)적으로 평가한다. 그가 보기에 "한국인이 지닌 본질"은 "몽롱한 반투명체"(같은 곳)이며, "은근하다는 것은… 하나의 미덕이면서도 동시에 악덕일 수도 있는 야누스의 얼굴"(같은 곳)이다. 이어령이 "여운"에 대해서 내리는 다음과 같은 긍정적인 평가는 야나기 무네요시의 향취를 물씬 풍긴다.

> 돌담의 울타리에서부터… 숭늉 맛에 이르기까지 한국의 것이면 어느 것에나 그러한[은은한] 정감이, 그러한 여운이 흐른다. 그것이 있었기에 저 거센 대륙의 한구석에서도 수천 년을 버티고 살아왔는지도 모른다. (94쪽)

거듭 말하지만, 이어령이 이미 1960년대부터 특정한 속성들을 한국적인 것이라며 추어올렸다는 사실을 주목하자. 대충 정리하면, 그 속성들은 '수동성' '모호한 경계' '암묵적 소통' '어중간함'

'여운' 등이다. 1980년대에 이르면, 이어령은 이런 "한국적" 속성들을 확실히 긍정하면서 오히려 서양을 비판하고 한수 가르치려는 쪽으로 방향을 튼다. 한풀이 역전극을 본격적으로 집필하는 것이다.

14. 이어령의 긍정적 한국인론

20년 동안의 압축고도성장이 한국인을 크게 변모시켰고 따라서 새로운 한국인론이 필요하다고 느꼈던지, 이어령은 1984년에 『푸는 문화 신바람의 문화』를 출판했고, 곧이어 1985년에 "최루탄과 워드프로세서 사이에서" 쓴 글을 『신한국인—당신은 바람을 보았는가』라는 제목으로 『조선일보』에 연재하는 한편, KBS 텔레비전 방송 「한국인이여 한국을 이야기하자」에도 11회에 걸쳐 출연했다.

『푸는 문화 신바람의 문화』에서 이어령은 본격적으로 한국(또는 동양)과 서양을 대비하면서 서양을 깎아내리고 한국을 추어올린다. 한국적인 것이 무엇이냐에 대한 판단은 1960년대와 다르지 않다. 다만, 한국적인 것에 대한 평가만 과거의 부분적 긍정에서 현재의 전면적 긍정으로 바뀐다. 이어령은 이 변화의 이유로 시대가 달라졌다는 진단을 제시한다. 이른바 "후기산업사회"가 도

래했다는 것이다.

서양문화와 접촉을 하고 근대화를 하는 과정 속에 찍혀진 동양문화의 모습은 모두가 네거티브 필름으로 나타났던 것… '인정'은 '비합리성'으로 인식되고 '가족주의'는 '비사회성'으로 지탄받게 됩니다… 그러나 서구의 합리주의가 벽에 부닥친 후기산업사회에 이르면 이러한 마이너스 요소의 동양문화가 갑자기 반전되어 플러스 가치로 바뀌어 갑니다. (『푸는 문화 신바람의 문화』, 개정판 257쪽)

1980년대 한국에서 후기산업사회를 이야기하는 것이 과연 합당한지, 동양문화의 가치 반전은 누구의 평가에 따른 것인지 궁금하지만, 아무튼 이어령의 평가는 표면적으로 반전했으며, 본인의 말에 따르면, 반전의 원인은 국내적이기보다 국제적이다. 그러나 그는 1960년대에도 이른바 한국적인 것을 일면 긍정적으로 평가했었다. 다만, 당대 권력의 개조의지에 발맞춰 부정적 평가를 앞세우는 경향을 보였을 뿐이다. 그랬던 그가 지금 한국적인 것을 당당히 찬양하는 쪽으로 전향한 것은 과연 국내 정치 상황과 무관한 일일까? 그가 말하는 시대의 변화는 어쩌면 핑계에 불과할지도 모른다. 아무튼 그의 가슴은 자못 부풀었다.

바람이 서서히 이제는 우리 쪽을 향해서 분다… 오늘날 문명의 긴

장과 그 억압을 풀 수 있는 자가 승자가 된다는 것을 [우리는 안다]…
우리 풀이문화가 큰소리칠 때가 왔다는 것이다. (같은 책, 98쪽)

이어령은 "흥과 신명으로 살아가는 시대"(같은 곳)가 오리라고 예
언하면서 "나는 파리 샹젤리제의 그 많은 인파와 기계인형처럼
흘러가는 그 많은 유럽인들 틈에서 신대를 잡은 무당처럼 어깨춤
을 추어 보이고 싶었다"(같은 곳)라고 고백한다. 그런다고 "기계인
형"들이 "흥과 신명"을 배우겠다면서 서툴게 "어깨춤"을 따라할
성싶지는 않다만, "큰소리칠 때가 왔다"며 감격하는 이어령의 모
습에서 당대 최고의 희극배우 이주일의 명대사 "이제는… 뭔가
보여주고 싶습니다"가 자연스럽게 연상된다.

이어령은 일찍이 1960년대에 세계여행이라는 극히 드문 호강
을 누리면서 "알프스 꼭대기에 올라 '코리아'라고 외쳐도 시원찮
은 것이 우리의 처지다… 어디서나 '코리아! 코리아!'라고 외쳐
야 한다"(『바람이 불어오는 곳』, 256쪽)라고 토로한 바 있다. 아마 지금도
짱짱할 듯한, 한국인 해외여행자 특유의 사명감과 불타는 애국심
이다. 평균적인 한국어 사용자의 심리에서 자신이 한국인이라는
자각이 차지하는 비중은 막대하다. 1960년대의 이어령과 1980년
대의 이어령이 해외에서 "코리아"를 외치고 "어깨춤"을 추고 싶
은 것도, 어쩌면 이주일이 "뭔가 보여주고" 싶은 것도 다 그것 때
문이다. '한국인'의 '한풀이'를 위해서다. 거슬러 올라가면, 오래

전부터 우리 안에서 한국인이라는 자각이 한으로 맺혔기 때문이다. 이어령은 마치 동방에서 온 선지자처럼 웅변한다.

> 아는가? 너희[유럽인]들은 이 신명의 근원을, 피맺힌 고난의 역사 속에서 생명의 가락을 지켜온 한국문화의 그 율동을… (『푸는 문화 신바람의 문화』, 99쪽)

왜 꼭 큰소리치려 하고, 뭔가 보여주려 할까? 왜 애먼 유럽인들을 붙들고 우리를 아느냐고 정색하면서 묻고 싶을까? 왜 그냥 담담하게 우리 자신으로 살아가지 못할까? 아니, 그렇게 살아가기를 한사코 거부할까? 왜 우리가 우리 자신이라는 것이 우리의 한이어야 할까?

이 질문들이 겨냥하는 표적은 시원한 한풀이의 이면에 드리운 거대한 어둠이다. 그 어둠의 정체가 바로 한이라고 흔히들 이야기하고 고난의 역사가 남긴 흉터, 외부에서 불어온 바람이 우리에게 지운 멍에라고도 한다. 철저히 피해자인 우리가 그 한을 풀고자 이제껏 발버둥치며 달려왔다고들 한다. 그러나 나는 이 모든 '한풀이 역전극'이 우리의 자작극일 가능성을 주목한다. 통쾌한 한풀이의 이면에 드리운 거대한 어둠은, 객관적인 고난의 역사와 그것의 자연적인 귀결로서의 한이 아니라, 병적인 개조의 욕망을 정당화하기 위해 한을 내세우는 우리 자신, 외부인으로서

괴력을 발휘하고자 내부의 자아와 이웃을 짓밟는 우리 자신일 수 있다고 의심한다.

'한풀이 역전극'은 일로매진의 동력을 짜내기 위한 선전극이 아닐까? 이 땅의 관리자들과 지도자들이 일차로 창작하고, 우리 자신이 그 창작물을 있는 그대로의 현실(한국인-존재)로 승인함으로써 이차로 창작에 동참한 거대한 선전극. 우리는 우리의 자존감을 기꺼이 허물어서 얻은 잔해를 연료로 삼아 외부행 급행열차의 엔진을 가동해온 것인지도 모른다. 지금 여기가 견딜 수 없어서 내달려온 것이 아니라, 아무튼 내달리고 싶은 마음에 지금 여기를 비하해온 것일 수 있다. 대체 왜 이런 마음가짐이 생겼을까?

19세기에 몰려온 낯선 공격자들에게 너무 큰 충격을 받았기 때문일 수 있다. 흔히 "서양"이라고 부르는 그 세력은 당시 우리에게 충분히 '외부'로 간주될 만했다. 거듭되는 설명이지만, 이 글에서 '외부'란 지금 여기(곧 '내부')와 근본적으로 다른 곳, 내부자들과의 동등한 소통이 불가능한 외부인들이 사는 곳, 흔히 천국 같은 곳이다. 우리는 그런 '외부'로 향한 시선을 거둘 수 없었고, 그 시선에는 당혹감, 위기감, 열패감, 부러움, 경쟁심, 복수심이 짙게 드리워 있었다.

그러나 지금 우리에게 이른바 "서양"(아마도 서유럽과 북아메리카의 부유한 나라들)은 여전히 그런 '외부'일까? 지금 우리에게 예컨대 벨기에가 그런 '외부'일까? 대답은 우리 자신의 선택에 달렸다. 코페르니쿠스적 전환을 상기하라. '외부'가 먼저 있고, 그 다음에 우리가 열패감과 복수심이 밴 시선을 그리로 향하는 것이 아니라, 우리의 그런 시선이 '외부'를 비로소 창조한다.

내가 보기에 야나기 무네요시와 이어령은 '외부'로 향한 시선을 거두지 못하는 사람들이다. 바꿔 말하면, 열패감과 복수심의 시선으로 '외부' 창조하기를 그만둘 생각이 없는 사람들이다. 이들은 동양과 서양을 대비하는 작업에 큰 의미를 둔다. 앞서 인용했듯이, 야나기는 "동양과 서양의 만남이라는 문제를 해석하는 일"을 자신의 "최대 포부"로 꼽았다. 이 고백에서 야나기가 동서의 만남을 전혀 예사롭지 않게 여겼음을 알 수 있다. 더 나아가 이른바 동양과 서양을 지극히 이질적인 양편으로 전제했음을 짐작할 수 있다. 야나기는 이른바 "서양"을 자신이 속한 '내부'와 전혀 다른 '외부'로 설정했던 것이다. 1916년의 일이니, 어느 정도 수긍할 만하다. 먼 바다를 건너온 공격자들과 침범당한 피해자들은 실제로 처지가 정반대였고 외모가 판이했으니까 말이다.

하지만 거의 70년이 지나서 이어령이 "나는… 동서의 양대문화가 어떻게 상봉될 수 있는가의 문제를 생각해보려는 것이다"(같은 책, 21쪽)라고 똑같은 포부를 밝힐 때, 우리는 어떻게 반응해야 할까? 공격자-피해자 관계만 빼면, 이른바 동양과 서양이 애당초 그렇게 달랐는지부터 의문인 데다가, 양편이 이미 삼대 이상 교류하며 뒤섞인 마당에, 뜬금없이 웬 "상봉"이란 말인가. 이어령은 지금 '외부'를 창조하고 있는 것이다. 만약에 야나기, 이광수, 박정희 등이 대표하는 전형적 한국인론의 전통이 없었다면, 이어령의 '외부' 창조와 그에 따른 "상봉"의 문제의식은 우리에게 전혀 설득력을 발휘하지 못했을 것이다. 예컨대 그는 이렇게 묻는다.

　　동양인들은 과연 서구문명 속에서 행복을 찾을 수 있는가? 서양인
　들은 동양문화에서 행복을 구할 수 있는가? (같은 곳)

나는 맞장구 삼아 이렇게 묻겠다. '지리산 심마니는 덕유산에서 산삼을 찾을 수 있는가? 덕유산 심마니는 지리산에서 산삼을 구할 수 있는가?' 심마니들이 들으면 참 희한한 질문도 다 있다고 할 성싶지만, 대답은 당연히 '그렇다!'이다. 다만, 내가 심마니라면 원래 터전으로 삼아온 산에서 산삼을 찾겠다. 그래야 성공할 가능성이 높지 않겠는가. 서양과 동양이 영 다르다는 전제, 양편이 공격자와 피해자로 마주친 이래로 일부 사람들 사이에서 실제 경험과 별 상관없이 꾸준히 강화되어온 그 전제를 당연시하는 분들은 나의 맞장구가 영 부적절하다고 느낄 것이다. '아니, 동양과 서양을 지리산과 덕유산에 빗대다니, 말도 안 돼!'라는 식으로 반발할지도 모른다. 그러나 사람의 삶은 다 거기서 거기라는 말이 있다. 동서고금이 다 아는 이 진실이 내 비유의 뒷배다.

　아무튼 이어령은 동양(또는 한국)과 서양의 차이를 당연시하면

서 곳곳에서 그 증거를 발견하여 교훈으로 번역해낸다. 그는 과연 무엇을 한국적인 속성으로 낙점할까? 역시나 재담가답게 그는 온갖 것들을 지목한다. 그래서 그가 말하는 '한국적임'의 의미를 깔끔하게 정리하기가 쉽지 않지만, 가장 주목할 만한 속성으로 '경계의 모호함'을 꼽을 수 있다.

15. 이 빌어먹을 한국적이라는 것

'경계의 모호함'은 반개방성, 어중간함, 은근과 친척관계다. 한때 이어령은 이 속성을 비판하기도 했지만[4] 한국문화의 긍정성을 강조하게 된 1980년대에는 서양식의 "뚜렷한 인위적인 선 긋기"(『푸는 문화 신바람의 문화』, 56쪽)와 대비되는 '모호함'을 한국적인 것이라면서 추어올린다. 한 예로 아래 인용문을 보라.

> 노동과 휴식, 생산과 소비가 서양에서는 밤과 낮처럼 대립되어 있지만, 동양에서는 그 경계가 없다… 한 가지 것을 분단하는 버릇, 여기에서 기계문명이 그리고 독초처럼 타락한 휴식문명이, 서양을 그리고 현대를 휩쓸고 있는 것이다. (같은 책, 60쪽)

---

4. "철저하다는 것, 솔직하다는 것, 투명하다는 것… 이것이 우리에게는 결여되어 있었다. 그러므로 뚜렷한 경계선도 있을 수 없다." 『흙 속에 저 바람 속에』, 83쪽.

경계선 긋기에 대한 이어령의 성찰은 동양문화와 서양문화의 근본적인 차이에 관한 통찰로 이어진다.

> 동양인은 모든 것을 한꺼번에 포함해서 하나로 뭉쳐 따지는 데 비해 이들[서양인]은 하나하나를 성격별로 분리해서 개별화한다. 이 인식의 차이가 동서문화의 갈림길이 되었다고 해도 과언이 아니다. (같은 책, 76쪽)

이어령이 1980년대에 감지한 시대의 변화도 경계선 긋기와 관련이 있다.

> 지금까지는 분석의 시대였고, 찢는 힘의 문화였지만, 이제는 그것을 하나로 뭉쳐가는 종합의 시대가 올 것입니다. 총체적 문화가 싹트고 있습니다. (같은 책, 278쪽)

요컨대 이어령은 경계선 긋기를 중시하지 않는 태도를 긍정적으로 평가하면서 한국적인(동양적인) 특성으로 규정한다. 더 좋게 표현하고 싶다면, 경계선에 얽매이지 않는 마음가짐이라고 해도 좋겠다. 하지만 미묘한 어감의 차이는 있을지언정, 논리적 차원에서 보면 '경계를 중시하지 않음'과 '경계에 얽매이지 않음'은 같은 뜻이다. 이어령은 이런 마음가짐을 "조화의 마음, 융합의 슬기"로 칭찬하면서 그것이 "바로 정(情)"이라고 요약한다(같은 책, 38쪽).

그에 따르면 "너무 꼬치꼬치 따진다든가 인간을 합리적으로만 다스린다거나, 인간의 마음이 아니라 이성만을 들추는 비판정신을 한국인은 별로 달갑게 생각하지 않았다."(같은 책, 144쪽) 백번 옳은 말이다. 하지만 이것이 한국인만의 특징일까? 꼬치꼬치 따지고 드는 상대가 달가운 사람은 동서고금에 아무도 없다. 그래도 따질 때는 따져야 서로에게 좋기 때문에 불편한 마음을 무릅쓰고 따지는 것이다. 그러니 이제 질문을 두 단계로 던져보자. 첫째, 이어령이 말하는 정(情), 곧 경계선에 얽매이지 않는 마음가짐은 과연 좋은 것일까? 둘째, 이 마음가짐은 한국적인 특성일까?

첫째 질문에 대한 대답은 이미 1960년대의 이어령과 1980년대의 이어령이 합작으로 제시한 셈이다. 그는 1960년대 초반에 우리 민족의 "엉거주춤함", 곧 '경계의 모호함'이 부적절함을 역설했다. 그러나 20년이 지나 1980년대에 이르자 그는 그 '경계의 모호함'이 새로운 "아시아시대"(『젊은이여 한국을 이야기하자』, 295쪽)에 우리가 서구사회를 앞지를 수 있는 미덕이라고 찬양했다. 결과적으로 '경계의 모호함'이 좋냐는 질문에 이어령은 좋기도 하고 나쁘기도 하다고 대답한 셈이다. 하나마나 한 대답일 수도 있겠지만, 나는 여기에 진실의 실마리가 있다고 느낀다.

이렇게 물어보자. '경계의 모호함'은 어떤 경우에 좋고, 또 어떤 경우에 나쁠까? 이어령이라면 1960년대의 한국인에게는 나쁘고, 1980년대의 한국인에게는 좋다고 대답할 테지만, 이런 숫자 놀음을 벗어나 더 심층적으로 따질 필요가 있다.

'경계의 모호함'을 '규칙의 모호함'으로 바꿔놓고 생각해보자. 규칙이란 옳음과 그름을 가르는 경계선이므로, '경계'를 '규칙'으로 교체하는 것은 자연스럽다. 경계가 모호하다는 것은 규칙이 명확하지 않다는 뜻이다. 뚜렷한 경계란 명시된 규칙이다. 결국 우리 앞에 놓인 질문은 이것이다. 규칙의 명시는 어떤 경우에 좋고, 어떤 경우에 나쁠까?

규칙의 명시는 이해관계의 충돌에 대한 인정을 전제한다. 어떤 집단 내부에 명시적이고 엄격한 규칙이 있다는 것은, 그 집단 구성원들 사이에 이해관계의 충돌이 있음을 그들 스스로 인정한다는 뜻이다.

집단 내부에 이해관계의 충돌이 없다면, 명시적인 규칙이 필요할 리 없다. 예컨대 개미 사회에서는 명시적인 규칙은커녕 암묵적인 규칙도 필요하지 않다. 물이 흐르고 새가 울고 꽃이 피듯이, 만사가 자연의 조화에 따라 순조롭게 풀릴 테니까 말이다. 물론 개미 집단 하나가 양편으로 갈라져 목숨을 건 전투를 벌이는 경우도 가끔 있다. 그러나 이런 경우에도 충돌이 집단 내부에 존재하는 것은 아니다. 오히려 새롭게 생긴 두 집단이 충돌하는 것이다. 개미 사회에서 충돌의 발생은 곧바로 집단의 분열을(또는 소수 반골 개체들의 추방이나 죽음을) 의미한다.

반면 집단에 내부 갈등이 있다면, 바꿔 말해 집단이 갈등을 품고 존속한다면, 당연히 규칙이 필요하다. 더구나 갈등하는 양편의 힘이 비대칭적이어서 강자와 약자가 갈렸다면, 규칙의 명시가 매우 바람직하다. 왜냐하면 이런 집단의 내부 갈등은 은폐되기 쉽고, 그러면 집단이 겉으로 평화로운 듯해도 속으로 곪아가기 때문이다. 갈등의 은폐는 현상유지를 바라는 강자가 주도할 테고 고분고분한 약자의 호응으로 더 심화할 것이다. 이렇게 강자-약자 맞섬이 상존하지만 잘 드러나지 않는 집단에 명시적 규칙이 없고 암묵적 규칙만 있다고 해보자.

어느 날 누군가가 엄연히 존재하는 갈등을 상기시키기 위해 암묵적 규칙—이를테면 '도리'나 '상식'—을 운운하면, 그는 없는 갈등을 조장하는 사람으로 지탄받을 가능성이 높다. 게다가 암묵적인 것은 어느 정도 모호하기 마련이므로, 갈등의 은폐에 익숙한 다수는 그를 지탄하고 밀쳐내는 것을 그들 나름의 암묵적 규칙—이를테면 "애국의 이념"이나 '국익 추구'—에 따른 정당한 처분으로 여길 수 있을 것이다. 갈등과 규칙을 상기시키려던 사람이 졸지에 갈등 조장자, 규칙 위반자로 낙인찍히는 것이다. 이런 집단은 내부 생기를 유지하기 어려울 것이 불을 보듯 뻔하다.

갈등이 엄연히 존재할뿐더러 은폐되기 쉽다면, 규칙의 명시를 통해 갈등 은폐의 폐단을 예방하는 것이 더 바람직하다. 특히 약자의 입장에서 그렇다. 명시된 규칙이 있으면, 약자는 자신의 이

익을 위해 강자와 맞서야 할 때 부담을 크게 덜 수 있다. 이미 명시된 규칙을 들이대면서, 함께 지키자고 할 수 있으니까 말이다. 그런다고 강자가 흔쾌히 물러난다는 보장은 없겠지만, 강자-약자 갈등이 불거졌을 때 약자가 자기 옹호의 공적 근거를 제시할 수 있다는 점이 중요하다. 당장, 노동법과 근로계약서를 생각해보라.

각자 주체인 사람들이 모여사는 사회에 갈등이 없다면, 그건 새빨간 거짓말이다. 갈등이 있다는 것은 아무 문제도 아니다. 오히려 갈등이 곧 생기(生氣)라고 해도 크게 틀린 말은 아니다. 온갖 문제와 폐해는 갈등이 아니라 갈등의 은폐에서 나온다.

이어령이 규칙의 모호함을 한국적 특성이라면서 찬양한다면, 그는 한국사회 내부의 갈등이 은폐되는 상황을 권장하는 셈이다. 혹시 그는 우리 사회에 내부 갈등이 없다거나 사소하다거나 이내 근절되리라고 믿는 것일까? 정말로 그렇다면 이어령은, 식민본국과 식민지 사이의 갈등도 정(情)으로 해결하자던 야나기 무네요시에 못지않은, 손 쓸 도리가 없는 이상주의자다.

실제로 그가 가족주의를 찬양하면서 "오늘날 한국사회가 서구사회를 앞지를 수 있는 것은… 가족주의 때문"(『젊은이여 한국을 이야기하자』, 233쪽)이라고 말할 때, 나는 병적인 이상주의를 의심할 수밖에 없다. 노동법과 근로계약서가 필수인 어른들의 사회가 가족을 모범으로 삼을 수 있다는 발상은, "또 하나의 가족"이라는 그

유명한 선전 문구에서 보듯이, 자기 이득을 추구하는 재벌에게나 어울린다.

가족은 아주 특수한 집단이다. 사람들의 집단이 다 그렇듯이, 가족 내부에도 크고 작은 갈등이 늘 있다. 그러나 일반적인 가족 구성원들은 갈등보다 훨씬 더 본질적인 내부 결속과 조화를 신뢰한다. 이 신뢰는 의식의 수준에서 형성되기 전에 더 깊은 잠재의식과 동물적 본능에서 우러난다. 그래서 아무리 갈등이 있더라도 가족끼리 규칙을 명시해놓고 엄격하게 지킨다는 것은 부적절하게 느껴진다. 이것은 가족의 뿌리가 합리적인 층위보다 훨씬 더 깊은 본능적 층위까지 뻗어 있기 때문에 일어나는 정당한 반응이다. 가족을 완전히 합리화하려는 시도는 부질없다. 마찬가지로 사회를 완전히 가족화하려는 시도 역시 참으로 터무니없다.

어떤 유형의 이상주의는 현실과 동떨어져서 문제가 아니라 현실에서 극악한 기능을 하기 때문에 문제다. 예컨대 가족 같은 사회, 법 없이 사는 세상이 그렇다. 그 옛날의 야나기 무네요시와 이광수부터 박정희와 이어령까지, 전형적 한국인론의 주요 저자들은 그런 터무니없는 사회와 세상을 내세워 내부 갈등을 은폐하거나 훨씬 더 큰 외부 폭력으로 그것을 뭉개버린 혐의가 짙다. 제각각 정, 도덕, 근대화, 가족 따위를 내세우면서 말이다.

이제 마지막 질문을 던져보자. 이어령이 말하는 정(情), 곧 '규칙의 모호함'은 과연 한국적인 특징일까? 방금 본 대로, 내부 갈등을 부정하거나 은폐하려는 강자와 그에 동조하는 약자가 바라는 특징인 것만큼은 틀림없다.

내부 갈등을 노출하고 조정하는 활동은 내부 생기의 표현이자 원천이다. 이 활동이 미약하다는 것은, 집단 내부의 생기가 간당간당한다는 뜻이다. 심지어 한 사회가 야나기-이어령표 정(情)에 푹 절어서 어떤 갈등도 인정하거나 거론하지 않는다면, 내부 생기가 꺼진 것이다. 따라서 그 사회는 '외부'에 의존해야만 생존할 수 있다. "서양" "구미 선진국" "내지(內地)" "더 근본적이요, 더 속달의 방법" "신민족성" "신(新) 지도이념" "아시아시대" "외부 충격" 등의 여러 이름을 가진 '외부'에 유일한 희망을 걸어야 한다.

이것이 한국사회일까? 이 글에서 다룬 한국인론의 주요 저자들이 이런 사회를 한국적이라면서 권한 것은 틀림없다. 외부인 관점에서 쓴 한국인론이니, 외부에 의존해야만 생존할 수 있는 사회를 한국적이라고 낙점하는 것은 어쩌면 자연스러운 일이라 하겠다. 주인공이고 싶은 욕망은 인지상정이다. 전형적 한국인론의 저자들은 외부인으로서 주인공을 맡고 싶었으며 그 바람이 실현된 상태에 '한국적'이라는 딱지를 붙였던 것이다. 한국인론의 저자들과 그들이 권해온 '한국적인 것'은 이렇게 외부인으로 행세하는 자들과 외부에 의존해야만 생존할 수 있다는 통념이 지배하는 사회로서 찰떡궁합을 이룬다. 이것이 바로 아주 오래된 외부인 놀이다. 이 얼마나 멋진 자화상인가!

이른바 '한국적인 것'의 정체는 외부 의존성이다. 더 정확히 말하면, 외부인으로 행세하는 자들이 앞장서고 언젠가 외부인의 반열에 오르겠다고 다짐하는 자들이 뒤를 받쳐 조장하고 유지하는 기괴한 외부 의존성이다.

이른바 '한국적인 것'은 알고 보면 '한국적이라고 이야기되는 것'에 불과하다는 점을 상기할 필요가 있다. 한국인의 특성도, 한풀이 역전극도 누군가가 지어낸 허구일 가능성을 돌아볼 필요가 절실하다. 진실은 지금 여기, 당신과 나다. 이 땅에서 개인들이 한국어로 꾸려가는 삶이다. 진실로 한국적인 것이 있다면, 그것은 우리 각자다. 경계의 모호함이나 정과 같은, 결국 기괴한 외부 의존성으로 귀결되는 이 빌어먹을 한국적이라는 것들은 한낱 뜬소문이고, 우리 각자야말로 저마다 진실이다.

5
인어공주의 치명적 거래

가짜 근대화의 마법과 헤겔이라는 해독제

1

끝없이 말하는 것이 우리의 본분이라면 어차피 모든 마무리가 그럴 수밖에 없겠지만, 특히 느닷없게 느껴질 법한 이 책의 마무리를 위하여 크게 세 가지 질문을 던지고 스스로 대답하고자 한다. 세 질문 각각의 열쇳말은 대화, 근대성, 헤겔이다.

첫째, 나는 왜 상대를 정해놓고 공격적으로 비판하는 방식을 논의의 얼개로 삼았을까? 모든 글쓰기가 그렇듯이, 이 작업의 목적도 나 자신의 생각을 풀어놓는 것이었을 텐데 말이다. 혹시 나는 세간의 주목을 받으려는 욕심으로 이름난 저자들을 공격한 것일까? 그들을 빙자하여 뚝딱뚝딱 모형들을 만들어 세워놓고 허무맹랑한 칼춤을 춘 것일까?

욕심이 있었다는 것은 분명한 사실이다. 하지만 내가 부린 욕심은 뜬세상의 입길에 올라보자는 것이 아니라 밑바닥에서 솟는 힘으로 글을 써보자는 것이었다. 바닥에 뿌리내리고 자생하는 철학을 향한 욕심이었다. 정교한 개념과 어마어마한 전통, 치밀한 분석, 거대한 세계관을 다 떠나서, 무엇보다도 먼저 삶의 표현인 철학, "여기에서 살겠다!"라는 외침처럼 들리는 철학을 오래 전부터 꿈꿔왔다. 그래서 독자를 고려하기에 앞서 저자인 나 자신의 내면에서 링에 오르는 권투선수의 본능을 끌어올리기 위하여 대결의 구도를 설정할 필요가 있었다. 태권도에 빗대자면, 품새보다 겨루기가 바닥에 닿은 철학의 형식으로 적합하다고 느꼈다.

어쩌면 플라톤이나 갈릴레이가 대화의 형식으로 글을 쓴 것도 같은 느낌에서 비롯된 선택이 아니었을까 싶다. 그들이 허구의 인물들을 부리는 연출자였다면, 나는 직접 무대에 오른 배우인 셈이다. 어느 쪽이든 현실의 대화, 즉 실제 겨루기를 감쪽같이 흉내내기는 어려울 것이다. 나와 상대들은 타격을 주고받지 않았다. 내가 일방적으로 그들을 해석하고 비판했을 뿐이다. 하지만 어쩌면 우습게 느껴질 이 칼춤과 진정한 대화 사이의 거리가 그리 멀지 않다고 나는 느낀다. 글을 쓰면서 직접 경험한 바에서 우러난 느낌이다. 표면적으로는 내가 항상 주체였고 나의 상대들은 대상이었지만, 더 깊은 수준에서는 그들이 나를 깎고 다듬고 채색했다. 아마 플라톤과 갈릴레이도 비슷한 상황을 경험했을 듯하다. 내가 지어낸 인물들이 내 뜻에 따르는 것에 못지않게 내 뜻을 교정하는 상황 말이다.

제대로 겨루기를 하고 나면 팔다리에 숱한 멍이 생긴다. 재수가 없으면 치아나 턱관절이 손상되어 밥을 먹을 때마다 분통이 터질 수도 있고, 심할 경우에는 머리에 충격을 받아 의식이 한동안 꺼지고 겨루기 전체와 그 전의 일들마저 기억에서 사라지기까지 한다. 사뭇 형형한 눈빛으로 링에 오를 때 내 마음 한구석에는 혼자 두는 바둑처럼 싱거운 짓을 한다는 생각이 없지 않았으나, 지금은 일방적일 것 같았던 나의 글쓰기가 놀랄 만큼 실감나는 대결이었다고 말하고 싶다.

고맙게도 철학적 정신은 아무리 싸워도 다치지 않는다. 심한 패배의 충격으로 정신이 정신으로서의 경력을 포기하는 경우도 없다. 또한 너무나 고마운 것이, 태권도 선수는 스물다섯살만 되어도 은퇴를 고려해야 하지만, 정신의 겨루기를 일삼을 사람은 훨씬 더 늦은 나이에도 데뷔전을 치를 수 있다. 태권도 선수가 사범이 되면 실력이 정체되는 경우가 압도적으로 많은데, 그 이유는 다양하겠지만, 사범은 겨루기를 거의 하지 않는 관행을 가장 큰 이유로 꼽을 만하다. 겨루기를 할 기회가 드문 탓도 있지만, 스스로 겨루기를 기피하는 탓도 있다. 이 땅의 철학 선생들도 비슷한 형편이 아닌가 생각해본다.

철학에서 겨루기란 다름 아니라 대화다. 맞선 두 사람이 말로 얽히는 과정 말이다. 내가 이해하는 한, 이 과정이 헤겔이 말하는 변증법의 정체다. 무슨 요술방망이라도 되는 듯이 저마다 온갖 곳에 온갖 방식으로 갖다 붙이는 그 악명 높은 변증법이 진정으로 작동하는 장소, 변증법의 본래 거처는 대화의 장, 대화의 링이다.

변증법이 역사와 정치, 그리고 국가, 사회, 문학, 심지어 자연에서도 작동한다고들 하는데, 어떤 의미에서는 맞는 말이지만 대단히 심각한 오해를 부를 수도 있는 말이다. 변증법이 무슨 중력처럼 온 우주를 지배하는 힘인 양 착각하면 곤란하다. 당신이 '존재 그 자체'를 상정한다면, 변증법은 존재 그 자체에서 작동하는 것이 아니다. 오히려 우리가 엮어가는 대화의 장에 존재가 들어왔을 때 비로소 변증법이 존재를 물들이고 출렁이게 한다. 다만, '존재 그 자체'와 '대화의 장에 들어온 존재'를 구분하는 것이 무의미하다는—온 우주가 항상 이미 대화의 장에 들어와 있다는—관념론의 원리를 올곧게 견지하는 사람이라면, 온 우주에서 변증법이 작동한다고, 파생적인 의미에서 말할 수 있다.

결국 대화다. 내가 겨루기의 형식을 선택한 배후에는 헤겔철학에 대한 나의 해석을 응축해서 담은 대화의 개념이 있었다. 우리 삶의 맨 밑바닥에서 올라오는 힘은 대화의 욕구라고 나는 믿는다. 또한 이 믿음이 두루 퍼지는 것이 진정한 근대화라고 본다.

2

둘째 질문은 방금 운을 뗀 근대화에 관한 것이다. 나는 왜 적잖은 의심과 오해, 심지어 연민이나 비웃음에 노출될 위험을 무릅쓰고 근대성을 옹호할까? 여기는 늘 최첨단이 지배하는 시장이요, 게다가 한국사에서 근대라면 70년 전보다 더 거슬러 올라가는 시기를 뜻하지 않는가? 섶을 지고 불에 뛰어들어도 유분수지, 지금 여기에서 근대화를 팔아보겠다고 좌판을 벌이는 것은 그냥 망하겠다는 것과 다름없다.

개인적인 기억으로도 근대화라고 하면 어릴 때 교회 가는 길에 보던 "근대화 연쇄점"의 간판이 가장 먼저 떠오른다. 쌀과 연탄을 팔던 "비봉상회"보다 조금 더 세련되었던 것 같지만, 이제와 돌이켜보면 두 가게를 비롯한 우리 동네 전체는, 첫눈 올 때쯤 전봇대 방범등 밑에 펼쳐져 봄까지 새까맣게 때에 절어가던 윷놀이용 가마니때기만큼이나 추레한 풍경이었다. 그런데 어찌하여 근대를 운운한단 말인가?

문제는 내가 칸트와 헤겔을 공부하면서 이해한 근대성과 우리의 기억을 지배하는 근대성이 영 다르다는 점이다. 이 책에서 누누이 강조했지만, 내가 이해한 근대성의 핵심은 주체성이요 자기관계다. 근대적 주체란 자기관계를 자신의 본질이자 운명으로 끌어안는 개인을 뜻한다. 그럼 자기관계란 무엇일까? 자기관계는 일단 논리적 형식이지만 구체적으로 온갖 형태를 띨 수 있다. 이를테면 내 자서전 속 주인공과 나의 관계, 내가 일구는 밭과 나의 관계, 그리고 내 자식과 나의 관계도 일종의 자기관계다. 하지만 특히 실천과 관련해서, 자기관계라는 논리적 형식을 띤 가장 중요한 개념은 자율과 책임이다. 내가 주목하는 것은 바로 이 개념들이다. 나의 이성이 이해한 근대성의 열쇳말은 자율과 책임으로 대표되는 자기관계다.

그런데 참으로 기구하게도 우리 대다수가 기억하는 근대성은 자기관계의 부정을 뜻한다. 우리의 사명, 정확히 말해서 우리에게 하달된 사명은 늘 자기관계의 정반대를 성취하는 것이었다. 그것에 '근대화'라는 엉뚱한 이름이 붙었다. 그것의 실상은 자기관계의 배척, 자율과 책임의 배척인데도 말이다. 우리가 경험한 근대화는 나 자신으로 복귀한다는 의미의 자기관계이기는커녕 나 자신과 나의 터전을 짓밟으며 내달리는 자기반역적 질주에 가까웠다. 그런 '근대화'는 '세계화'나 '출세(出世)'로도 불렸다. 이름이 무엇이든, 실상은 자기관계의 거부, 멸시, 말살이었다. 일단 출세하기만 하면, 권력은 휘두르고 책임은 지지 않는 것이 상식이었다. 자율과 책임은 교과서에서도 찾아보기 어려웠다.

우리는 우리가 아닌 무언가가 되어야 했다. 세계가 우리와 전혀 다름을 전제하지 않았다면, 우리는 세계화를 외치지 않았을 것이다. 용과 미꾸라지는 근본이 다름을 전제하지 않았다면, 우리는 개천에서 용 나는 꿈을 꾸지 않았을 것이다. 아무튼 달라져야 했다. 근본적인 개조가 필요했다. 좋게 보면 자기극복의 희망이겠지만, 현실적으로는 개조의 명령이 내면화된 것에 가까웠다. 우리의 가슴에 화인(火印)처럼 찍힌 「새마을 노래」를 돌이켜보라. 우리는 늘 우리가 있는 자리에서 가장 멀리 떨어진 어딘가로, 지도자를 따라 행진하는 중이었다.

현실이 그렇다보니, 자기관계는 몹시 낯선 개념이었을뿐더러, 혹시 이해했다고 자부하는 지식인들에게도 동양의 지혜로 극복해야 할 서양의 폐단에 가까웠다. 우리의 기억 속에서 자기관계는 퇴폐와 오만과 나태를 연상시킨다. 고백하건대 나도 그 기억으로부터 자유롭지 못한 탓에 자기관계를 이야기할 때면 무심결에 공허함과 답답함을 느끼곤 한다.

그러므로 우리가 서양근대철학을 탐탁지 않게 여기는 것은 납득할 만한 일이다. 그 철학은 '나'로 세계를 떠받친다. 자기관계를 모든 것의 기본구조로 본다. 세계는 나의 작품이며 따라서 나의 책임이라는 것이 이 철학의 실천적 선언이다. 우리가 이런 철학을 쉽게 받아들일 수 있을까? 지난 백수십년 동안의 역사를 우리가 어떻게 기억하고 있는지 돌이켜보면, 간단히 답이 나온다. 거대한 서세동점(西勢東漸)의 파도에 너나없이 휩쓸렸다고 말해온 우리다. 다함께 피해자라고 말해온 우리다. 그러니 이제야말로 총화단결로 한을 풀자고 다짐하면서, '나'를 내세우는 것을 금기로 삼아온 우리다.

세계가 나의 작품이며 따라서 나의 책임이라고? 많은 한국인이 물려받은 기억과 몸소 겪은 체험에 비춰보면, 이만큼 터무니없는 헛소리도 드물다. 다들 대세를 따라 떠돌았을 뿐인데, 누가 책임을 질 것이며, 누구에게 책임을 지울 것인가? 오로지 '억울하면 출세하라!'는 구호가 진리였다. 그 '변신'의 구호는 보편적 양심과 책임의 윤리를 뭉개기에 충분할 만큼 강력했다. 하물며 지금도 권력자들의 무책임은 거의 상식의 지위에 올라 그 지배적인 기억과 체험을 끊임없이 강화한다.

서양근대철학이 강조하는 개인의 자유는 왜 이 땅에서 줄곧 폄훼당할까? 필시 그 자유의 뒷면이 책임이라는 것을 우리가—특히 권력자들이—직감하기 때문일 것이다. 이웃 일본의 엘리트층은 서양과 근대를 극복하자는 열렬한 논의를 태평양전쟁이 한창이던 때부터, 더 거슬러 오르면 19세기 말부터 시작했다. 알다시피 이광수와 윤치호를 비롯한 동시대의 조선 엘리트 대다수도 일본의 영향권 안에서 성장했다. 나는 1990년대 이후 지금까지 유행하는 탈근대론과 제국 일본의 "근대초극론"(히로마쓰 와타루, 김항 역, 『근대초극론』, 2003; 나카무라 미츠오 외, 이경훈 외 역, 『태평양전쟁의 사상』, 2006 참조)이 어떻게 같고 어떻게 다른지 잘 모르지만, 어쩌면 후자처럼 전자도 지금 여기의 정치적 맥락에서 권력의 입맛에 딱 맞는 입장일 수 있다는 의심을 거두기 어렵다.

요컨대 나는 서양근대철학, 자기관계, 자율과 책임이 우리에게
유효한 해방의 구호라고 느낀다. 이것이 내가 서양근대철학을 옹
호하는 첫번째 이유다. 더 나아가 굳이 정치적 관점을 내세우지
않더라도, 자기관계를 우리 각자의 본질이자 운명으로 끌어안는
철학은 '한풀이 역전극'으로 요약되는 가짜 근대화의 마법이 여
전히 막강하게 작동하는 현실에서 그 마법을 물리치는 특효약일
수 있다.

어째서 그럴까? 이 질문에 답하려면, 한편으로 가짜 근대화가
권장하고 또 강제하는 '변신'과 다른 한편으로 자기관계의 가장
근본적인 구현인 '대화'를 대비할 필요가 있다. '이주(移住)'와 '제
자리에서 말하기'를 대비할 수도 있다. '출세'와 '자기표현'을 대
비해도 좋다. 고맙게도 이 대비를 더없이 생생하고 아름답게 실
행한 문학작품이 이미 있는데, 어쩌면 당신은 놀라겠지만, 우리
는 거의 다 그 작품을 알고 있다. 바로 한스 크리스티안 안데르센
이 지은 명작 동화『인어공주』다.

3

인어공주는 욕망에 사로잡혔다. 흔히 그것을 사랑이라고 부르지

만, 과연 그러한지는 이야기의 마지막 장면에 이르러서도 불명확하다. 반면에 인어공주가 무엇을 욕망하는지는 명확하다. 그녀는 다리를 갖고 싶다. 변신하고 싶다. 이주하고 싶어서 도저히 못 견딜 지경이다. 물고기의 하체 대신에 인간의 다리를 장착하고 뭍으로 이주하고 싶다. 발생의 이유와 계기가 무엇이든 간에 이제 어떤 고삐로도 제어할 수 없게 된 욕망이 인어공주를 마녀와의 거래로 몰아간다.

디즈니사가 제작한 만화영화에서 인어공주가 찾아간 마녀는 한낱 욕심쟁이 문어로 묘사되었지만, 나는 그가 대단한 철학자라고 평가한다. 그는 '변신'과 '말하기'의 본질을 꿰뚫어보는 인물이다. 겉모습이야 뚱뚱이 부자 아줌마든, 징그럽고 미끌미끌한 문어든 상관없다. 작품 속에서 안데르센의 분신을 찾으려 한다면, 마녀를 지목해야 한다. 그가 인어공주에게 거래를 제안한다.

"다리를 원한다면, 네 목소리를 내놓으렴."

이 거래가 무엇을 의미하는지를 안데르센과 마녀는 처음부터 잘 알았다. 반면에 가련한 인어공주는 몰랐던 듯하다. 그녀는, 아니 그녀를 조종하는 욕망은 덥석 그 제안을 받아들인다. 이로써 인어공주는 제자리를 떠나 멀리 행진할 능력을 얻는 대신 말하는 능력을 잃는다. 그때부터 이야기는 파국으로 치닫는다. 후반부는 이 위험한 거래의 의미가 드러나는 과정이다. 변신과 이주와 출세를 움켜쥐는 대가로 대화와 말하기와 자기표현을 버리는 선택이 빚어내는 치명적인 비극은 보는 이의 간담을 서늘케 한다. 결국 왕자가 인어공주와의 소통에 실패하고 다른 약혼자와 결혼하자 인어공주는 물거품이 되어 승천하고 만다. 이 마지막 장면에서 미학적 승화가 시도되지만, 비극의 공포를 누그러뜨리기에는 턱없이 부족하다.

나는 왜 한낱 동화에서 예사롭지 않은 공포를 느낄까? 필시 인어공주의 운명에서 나 자신을 비롯한 우리 대다수의 처지를 보기 때문일 것이다. 가짜 근대화의 구호를 내면화한 우리는 굳건한 다리를 숭상한다. 끝없는 전진과 초고속 성장은 거의 종교의 반열에 오른 가짜 근대화의 핵심 교리다. 일찍이 후쿠자와 유키치가 외친 "탈아입구(脫亞入歐)"와 이광수가 촉구한 "민족개조"에서 보듯이, 이 종교는 '변신교(變身敎)'로 이름 지을 만하다. 거기에 귀의한다는 것이 속세에서 무슨 의미인지를 지혜로운 마녀의 어투로 표현하면 이러하다.

"출세를 원한다면, 자기표현 따위는 포기하렴."

출세, 곧 당신의 본래 터전을 멀리 떠나 용들의 반열에 오르는 변신을 보장해줄 수 있는 누군가가 이렇게 제안한다면, 당신은 어떻게 반응하겠는가? 가짜 근대화의 마법에 걸린 우리 대다수는 고민할 것도 없이, 오히려 감지덕지하면서 냉큼 제안을 받아들일 가능성이 높다고 본다. 아니 이것은 제안하고 말고 할 것도 없이, 우리가 다 아는 출세의 공식이다. 제 목소리를 내는 놈이 출세하는 경우를 본 적이 있는가?

마녀의 제안을 받은 인어공주는 언뜻 의아했을지 몰라도, 그 제안은 공정할뿐더러 거의 자명했다. 제자리를 떠나겠다면, 제자리에서 말하는 능력은 당연히 포기해야 하지 않겠는가. 자기가 아닌 무언가가 꼭 되고 싶다면, 자기 자신으로 머무는 것은 당연히 포기해야 한다. 이것은 형식논리적 항진명제에 가깝다.

하지만 이때 '자기 자신으로 머무름'은 그냥 돌처럼 가만히 있음이 아니라 '자기 목소리를 냄'을 의미한다는 점을 유념하라. 이 '머무름'은 나 자신을 세상에 내놓는 활동이라는 의미에서 '머무르지 않음'이기도 하다. '자기 목소리를 냄'이란 '자기표현'이며, 이는 무릇 존재의 근원적 활동이다. 아니, 올곧은 관념론의 관점에서는 자기표현이 존재보다 더 먼저다. 무릇 존재에 선행하면서 존재를 가능케 하는 활동이 바로 자기표현이다.

그러므로 자기표현을 포기한다는 것은 나와 나의 세계를 몽땅 포기한다는(상식의 수준에서 말하면, 사람다움을 포기한다는) 뜻이다. 내 목소리를 내놓으라고? 내 목소리의 가치는 내가 나의 자리에서, 나의 세계를 상대하면서, 나로서 살아가는 삶의 가치와 똑같다. 탱탱한 허벅지로 왕자와 엉키는 꿀맛이 아무리 탐나더라도, 혹은 일반인은 감히 쳐다보지도 못하는 직함을 이마에 달고 누리는 부귀영화가 아무리 짜릿하더라도, 심지어 천황을 위해 이 한 몸 불사르는 특공대의 도착적 숭고함이 아무리 매혹적이더라도, 이 제안만큼은 결코 받아들이지 말아야 한다.

가치를 따져봐도 그렇지만, 훨씬 더 중요한 문제는 이것이 말이 안 되는, 사실상 불가능한 거래라는 점이다. 존재하지 않는 존재란 불가능하듯이, 자기를 표현하지 않는 존재는 결코 있을 수 없다. 자기표현을 포기하라고? 내가 나로서 살아가는 것을 포기하라고? 이것은 물리학적 에너지에게 소멸하라고 제안하는 것과 마찬가지로 터무니없다. 그러므로 이 제안을 이해할 길은 단 하나, 자기표현을 계속 이어가면서도 이를 인정하지 말라는 제안으로 읽는 것뿐이다. 그런 자기표현의 부인은 얼마든지 가능하니까 말이다.

물론 여전히 나 자신으로서 살면서도 부득부득 무언가 다른 것으로서(이를테면 공무원으로서, 황군皇軍으로서, 민족중흥의 역군으로서) 산다고 우기는 일이 쉬울 리는 없다. 고위직 인사청문회에서 5·16 군사쿠데타를 쿠데타로 부르기를 끝내 거부하면서 "영혼 없는 공무원"의 연기를 처절하게 수행하는 인물들의 애처로운 모습을 생각해보라(그들에게 정말로 영혼이 없다고 생각하는 독자는 설마 없으리라 믿는다).

자기를 포함한 온 세상을 속이기가 어찌 만만하겠는가. 그렇게 살려면, 내적인 균열을 감내해야 한다. 균열의 아픔에 몸서리치면서도 그 균열의 창출과 유지에 온 힘을 쏟는 가학/피학적 삶을 꾸려가야 한다. 그것이 자기표현을 부인하는 자의 삶이다. 그리고 밝은 눈을 가진 이들은 그가 그렇게 공들인 은폐의 방식으로, 속물적 욕망으로 들끓는 자신을 술술 누설하는 모습을 묵묵히 응시할 것이다. 『인어공주』의 마지막 장면에서 밝은 아침 햇살이, 인어공주는 비록 다리를 장착했더라도 여전히 인어공주일 뿐임을 환히 지켜보듯이 말이다.

　가짜 근대화가 약속하는 변신은 허구다. 우리는 우리 자신으로서 살기 마련이다. 어디로 가든지 마찬가지다. 선진 유럽, 부강한 미국, 휘황찬란한 내지(內地), 1인당 국민소득 4만 불의 나라, 약속의 땅, 심지어 화성에 가더라도 우리는 우리 자신일 것이며 우리의 세계를 상대할 것이다. 환경을 우리에게 적합하게 일굴 것이며, 우리가 부여한 의미를 환경에서 읽어낼 것이다. 자기표현 혹은 자기관계를 나 자신의 본질이자 운명으로 끌어안는다 함은 바로 이 진실을 삶의 바탕으로 삼는다는 뜻이다. 이것이 내가 아는 진짜 근대화의 원리, 내가 기억하는 가짜 근대화의 대척점에 놓인 자기관계 철학의 핵심이다.

　그러므로 지혜로운 마녀가 인어공주에게 건넨 제안의 참뜻은 이것이었다.

"출세를 원한다면, 너 자신을 내내 부인하면서 살아야 할 텐데, 그 럴 수 있겠니?"

안타깝게도 우리 주변에는 이 제안을 받아들일 사람이 많다고 본 다. 심지어 나 자신도 그런 자기기만적 출세주의를 깨끗이 떨쳐 냈는지 솔직히 의문이다. 민주주의가 나무라면, 출세주의는 고엽 제와 같으니, 심히 안타까운 일이다. 사람이 사람다움을 부인하 면, 동물이 아니라 괴물이 되어버리는 것인데, 어찌 안타깝지 않 겠는가.

한 명의 저자가 세상을 바꿀 수는 없다. 한편으로 답답한 일이 지만, 어쩌면 다행스러운 일이기도 하다. 만약에 세상이 쉽게 바 뀐다면, 자신의 유한성을 환히 의식하는 저자는 감히 글을 쓰기 어려울 것이다. 세상이 한 개인에게 한 개인의 몫만 허용할 것임 을 알기에, 우리는 각자 제자리에서 주저없이 말할 수 있다. 나는 내 자리에서 서양근대철학을 유효할 법한 해독제로 제안한다.

그 철학의 근본 개념은 자기관계다. 이 극도로 추상적인 개념을 상식의 수준에서 쉽게 풀어낼 수 있을까? 내가 보기에 자기관계 를 가장 쉽고 정확하게 해석한 표현은 '제자리에서 말하기'다. 정 말로 중요한 것은 가짜 근대화가 꿈꾸게 하는 변신이 아니라 '제 자리에서 말하기'라는 것, 언뜻 시시한 그 활동에 우리의 삶 전체가 달려 있다는 것이 서양근대철학의 가장 큰 가르침이다. 이 가르침에 고개를 끄덕이는 사람이라면, 가짜 근대화가 권장하고 강제하는 이주와 변신과 출세에 혹하지 않을 것이다.

욕망에 사로잡힌 인어공주가 마녀의 제안을 받았을 때 누군가 곁에 있다가 '제자리에서 말하기'의 중요성을 일깨워주었다면, 인어공주는 거래를 거부하고 수면으로 올라가 달빛 아래에서 노래라도 부르며 헛된 욕망을 훌훌 털어냈을까? 아뿔싸 욕망은 고래만큼 힘이 세고 안데르센도 비장한 드라마를 원했을 테니, 그런 때이른 반전은 일어나기 어려웠을 것이다. 하지만 인어공주가 그 치명적인 거래의 의미를 조금 더 명확하게 깨닫는 정도의 효과는 있었을 성싶다. 우리의 처지로 돌아와서 말하면, 가짜 근대화가 권장하고 강제하는 거래, 가미카제 특공대의 출격처럼 어처구니없는 그 거래의 처절한 비굴함을 미화하는 출세주의자들의 귀에 모기 소리만 한 경고음을 울리는 효과 정도는 있으려나 모르겠다. 딱 거기까지다. 가짜 근대화의 마법이 여전히 막강하게 작동하는 이 땅에서 내가 서양근대철학에 기대어 '제자리에서 말하기'의 중요성을 역설하면서 기대하는 효과는 딱 그만큼이다.

'제자리에서 말하기'가 '대화'와 다르지 않음을 따로 설명할 필요는 없으리라 믿는다. '말하기'는 듣고 대꾸하는 상대를 전제한다. 혼자 말하기란 없다. 연극의 독백은 관객이 들으라고 하는 말이니 따질 것도 없고, 나 혼자서 속으로 하는 말도 최소한 나 자

신이 든다. 청각장애인은 발성기관이 멀쩡함에도 말을 못한다
는 사실은 '말하기'와 '듣기'가 따로 떨어진 활동이 아니라는 진
실의 자연과학적 증명이다.

　그리하여 핵심은 다시금 대화다. 나는 우리 안에 본래부터 있
는 대화의 능력을 깨우고 북돋고 실연(實演)하고 싶었다. 그래서
다부진 각오로 링에 올라 서양근대철학을, 특히 헤겔을 전술로
운용했다.

　마지막으로 꼬리처럼 덧붙일 셋째 질문은 내가 헤겔을 선택한
이유에 관한 것이다. 꽤 길고 굵은 꼬리가 될 성싶다.

4

왜 나는 우리 곁에서 한국어로 활동하는 철학자들을 논하면서 굳
이 먼 나라의 헤겔을 끌어들일까? 헤겔을 서양근대철학의 대표
자로 꼽는다면, 평범한 수준의 대답은 이미 나온 셈이다. 그러니
이 질문을 새삼 제기하는 것에서 일부 독자들은 어떤 전문적인
대답을 기대할 법하다.

　실망을 안겨줄 위험을 무릅쓰고 말하거니와, 내가 헤겔을 끌어
들이는 이유를 일단 단박에 댈 수 있다. 나는 나의 헤겔을 끌어들
일 뿐이다. 다시 말해, 나는 내 목소리를 낼 따름이다. 나의 헤겔

이 모두의 헤겔이라고 믿지 않을뿐더러 그래야 한다고 강변하지도 않는다. 몇번이나 말했지만, 우리는 각자 자신의 눈으로 자신의 세계를 마주하기 마련이다. 헤겔을 마주할 때도 예외가 아니다. 그러므로 내가 할 수 있고 해야 마땅한 이야기는 나의 헤겔에 관한 것이다. 하지만 모든 연구자가 그렇듯이 나도 나의 헤겔이 모두의 헤겔일 수 있다고 믿는다. 그러므로 내가 헤겔을 끌어들이는 이유에 대한 해명은 결코 하나마나 한 작업이 아니다.

내가 배운 헤겔과 이 땅의 많은 지식인들이 이야기하는 헤겔이 퍽 다르다는 충격적인 경험은 나에게 오랫동안 큰 수수께끼였다. 내가 뭘 잘못 배운 모양이라고, 다시 잘 배워야겠다고 생각하며 움츠러들 만도 했건만, 불행인지 다행인지, 진실은 어디에나 깃들어 있다는 헤겔철학의 큰 가르침이 나를 물러나지 못하게 했다. 그들의 헤겔 못지않게 나의 헤겔에도 진실이 배어 있다는 믿음은 바로 헤겔 본인이 나에게 심어준 바였다. 나는 지금도 나의 헤겔에 스며들어 있는 진실을 짜내는 중이지만, 지금까지 짜낸 결과의 작은 부분이나마 간략하게 펼쳐놓을까 한다.

우선 밝혀두는데, 나는 칸트와 헤겔을 하나의 연속선상에 놓고 해석하는 쪽을 선호한다. 칸트를 인식론자로, 헤겔을 존재론자로 규정하며 갈라놓는 통념은 요약정리에는 유용할지언정 진정한 철학하기에는 해가 된다는 입장이다. 나의 해석을 이야기하려면 칸트와 헤겔이 공유한 중요한 태도 하나를 실마리로 삼는 것이 최선이라고 보는데 그것은 바로 오류를 거두는 마음가짐이다.

칸트에서 헤겔에 이르는 독일고전철학의 가장 중요한 특징 하나는 오류를 어떻게 취급하느냐와 관련이 있다. 칸트와 헤겔은 오류를 무시하면서 밀쳐내거나 허투루 대하는 일이 결코 없다. 그들은 진실을 대할 때와 똑같은 진지함으로 오류의 기원을 파헤치고 이유를 밝혀낸다. 목표는 오류로 하여금 오류로서의 자기 자리로 돌아가게 하는 것이다. 헤겔식으로 표현하면, 오류를 '거두는' 것이다. 독일고전철학에서 이 작업은 그 중요성과 구실과 수행 방식에서 진실의 증명과 쌍둥이다. '정당화'라는 개념을 사용하면, 오류 거두기는 진실을 증명하기와 함께 정당화의 양 갈래를 이룬다. 그러니 진실을 증명하기를 '진실을 거두기'로 불러도 무방하다. 어느 갈래나 주어진 판정을 그냥 받아들이는 것으로 마침표를 찍지 않는다는 점이 핵심이다.

왜 오류를 거둘까? 칸트와 헤겔이 유난히 자비로워서 어리석은 백성의 오류마저도 보살피는 것일까? 그럴 가능성도 배제할 수야 없겠지만, 진짜 이유는 대화의 규칙에 있다고 본다. 만일 오류를 내치는 태도가 지배적이라면, 참여하는 양편이 동등함을 전제하는 대화판은 원활하게 돌아가기 어렵다. 내가 보기에 상대방이 오류를 범했다면, 나는 그 오류의 기원과 이유와 나름의 정당성(특정한 전제 아래에서의 불가피성)을 해명하여 상대방의 동의를 끌어내야 한다. 이 규칙은 당연히 상대방에게도 적용된다. 또 내

가 진실을 내놓을 때도 마찬가지다. 나는 그 진실(나의 진실)의 기원
과 이유와 나름의 정당성을 해명해야 한다. 요컨대 대화판에서는
나와 상대방이 동등한 권리를 가져야 하는 것과 마찬가지로, 오
류와 진실도 동등하게 처리되어야 한다. '오류는 거둬져야 하고,
진실은 증명되어야 한다.' 이것이 칸트와 헤겔이 궁극의 기반으
로 삼는 대화의 규칙이다.

이 규칙의 의미를 실감하려면, 시대를 돌아볼 필요가 있다. 독
일고전철학이 전성기를 누리던 1800년경은 "나는 맞고, 너는 틀
렸어!"라는 단언으로 대화를 종결하는 것이 반칙으로 간주되기
시작한 지 이미 오래된 때였다. 누가 그렇게 말하면, 상대방도 똑
같이 말할 수 있었다. "천만에, 나는 맞고, 네가 틀렸어!" 어떤 권
위도 이 카운터펀치를 억누를 수 없다면, 대화판을 무언가 새로
운 원칙에 따라 재편할 필요가 절실했다. 요컨대 칸트와 헤겔은
맞선 양편 중 어느 한편의 손을 들어주는 기존의 일방적 판결이
사실상 효력을 상실한 시대에 살았던 것이다. 어떻게든 양편의
손을 다 들어주는 묘수가 필요했다.

이같은 시대의 요구 앞에서 칸트가 선택한 길은 대화의 규칙을
재정비하는 것이었다. 그는 사람들이 일방적 판결을 통한 대화의
종결을 도모할 때 이른바 "사물자체"(Ding an sich), 곧 '있는 그대로
의 세계'를 들먹인다는 것을 주목했다. 이런 경우에 "사물자체"란
우리의 대화와 상관없이, 내가 어떻게 설명하고 네가 어떻게 반

발하느냐와 상관없이, 우리가 어떻게 쪼고 까불든 간에, 이 모든 것 너머에서 그냥 존재하는 세계, '있는 그대로의 세계'다. 한마디로 "사물자체"는 '대화판의 외부'를 상징한다.

대화판에서 한편이 반대편의 동의 없이 "사물자체"는 어떠하다고 단정하는 순간, 바꿔 말해 '대화판의 외부'가 내부를 덮치는 순간, 대화는 파국을 맞을 수밖에 없다. 양편이 동의하지 않은 "사물자체"를 단정적으로 서술하는 것은 '나는 맞고, 너는 틀렸어!'라고 외치는 것과 다를 바 없다. 그러면 상대방은 그 단정이 등에 업은 '외부'의 권위에 굴복하든지, 아니면 '천만에, 내가 맞고, 네가 틀렸어!'라고 받아치면서 또다른 '외부'를 끌어들여 진흙탕싸움을 시작하든지 할 수밖에 없다. 어느 쪽이든 대화의 파국이기는 마찬가지다.

어찌보면 참 얄궂은 일이다. 진실을 다투는 대화는 늘 "사물자체"를 추구하기 마련이다. 우리가 알고 싶은 것은 언제나 '있는 그대로의 세계'가 아닌가. 그런데 그 "사물자체"가 대화판의 바깥에서 안으로 뛰어드는 순간, 바깥에서 뛰어들어 맞선 양편 중 한편의 손을 들어줌으로써 안의 평등한 질서를 뭉개버리는 순간, 대화판은 결딴난다. 그렇다면 어찌해야 할 것인가?

대답은 당신이 무엇을 원하느냐에 달려 있다. 당신에게 대화는 그저 방편이고 진짜 목적은 '있는 그대로의 세계'를 손에 쥐는 것이라면, 당신은 대화판의 결딴에 아랑곳하지 않을 수 있다.

심지어 대화의 파국을 오히려 반길지도 모른다. 거리낄 것이 무엇이겠는가. 대화 따위보다 나무둥치를 붙들고 밤새 기도하는 편이 더 효과적인 방편일 수도 있다. 반대로 당신이 대화와 합의의 원리를 가장 중시한다면, 당신은 '있는 그대로의 세계'를 골칫거리로 여길 법하다. 더 나아가 당신이 헤겔만큼 과감하다면, '있는 그대로의 세계'란 대화판의 바깥에서 안으로 뛰어드는 방식으로가 아니라 안에서 만들어져 바깥의 지위를 잠정적으로 인정받는 방식으로만 존재할 수 있다는 생각에까지 이를지도 모른다.

칸트는 대화를 살리는 쪽을 선택했다. 당대의 철학적 대화판에서 "사물자체"가 일으키는 극심한 폐해를 절감한 그는 그 개념을 아예 대화의 장에서 추방하는 초강수를 둔다. 누구든 일단 대화의 장에 들어왔다면 '있는 그대로의 세계' 따위를 운운하지 마라. 그건 반칙이다. 다만, 각자 자신이 보는 세계를 이야기하라. 그 세계를 판 위에 내려놓고 상대방과 함께 살펴보면서 그것의 기원과 이유와 정당성에 대해서 토론하라. 그 누구도 자신의 세계를 넘어서 '있는 그대로의 세계'를 독점할 권리가 없다.

내가 이해하는 한, 칸트가 "사물자체"에 대해서는 아무것도 알 수 없다고 말할 때, 그 말의 참뜻은 바로 "사물자체"가 바야흐로 대화판에서 치명적인 병원체가 되었음을 정확하게 진단하고 대수술을 감행한다는 뜻이다. 그 수술은 기존의 존재론들을 도려내는 것을 의미한다. 대화를 살리기 위해서라면, 파르메니데스 이래의 위대한 존재론들을 깡그리 도려내기를 마다하지 않는 철학자—이것이 칸트다.

흔히 사람들은 칸트의 '사물자체 불가지론'(사물자체에 대해서는 아무것도 알 수 없다는 입장)이 서양근대철학 특유의 한계요 머뭇거림이요 후퇴라고 하는데, 그건 몰라도 너무 모르는 해석이다. 오히려 칸트를 흠잡으려거든 이토록 급진적인 수술은 겁이 나서 도저히 못하겠다고 손사래치며 꽁무니를 빼는 편이 더 합당하다.

칸트는 그 이름도 중후한—많은 이들이 앎의 기반으로 여기는—'존재'를 몽땅 내주고 허공에서 나풀거리는 '대화'를 붙잡는 셈이다. 정말 엄청난 거래다. 이른바 "코페르니쿠스적 전환"으로 불리는 이 거래를 납득하기 어려운 독자는 항상 이미 근대인인 당신 자신의 내면에서 올라오는 진실의 목소리에 새삼 귀를 기울이기 바란다. 우리는 각자 자신으로서 자신의 자리에서 자신의 세계를 마주하고 살아가기 마련이다. 우리가 발 디딜 유일한 기반은 대화다. 칸트의 엄청난 거래는 이 진실에 충실한 선택, 온당한 선택이다.

"사물자체"는 칸트와 헤겔의 차이를 이야기할 때도 즐겨 거론된다. 칸트는 "사물자체"를 알 수 없다고 한 반면에 헤겔은 알 수 있다고 했다고들 한다. 그리 좋은 해석은 아니지만, 틀린 해석도 아니다. 이렇게 구도를 짜면, 칸트와 헤겔은 하늘과 땅만큼 다르게 보인다. 그러나 실제로 이들의 관계는 아스라한 지평선만큼이

나 미묘하다. 그 미묘함을 조금이라도 아는 사람이 보면, '사물자체 불가지론'과 '사물자체 가지론'으로 그들을 갈라놓는 것은 거의 야만적인 해석이다. 칸트와 헤겔은 과연 어떻게 같고 어떻게 다를까?

대화를 살리자는 뜻에서는 칸트와 헤겔이 완벽하게 한편이다. 둘 사이에 종이 한장 들어갈 틈도 없다. 두 철학자의 길이 갈리는 곳은 "사물자체"라는 개념이 대화판에서 얼마나 큰 파괴력을 발휘할 수 있느냐를 평가하는 지점에서다. 이미 설명했듯이, 칸트는 그 파괴력이 대화판을 붕괴시킬 정도로 강력하다고 보았다. 결코 과장된 평가가 아니었다. 칸트가 보기에 당대 철학자들의 대화판은 저마다 들이대는 '있는 그대로의 세계들'의 충돌 때문에 그야말로 난장판이었다. 그는 공통의 패러다임 아래에서 돌아가는 수학판이나 물리학판을 어깨너머로 보며 부러워할 수밖에 없었다. 칸트는 철학적 대화의 규칙을 정비할 필요를 절실하게 느꼈다. 그가 보기에 "사물자체"를 운운하는 것은 판을 깨자는 것과 똑같았다. "사물자체"의 추방은 대화를 살리기 위해 반드시 감행해야 할 조치였다.

반면에 겨우 반세기 뒤의 철학자인 헤겔은 놀랍게도 "사물자체"가 대화판에서 아무런 파괴력도 발휘하지 못한다고 평가한다. 따라서 그는 사물자체가 대화판에 끼어드는 것을 흔쾌히 받아들인다. 이것이 헤겔의 '사물자체 가지론'의 참뜻이다.

상상력을 발휘하여, 칸트와 헤겔이 주도하는 대화판에 파르메니데스의 100대 종손이 끼어들어 '있는 그대로의 존재'를 거론하기 시작한다고 해보자. 두 철학자는 어떻게 반응할까? 아마 칸트는 '매우 유감스럽지만, 당신은 이 판에 낄 자격이 없으니 나가주십시오'라고 말할까 말까 고민하면서 인상을 몹시 찌푸릴 것이다. 그럼 헤겔은? 반색하면서 어쩌면 손뼉까지 칠 것이다. '좋아요, 좋아. 계속해보세요, 계속!'

헤겔은 우리의 대화판이 무엇이든지 소화할 수 있다고 확신하는 철학자다. 칸트가 특별 관리대상으로 지정한 '신' '영혼' '우주' 같은 전통적 존재론의 최고위급 개념들도 헤겔이 보기에는 팥죽과 다를 바 없다. 일단 우리의 대화판에 들어오면, 경도가 다이아몬드급이라는 그 개념들도 제풀에 풀어져 흐르기 마련이다.

"사물자체?" 얼마든지 환영한다. 우리의 판에 들어오라! 들어와서, 말하라! 그런데 한 가지 유의할 점이 있다. 이 판에서 "사물자체!"라는 외침은 '에에…'나 '그러니까 말이죠', '한마디 하자면' 등과 마찬가지로 단지 발언을 시작하겠다는 신호일 뿐이다. 옳거니, 우리는 경청할 준비가 돼 있다. 혹시 "사물자체"를 들먹임으로써 판을 정리하려는 것이 당신의 속내였다면, 꿈 깨라. 당신의 외침은 오히려 판을 여는 징소리다. 그러니 발언을 이어가라!—이것이 헤겔이다.

요컨대 "사물자체"를 대화판에 끼워줄 것이냐는 질문 앞에서 칸트와 헤겔은 대답이 엇갈린다. 그러나 "사물자체"를 들먹임으로써 대화판을 마비시키는 것을 허용하지 않는다는 점에서는 두 사람이 똑같다. 대화의 마비를 막기 위해서 칸트가 내리는 처방이 "사물자체"의 추방이라면, 헤겔의 처방은 표면적으로는 "사물자체"의 전면적 수용이지만 심층적으로는 "사물자체"를 칸트가 대대적으로 정비한 대화의 규칙에 맞게 전면적으로 재해석하는 것이다.

칸트의 뜻에 따라 헤겔이 말끔히 손질한 대화판에서 "사물자체!"는 외마디 감탄사만큼의 지위만 가진다. 그러니 칸트가 우려한 치명적 파괴력을 발휘할 리가 없다. 헛기침 소리가 대화판을 깰 수 없는 것과 마찬가지로, "사물자체"를 비롯해서 그 어떤 휘황찬란한 개념도, 그 어떤 특권적 발언자의 호령도 우리의 대화판을 깰 힘이 없다. 우리의 대화는 끝없이 계속될 것이다.

이렇게 보면 헤겔은 결국 칸트가 이루려던 것을 이뤘을 뿐이다. 물론 헤겔과 칸트가 어떻게 다르고 어떻게 같은가라는 문제는 매우 흥미롭고 까다로운 연구주제인 것이 사실이다. 그러나 이제껏 설명한 대로 헤겔은 칸트를 정통으로 계승한 철학자의 면모를 틀림없이 지녔다. 채 반세기도 안 되는 세월을 사이에 두고 활동한 두 사람은 '모든 오류를 거두고 모든 진실을 증명한다'라는 대화의 규칙에 철저히 동의한다.

하지만 칸트에서 헤겔로의 변화가 표면적으로는 반전처럼 보인다는 것도 엄연한 사실이다. 헤겔은 칸트가 추방해버린 "사물자체"를 다시 거둔다. 칸트의 추방 명령을 거두고, "사물자체"를 대화판 안으로 거두는 반전을 선택한 것이다. 이 선택의 이유는 우선 시대의 변화에서 찾을 수 있을 듯하다. 헤겔은 칸트가 새로운 대화의 규칙을 정착시키기 위해 추방해버린 "사물자체"가 (즉, '존재'에 대한 언어적이거나 비언어적인 독단들이) 대화판 바깥의 어둠 속에서 일으키는 심각한 역기능을 목격했다는 점에서 반세기 전의 칸트와는 처지가 또 달랐다. "사물자체"를 대화판 안에 들여도 문제지만 바깥에 방치하면 더 큰 문제가 생긴다는 것을 헤겔은 깨달았음직하다. 추방된 독단이 바깥에서 세력을 확장하면, 오히려 철학이 구석으로 몰리면서 허공에 떠버리는 황당한 일이 벌어질 수 있다. 그리하여 헤겔은 위험을 무릅쓰고 존재론적 독단마저 거두는 반전을 선택했을 법하다.

그러나 훨씬 더 중요한 것은 칸트에서 헤겔로 이어지는 흐름에서 대화 살리기라는 일관된 뜻을 읽어내는 일이다. 헤겔은 칸트의 후계자일까? 나는 전적으로 그렇다고 본다. 대화판의 원활한 작동을 위하여 칸트가 "사물자체"를 판의 바깥에 격리했다면, 헤겔은 그 바깥을 안으로 거두는 방식으로 대화판을 확장함으로써 칸트의 뜻을 잇는다. 어떤 의미에서 헤겔은 애당초 칸트가 "사물자체"를 추방할 때 실은 아무것도 추방되지 않았다고 선언하는 셈이다. 중요한 것은 오로지 '모든 오류를 거두고, 모든 진실을 증명한다'는 규칙뿐이다. "사물자체"의 추방은 단지 이 규칙의 의미를 분명히 하기 위한 엄포에 불과하다. 이 규칙만 잘 작동한다면, 그밖에 어떤 제한조치도 필요하지 않다는 것이 헤겔의 생각이다.

더 나아가 헤겔은 '모든 오류를 거두고, 모든 진실을 증명한다'는 규칙의 작동이 예나 지금이나 거스를 수 없는 진실이라고 본다. 칸트가 느닷없이 대화판을 덮치는 '외부'를 경계하고 배척했다면, 헤겔은 그럴 수 있는 '외부'가 애당초 없다는 입장이다. 헤겔이 보기에 모든 '외부'는 대화판 안에서 만들어진다. 따라서 '외부'가 대화판을 덮친다는 것은, '외부'가 고향으로 돌아와 다시 본래 모습으로 살기 시작한다는 것에 다름 아니다. 그러니 경계하고 우려할 일이 아니라 오히려 환영할 일이다.

이렇게 설명할 수도 있다. 당신이 '있는 그대로의 세계'를 아무리 작심하고 들이대더라도, 헤겔은 그것을 '당신이 보기에 있는 그대로의 세계'로만 인정한다. 헤겔에게 그것은 일단 '당신의 세계'일 따름이다. 대화판에서는 '있는 그대로의 세계'^("사물자체")라는 거창한 이름이 붙은 그것에 실마리 하나의 지위만 부여된다. 대화는 그런 실마리들을 엮어 '우리의 세계'를 구성해가는 과정이다.

지금까지 칸트와 헤겔이 어떻게 같고 어떻게 다른지 설명하다 보니 조금 장황해졌다. 이제 논의를 추슬러 본류로 돌아가자. 나는 헤겔을 칸트와 더불어 '존재'를 '대화'로 떠받치고 재구성한 철학자로 본다. "코페르니쿠스적 전환"을 끝까지 밀어붙인 대화의 철학자—이것이 나의 헤겔이다.

거듭되는 말이지만, 누구나 자신의 눈으로 대상을 보기 마련이다. 그러므로 나의 헤겔이 예컨대 메이지시대 일본 엘리트들의 헤겔과 다른 것은 충분히 납득할 만하다. 이토 히로부미가 대표하는 메이지 일본의 국가 건설자들은 국가통합, 국론통일, 부국강병의 책략을 얻기 위해 구미(歐美) 세계를 둘러보고 서양철학들을 물색했다. 이토가 원한 것은 사실상 처음 생겨난 중앙집권국가 일본을 하루빨리 서구열강 못지않게 힘센 나라로 만드는 것이었다. 그리고 그는 힘을 기르기 위해 일종의 종교가 필요하다고 판단했다.

나는 일본제국의 엘리트 유학생들이 헤겔철학이나 서양문화를 오해했다는 식으로 비판할 생각이 없다. '있는 그대로의 헤겔철학' 따위는 없다는 것이 헤겔철학의 기본인데, 어떻게 그런 비판을 하겠는가. 다만, 나는 그들이 그들의 필요에 맞게 헤겔철학을 재단하고 변형하고 채색했으리라고 강하게 추측한다. 이것은 헤겔철학까지 갈 것 없이 상식에 비춰봐도 충분히 수긍할 만한 추측일 것이다.

아쉽게도 구체적인 실증은 이제 겨우 터닦기 단계에 들어섰지만, 일본제국의 엘리트들은 자신들의 필요에 따라 전근대적 존재론, 종교에 가까운 역사철학, 강력한 국가주의 등을 헤겔철학에 구겨넣었고, 그때 이식된 특징들은 지금 여기에서 통용되는 헤겔철학의 모습마저도 지배하고 있다는 것이 나의 추측이다.

일본제국의 초대 총리대신 이토 히로부미가 자율과 책임과 대화의 철학을 들여올 리 없다는 것은 말할 필요도 없다. 그런 철학은 제국의 신민(臣民)에겐 독이다. 실제로 그는 영국이나 프랑스의 철학이 일본에 맞지 않는다고 판단했다. 그럼 독일의 철학, 특히 헤겔철학은 메이지 일본에 적합할까? 그렇다고 대답하는 사람이 있다면, 일본제국 엘리트들의 헤겔철학은 틀림없이 그랬던 모양이라고 맞장구를 쳐주겠다. 그리고 곧바로, 나의 헤겔은 어떤지 이야기할 테니 들어보라고 제안하겠다.

지금 여기에서 많은 사람들이 떠올리는 헤겔철학은 종교성을 강하게 띤다고 나는 느낀다. 둘러보면, 헤겔철학만 그런 것이 아니다. 서양철학의 상당 부분이 종교로 해석된다는 느낌을 지우기 어렵다. 철학이 원래 종교와 비슷하다거나 우리 한국인이 종교를 좋아해서 그렇다는 설명은 설득력이 떨어진다. 오히려 우리가 철학에서 무엇을 원하느냐라는 질문이 관건이라고 본다. 만일 우리가 자율과 책임과 대화를 바란다면, 헤겔철학에서 자율과 책임과 대화를 읽어낼 것이다. 반면에 우리가 개인의 차원을 뛰어넘는 거대한 힘과 압도적 질서와 자기기만적 순종을 바란다면, 우리는 헤겔철학뿐 아니라 어디에서라도 바로 그것들을 읽어낼 것이다.

실제로 일본제국의 연구자들이 헤겔을 그렇게 해석했다고 나는 강하게 추측한다.

지금도 사람들은 흔히 헤겔철학의 본령을 역사철학으로 여기는 경향이 있는데, 옳고 그르고를 떠나서 이것은 과연 어떤 필요에 부응하는 해석일까? '서구의 시대가 저물고 동아시아의 시대가 온다!'라는 식의, 태평양전쟁 기간에 특히 드높았던 구호가 어렴풋이 떠오른다. 이런 역사철학은 강압, 위로, 마취에 유용할 성싶다.

실제로 헤겔철학은 그런 유형의 역사철학을 품고 있을까? 헤겔철학이 '존재'를 '실체'가 아니라 '과정'으로 간주한다는 점에는 이론의 여지가 없다. 그런데 이때 '과정'이란 현실의 시간 속에서 이어지는 사건들의 연쇄가 아니라 '생각의 과정', 더 정확히 말해서 '대화의 과정'이라는 점을 간과하지 말아야 한다. 따라서 설령 헤겔이 현실 역사를 거론하더라도, 그의 의도는 '대화의 과정'을 예증하는 것에 있다고 봄이 합당하다. 거듭 말하지만, '대화'—이른바 "변증법"—는 헤겔철학의 모든 것이라고 할 만하다. 그리고 이 '대화'의 본래 거처는 맞선 두 사람이 말로 얽히는 자리, 그냥 평범한 대화의 장이다. 헤겔의 '대화'를 역사의 전개법칙, 자연의 운행원리, 심지어 음양의 조화와 같은 거대한 존재론적 원리로 뻥튀기기 전에, 칸트의 뒤를 이은 헤겔의 진정한 관심사는 당장 우리가 나누는 대화이고 '무엇은 어떠하다'라는 가장 기본적인 문장임을 잊지 말아야 한다.

내가 보기에 헤겔은 자율과 책임과 대화의 철학자다. 나는 헤겔을 왜 이렇게 해석하는 것일까? 굳이 대답할 필요가 있을까 싶지만, 당연히 자율과 책임과 대화가 지금 우리에게 절실히 필요하다고 느끼기 때문이다. 나의 헤겔은 가짜 근대화의 마법을 푸는 해독제다. 우리는 늘 우리와 동등한 상대와 대화하는 중이며 앞으로도 영원히 그런 모습으로 우리 자신일 것이라고 헤겔철학은 가르친다. 나는 이 가르침이 가짜 근대화를 물리치는 싸움에서 탄탄한 요새의 구실을 할 수 있다고 판단한다.

변신과 이주와 출세를 권장하고 강제하는 가짜 근대화의 마법이 여전히 강력한 지금 여기에서, '제자리에서 말하기'를 우리의 참모습으로 끌어안는 자기관계의 철학은 강력한 해독제일 수 있다. 이것이 내가 우리 곁에서 활동하는 철학자들과의 대화를 꾀하면서 데카르트와 칸트를 계승한 헤겔을 방편으로 삼은 이유다.

나오는 말

「들어가는 말」에서 이 책의 태동에 크게 기여한 인물로 등장했던 강형이 근 20년 전에 내게 건넸던 말이 생각난다. 순전히 호기심으로 들어가본 고전학과 대학원 세미나에서 독일인 교수가 독일어와 한국어를 반씩 섞은 그분만의 독특한 언어로 그리스 시인 핀다로스를 논하는 모습을 멍하니 바라보다 밖으로 나왔을 때였다. 입질이 온 김에 확실히 낚아챌 요량이었는지, 강형이 다가와서 말했다.

"죽도록 고생해서 그리스어 배워놓고 고작 플라톤, 아리스토텔레스만 읽으면 엄청 손해보는 거예요. 이런 거 읽어야 해. 소포클레스,

핀다로스, 호메로스. 안 읽으면 너무 아까운 거야. 정말 끝내줘요. 도 끼자루 썩는 줄 모른다니까."

마지막 도끼자루 이야기가 영 불길해서였을까, 나는 그리스문학 의 바다로 뛰어들지 않았다. 대신에 칸트와 헤겔을 양대 봉우리 로 거느린 독일고전철학의 산맥에 기어들어 여태 헤매는 중이다. 솔직히 고백하는데, 여기도 정말 끝내준다! 물론 도끼자루 썩는 줄 모를 만큼 달콤한 재미를 기대하기는 어렵지만, 그 대신에 어 떤 '뻐근함'이 있다. 온 세상이 내 안으로 쏟아져 들어오는 것 같 은, 내가 산산이 폭발하여 세상을 뒤덮는 것 같은 '뻐근함'. 어쩌 면 헤겔이 말하는 정신의 공식인 '나=세계'가 나의 둔한 감각에 그 뻐근함으로 다가오는 것인지도 모르겠다.

이를테면 이런 순간이다. 고생고생해서 읽은 헤겔철학이 남의 이야기가 아니라 내 이야기라는 느낌이 드는 순간. 드물게 찾아 오는 그 뻐근한 순간에 나는 강형에게 "형, 난 산골로 들어오길 잘한 것 같아"라고 말하고 싶어진다. 도끼자루 여남은 개 깎아 짊 어지고 에메랄드 빛 해변으로 찾아가볼까나?

영화를 영사막에 투영하듯이, 철학도 어딘가에 투영해야 진면 목이 드러난다. 철학을 어디에 투영해야 할까? 문학, 역사, 스포 츠, 정치, 경제도 다 좋겠지만, 결국 철학의 은막은 우리 모두가 참여하는 삶이리라. 그리하여 나는 강형의 조언을 아래처럼 변형하여 나를 비롯한 이 땅의 철학도들에게 들려주고 싶다.

"죽도록 고생해서 헤겔철학 배워놓고 고작 철학 강의만 하고 있으면 엄청 손해보는 거예요. 세상을 읽어야 해. 우리의 삶을 읽자고. 정말 끝내줄 거예요. 진짜 철학 하는 게 뭔지 실감날 거라고."

나는 철학을 춤에 비유하기를 즐긴다. 한편으로 철학은 일부 특권층의 고급스러운 활동이라는 점을 부인하기 어렵지만, 다른 한편으로 철학은 사람이라면 누구나 하는 본능적이고 자연스러운 활동이다. 그런데 춤이 꼭 그렇다. 화려한 성의 무도회장이나 대형 극장에서 고가의 드레스로 치장한 선남선녀들이 추는 고전 발레를 생각해보라. 반대로 고인이 된 공옥진의 병신춤, 관광버스 통로에서 「신바람 이박사 메들리」에 맞춰 이장님과 새마을지도자가 추는 막춤을 생각해보라.

고전적인 외국어 텍스트의 한 대목에 천착하는 통상적인 방식으로 철학박사 학위를 따는 것은 말하자면 발레의 아라베스크 자세 하나를 통달하여 박수를 받는 것과 같다. 그 아름다운 자세 하나를 완벽하게 소화하기 위해 나라 안팎에서 숱한 철학도가 깊은 좌절에도 오뚝이처럼 일어나 일로매진한다. 그리고 마침내 누구라도 감탄할 수밖에 없는 수준으로 그 자세를 익힌다. 앞으로 뻗은 오른팔과 뒤로 뻗은 왼 다리는 완벽한 수평을 이루고, 바닥을 디딘 오른 다리, 목, 가슴은 완벽한 수직을 이룬다. 활처럼 우아하게 휜 복부와 자연스럽게 옆으로 뻗은 왼팔까지. 얼마나 피나는 노력을 했는지, 손끝과 발끝의 미동조차 없어서 마치 조각상을 보는 듯하다. 누가 봐도 그는 박사학위 심사를 통과할 자격이 있다.

하지만 그는 좋은 춤꾼일까? 아라베스크 자세 하나로 할 수 있는 것은 단 하나, 심사 통과뿐이다. 우리는 그의 완벽한 아라베스크 자세를 보았지만, 그의 춤솜씨에 대한 평가는 춤판에서 그의 춤을 본 뒤에 내리는 것이 옳다. 그런데 대다수 신예 박사들은 춤판에 나서지 않고 춤 교습소에 취직하여 선생이 된다. 각고의 노력으로 익힌 아라베스크 자세 하나로 학위를 따고 나서 학생들에게 바로 그 자세를 똑같이 가르친다. 그 학생들도 나중에 똑같은 아라베스크 자세를 가르치는 선생이 될 것이다.

교습소란 대학이다. 철학을 공부하면 무엇을 하게 되나요? 이 땅에서 정답은, 철학 선생 노릇을 하게 된다는 것이다. 둘러보면 이런 분야들이 꽤 있다. 피아노를 전공하면, 피아노 전공 입시생을 위한 과외 선생으로 일하게 된다. 웬만한 미술가의 주요 수입원도 역시나 과외 교습이다. 철학을 공부했으면 철학자가 되어야지, 왜 철학 선생이 되는가? 왜 음악가가 안 되고 음악 선생이 되는가? 왜 미술가가 안 되고 미술 선생이 되는가? 우리가 다음 세대의 젊은이들을 너무나 사랑하기 때문일까? 춤을 배웠으면 춤을 추는 것이 옳다. 당신이 춤을 추면, 영리한 후배들은 어깨너머로 보고 배운다. 당신이 음악을 하면, 더 많은 사람들이 듣고 배운다. 철학 선생으로서 후대의 철학 선생들을 가르치는 쳇바퀴 돌리기에서 벗어난 철학자를 정말이지 간절히 보고 싶다.

물론 어떤 철학 선생이라도 젊은 시절 한때 개고생하며 익힌 아라베스크 자세 하나로 일관할 수는 없기 마련이다. 이미 말했듯이, 철학이라는 것이 한편으로 매우 본능적이고 자연스러운 활동이기 때문이다. 저절로 나온다는 점에서 철학은 춤과 다를 바 없다. 굳이 배우지 않아도 우리는 철학을 한다. 세미나실에서 정교하고 심오한 누군가의 철학 시스템을 분석하다가 잠시 한숨 돌릴 겸해서 교수가 세상 돌아가는 모습을 입에 올릴 때가 있다. 비유하건대, 피차 힘들고 불편해서 죽을 맛이었던 아라베스크 자세를 풀고 슬렁슬렁 활갯짓을 해보는 것이다. 그러니 학생들의 눈이 초롱초롱해지는 것은 당연하다. 나는 그럴 때 교수의 진짜 춤 솜씨가 드러난다고 느꼈다. 철학을 세상에 투영해서 읽어내는 솜씨 말이다. 물론 젊은 날의 치기가 발동한 탓이었겠지만, 나는 그럴 때 많은 교수들이 추는 춤이 관광버스 통로에서 시골 노인들이 추는 막춤보다 더 나을 것이 없다고 느꼈다. 완벽한 아라베스크 자세로 심사위원들의 갈채를 받은 철학박사가 정작 춤을 추고 싶을 때는 완벽한 막춤을 추다니!

한때는 그런 뚱딴지같은 막춤들을 보기가 민망하여 내 뺨이 다

화끈거렸지만, 지금 나는 오히려 그런 본능적인 철학들에서 희망을 본다. 그런 막춤을 더 많이 추어야 한다. 철학 선생들이 몇대에 걸쳐 다듬고 전수한 아라베스크 자세보다, 등산로 입구 주차장에서 흐느적거리는 노인들의 막춤이 더 전망이 밝다. 아라베스크 자세는 앞으로도 그 모습 그대로이겠지만, 막춤은 생동하며 진화할 테니까 말이다.

그러고보니 나는 철학 선생이 아닌 철학자로서 한바탕 막춤을 춘 것일까? 철학 선생이 아닌 것은 확실한데, 내가 철학자인 것은 맞나? 누가 그렇게 불러준다면, 조금 부담스럽기는 해도 싫지는 않을 것 같다. 내 춤은 역시나 막춤이었을까? 곳곳에 서양근대철학의 주요 개념들이 성가신 가시처럼 박혀 있어서, 그냥 막춤이라고 하기에는 무리가 있다. 아쉽지만 철학에 어느 정도 조예가 있는 관객이라야 무난히 즐길 수 있었을 것이다. 반대로 완벽한 아라베스크 자세를 규범으로 삼는 학계의 구성원들이 보면, 계통도 없고 족보도 없는 잡탕이라며 고개를 설레설레 저을지도 모르겠다. 아무튼 모두에게 열린 춤이었기를 바란다.